Baktra (Balch)
BAKTRIEN
AREIA
Alexandria (Herat)
Alexandria (Charikar)
Kabul
Parapamisus
Peukelaotis
Taxila
REICH DES TAXILES
Nikaia
326
Boukephala
REICH DES POROS
Sangala
DRANGIANE
Alexandria (Kandahar)
ARACHOSIEN
Indus
Hydaspes
Akesines
REICH DES SOPEITHES
Maller
Hydraotes
Oxydraker
Hyphasis
(Bolan-Pass
Alexandria
REICH DES SAMBOS
REICH DES MOUSIKANOS
GADROSIEN
0
500 km
Oreiten
Arabiten
Patala
Meer
Oxos (Amu-Darja)
Alexandria
Jaxartes (Syr-Darja)
Marakanda (Samarkand)
SOGDIANE
Alexandria (Merw)
Zadrakarta
HYRKANIEN
Hektampylos
Susia
Baktra
Aornos
Kaspische Tore
PARTHIEN
AREIA
Artakoana
Alexandria (Herat)
Hindukusch
Kabul
326
Taxila
Parapamisus
Akesines
Nikaia
Boukephala
326
DRANGIANE
Alexandria (Kandahar)
Paraitakene
ARACHOSIEN
Indus
Hydaspes
Hydraotes
Hyphasis
Pasargadai
Persepolis
KARMANIEN
Alexandria
Alexandria
Pura
Harmozia (Hormuz)
GADROSIEN
Indus
Ganges
Golf
Patala
Rotes Meer (Indischer Ozean)

Alexander in Indien

FREMDE KULTUREN IN ALTEN BERICHTEN

Herausgegeben von
Jürgen Osterhammel und
Folker Reichert

Band 8

Alexander in Indien
327–325 v. Chr.

Antike Zeugnisse eingeleitet, übersetzt
und erläutert von

JOHANNES HAHN

Jan Thorbecke Verlag
2000

Die Deutsche Bibliothek – CIP-Einheitsaufnahme

Alexander in Indien: 327–325 v. Chr. / eingeleitet, übers. und erl. von Johannes Hahn. – Stuttgart: Thorbecke, 2000
(Fremde Kulturen in alten Berichten; Bd. 8)
ISBN 3-7995-0607-1

Dieses Buch ist aus alterungsbeständigem Papier nach DIN-ISO 9706 hergestellt.

Lektorat: Peter Donié
Buchgestaltung: Jörn Laakmann
Schutzumschlaggestaltung und Reihen-Signet: Neuffer-Design, Freiburg i. Br.
Vorsatzkarte: Kartographie, Eppelheim

Satz: polyma, Konstanz
Druck und Buchbindearbeiten: Süddeutsche Verlagsgesellschaft mbH, Ulm
Printed in Germany · ISBN 3-7995-0607-1

Inhalt

Für Lauritz, den kleinen großen Entdecker

Einleitung

Die Wunder Indiens

Im Frühsommer 327 v. Chr. bewegte sich über Täler, Gebirgshänge und Pässe des Hindukusch, in Höhen von bisweilen über 3000 m, ein schwerbewaffnetes Heer von 35 000 Mann mit umfangreichem Troß zu Fuß, auf Pferden und mit Wagen mühsam voran: Unter Führung des Makedonenkönigs Alexander befand es sich auf der Route über den Khyber-Paß zum Kabul-Tal, um von hier über die Landschaft Gandhara hinab zum Fünfstromland und zum Indus-Tal zu gelangen – und damit das antike ›Indien‹ zu erreichen[1]. Kein Makedone oder Grieche dürfte je zuvor diesen Weg gegangen sein, kaum einer hatte je das sagenhafte Indien zu Gesicht bekommen, wenn auch zuweilen wunderbare Kunde über dieses Land am äußersten östlichen Rand der den Griechen bekannten Welt auf verschlungenen Wegen bis in den Mittelmeerraum gelangt war.

Das Heer, das nun über die Bergketten des Hindukusch von Nordwesten her nach Indien einfiel, bestand in seinem Kern aus makedonischen Truppen – 10 000 Mann schwerbewaffnete Fußtruppen (die sogenannte Phalanx) und eine etwa 5000 Mann starke Reiterei (die sogenannten ›Gefährten‹ Alexanders) –, aus griechischen Söldnern, thrakischen Reitern und zahlreichen weiteren, überwiegend hochmobilen und kampfkräftigen Einheiten verschiedener Völker, die Alexander bei seiner Eroberung des Perserreiches erst unlängst unterworfen und für die Teilnahme am Indien-Feld-

---

1 Das als ›Indien‹ bezeichnete Gebiet umfaßte nach modernen Begriffen das Kabul-Tal, die sogenannte Nordwestprovinz (Gandhara), den Panjab (Fünfstromland) und Sindh (das untere Indus-Tal) und entspricht damit dem heutigen östlichen Afghanistan sowie Pakistan unter Ausschluß Belutschistans.

zug ausgewählt hatte[2]. Nicht wenige der Makedonen folgten seit fast zwölf Jahren ohne Unterbrechung ihrem nunmehr 28jährigen König: Unter dem Oberkommando seines Vaters, Philipps II. (König 359–336 v. Chr.), hatte Alexander diese Männer in der Schlacht bei Chaironeia 338 v. Chr. gegen die verbündeten Griechen in der entscheidenden Reiterattacke geführt und damit eine wesentliche Voraussetzung für den späteren Krieg gegen das Perserreich unter Dareios III. geschaffen. Vor dem Abstieg in das Industal hatten jene kampferprobten Soldaten und Offiziere an der Seite Alexanders nicht nur unzählige Kämpfe bestanden und in den zurückliegenden sieben Jahren ihrem König das riesige Perserreich erobert, das angesichts seiner Ausdehnung, seines Menschenreichtums und seiner materiellen Ressourcen unbezwingbar schien[3]; sie waren dabei auch unter Waffen zu Fuß oder zu Pferde gegen 24000 km marschiert und hatten Völker und Länder zu Gesicht bekommen, die im Westen bislang allenfalls dem Hörensagen nach bekannt waren.

Die Erwartungen dieser Männer waren groß, und dies nicht nur in materieller Hinsicht: An den Ausläufern der großen Steppe westlich des Kaspischen Meeres hatten sie zwei Jahre zuvor gehofft, auf die Amazonen zu stoßen, dieses streitbare Volk von Kriegerinnen, über das ihnen ihre Mythen so viel zu berichten wußten. Tatsächlich setzten Soldaten Alexanders später auch die Erzählung in Umlauf, ihr Herrscher sei mit der Königin der Amazonen zusammengetroffen; manche gingen so weit zu erklären, er habe mit ihr ein Kind gezeugt[4]. Die Erwartungen an Indien, das man sich

---

2 Berve I, S. 103ff.; Bosworth, Conquest and Empire, S. 266ff.; Engels, S. 150ff.; Brunt I, S. 526ff., II, S. 486ff.; Ashley, S. 165ff., bes. S. 306ff.

3 Exzellente Darstellungen der Eroberung des Perserreiches bei Lane Fox sowie Bosworth, Conquest and Empire; zusammenfassend und prägnant Gehrke.

4 Plutarch, Alexander 46. Eine andere populäre Tradition (Curtius Rufus 8, 10, 22, 34–36; Justin 12, 7, 9–11) lokalisiert eine ähnliche Episode in Indien: In der Stadt Massaga sei die schöne Königin Kleophis von Alexander gefangengenommen worden, die ihm dann später einen Sohn geboren habe.

Abb. 1: Alexander auf Boukephalos, Bronzestatuette nach Lysipp (letztes Drittel 4. Jh. v. Chr.)

im äußersten Osten Asiens gelegen vorstellte und hinter dem man nur noch den Okeanos, das die Erde umfließende Weltmeer wähnte, waren kaum geringer: Hier sollte es goldgrabende Ameisen groß wie Füchse geben, gewaltige Drachen, hundsköpfige Menschen und andere Wunderwesen.

Die Wurzeln dieser griechischen Vorstellungswelt sind nur in Umrissen zu fassen[5]. Die frühesten Informationen über Indien rührten offenbar von einem Bericht über eine Erkundungsfahrt indusabwärts, die ein karischer Kapitän

---

5 Wittkower; Romm, S. 82ff.; Lindegger II, S. 29ff.; Karttunen, India in Early Greek Literature, S. 65ff.; Karttunen, India and the Hellenistic World, S. 26ff., 129ff.

namens Skylax im Auftrag des Perserkönigs Dareios I. (522–486 v. Chr.) unternommen hatte, der Indien gerade dem Achämenidenreich als östliche Randprovinz hinzugewonnen hatte. Nur wenige Zeilen lang und daher von kärglichem Gehalt ist die Notiz bei Herodot über jene Fahrt und ihren (verlorenen) schriftlichen Bericht[6]. Immerhin läßt sie erkennen, daß bereits Skylax – vermutlich auf der Basis von Erzählungen einheimischer Gewährsleute – über Indien Staunenswertes berichtet und etwa die Existenz jener Hundsköpfigen und anderer merkwürdiger menschlicher Kreaturen in seiner Heimat bekannt gemacht hatte. An den Rand der Welt – ob im Osten, Nordosten (Amazonen!) oder anderswo – hatten bereits die griechischen Sagen allerlei Wunderwesen plaziert; die ersten Geographen, so Hekataios von Milet (ca. 500 v. Chr.), trugen daher keine Bedenken, in ihren umfassenden ›Welt‹beschreibungen die Ränder der Ökumene, der bewohnten Erde, gleichfalls mit absonderlichen Gestalten, unerhörten Naturphänomenen und schreckeneinflößenden Monstern zu bevölkern[7]. Und auch Herodot in seinem Geschichtswerk (Mitte 5. Jh. v. Chr.) referierte manche indische Absonderlichkeit und ließ sich eingehend darüber aus, wie die goldgrabenden Ameisen durch die benachbarten Volksstämme beraubt wurden.

Als der wichtigste Urheber jener Erzählungen, die Indien den Griechen und Makedonen als Land der tausend Wunder erscheinen ließen, ist aber Ktesias von Knidos zu bezeichnen[8]. Dieser war als Leibarzt am persischen Herrscherhof in Susa tätig gewesen und hatte hier Zugang zu den am Hof umlaufenden Informationen über Indien, das er selbst allerdings nie zu Gesicht bekam. Nach seiner Rückkehr in die Heimat verfaßte er gegen 398 v. Chr. eine Schrift über Indien, die enorme Popularität gewann und uns in Zitaten späterer Autoren noch faßbar ist. Nicht nur wiederholte er hier sämt-

---

6 Herodot 4, 44.

7 Lindegger II, S. 24ff.; Karttunen, India in Early Greek Literature, S. 69ff.; Romm, Edges of the Earth, S. 20ff., 45ff.

8 Jacoby, Ktesias; Romm, Edges of the Earth, S. 78ff., 86ff.

liche je über Indien berichteten Wundergeschichten, sondern fügte diesen zahlreiche neue hinzu: Mit Kranichen kämpfende Zwergmenschen fanden sich in Indien, die den Griechen zuvor nur im südlichen Afrika ›bekannt‹ gewesen waren, außerdem Menschen mit einem einzigen, riesigen Fuß, den sie zu rasendem Tempo oder auch zum Beschatten ihre Körpers verwenden konnten, Greifen, die Goldschätze bewachten u. a. m.[9] .

Abb. 2: Indische Wundermenschen (Sebastian Münster, 1544)

Alexander, Indien und das Ende der Welt

Es fällt schwer, sich vorzustellen, daß Alexander auf der Basis solcher ›Informationen‹ die militärischen Erfolge der letzten Jahre leichtfertig aufs Spiel gesetzt haben soll, indem er sich dazu entschied, das Wagnis einer neuerlichen enormen Ausweitung seines Feldzuges einzugehen: noch weiter nach Osten und damit endgültig außer Reichweite seiner Heimatbasis und zudem mit eben erst erobertem, aber noch nicht befriedetem und unter effektive Kontrolle gebrachtem Feindesland im Rücken. Doch unterstellt eine solche Perspektive dem Makedonenkönig geographische Kenntnisse, die er nicht besaß; und auch der Indienfeldzug sollte ihm nur in begrenztem Umfange präzise, weiterreichende Erkenntnisse verschaffen. Denn vor seinen Augen und damit in militärischer Reichweite lag jenseits des Hindukusch allein das antike ›Indien‹, gleichbedeutend mit dem Ende der Welt, das im Osten vom großen Weltmeer beschlossen wurde. Die Exi-

9 Lassen II, S. 641ff.; Wittkower; Lindegger II, S. 51ff.; Romm, S. 86ff.

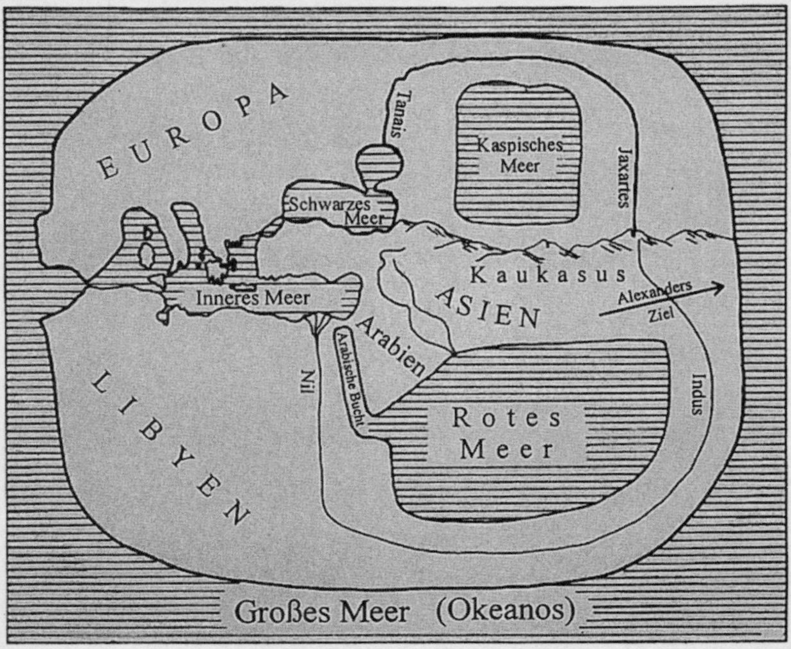

Abb. 3: Das ursprüngliche Weltbild Alexanders nach Aristoteles

stenz der Landmassen Mittel- und Nordasiens und des Fernen Ostens dagegen, ja selbst des indischen Subkontinentes, war ihm wie all seinen Zeitgenossen im Mittelmeerraum und Vorderen Orient verborgen und unvorstellbar [10]. Und sogar von jenem Indien, das unter Dareios I. eine Provinz des Achämenidenreiches gewesen war, sich aber zu einem unbekannten Zeitpunkt der persischen Kontrolle wieder hatte entziehen können, waren selbst in den persischen Verwaltungszentren und Archiven zum Zeitpunkt ihrer Eroberung durch Alexander offensichtlich keine Erkenntnisse von praktischem Belang mehr verfügbar[11].

10 Burr; Schachermeyr, S. 396ff., 443ff.; Högemann, S. 65ff.; Bosworth, Aristotle.

11 Auch scheint Alexander weder mittels griechischer noch persischer Quellen Kenntnis von der Erkundungsfahrt des Skylax und ihren Entdeckungen gehabt zu haben, d. h. beispielsweise dem

Allerdings hatte Alexander es augenscheinlich verstanden, sich zusätzliche Informationen zu beschaffen. Zwar wissen wir nicht, ob er Angehörige der nordindischen Kontingente, die Dareios ihm in der Schlacht bei Gaugamela entgegenwarf, oder Mahouts der Kriegselefanten, denen seine Makedonen sich hier erstmals gegenübersahen, anschließend über ihre Heimat hatte befragen können[12]. Doch wird die Anwesenheit von indischen Gesandten sowie eines exilierten indischen Fürsten in Alexanders Umgebung erstmals während des zähen Guerillakrieges im sogdischen Nordosten im Sommer 328 v. Chr. erwähnt. Verschiedene indische Radschas hatten angesichts der Machtkämpfe in Gandhara und im Fünfstromland ein nachhaltiges Interesse, jenen unwiderstehlichen Feldherrn aus dem Westen auf ihre Seite zu ziehen und ihn mit nicht unbedingt nur zuverlässigen Informationen und Versprechungen zum Eingreifen in ihre Fehden um den Besitz der reichen Schwemmlandebenen Nordindiens zu bewegen.

Dennoch konnte es kaum überzeugende politische und sachliche Argumente für Alexander geben, sich auf ein indisches Abenteuer einzulassen. Die Motive und tieferen Gründe des Aufbruchs nach Indien sind so auch nicht in militärischen oder machtpolitischen Überlegungen zu finden, sondern nur aus der Persönlichkeit, der Vorstellungswelt und dem Selbstverständnis des Makedonenkönigs heraus zu verstehen. Bereits das Verhalten Alexanders nach dem entscheidenden Sieg über Dareios III. bei Gaugamela 331 v. Chr. zeigte, daß es ihm um mehr als den Triumph über den Großkönig ging: Die anschließende Einnahme der achämenidischen Herrscherresidenzen, die Verfolgung des flüchtigen Dareios weit nach Osten, dann die grausame Hinrichtung seines Mörders und die ehrenvolle Bestattung des toten Großkönigs sowie

---

Seeweg von Indien über Arabien zum Roten Meer nach Ägypten. Anders Högemann, S. 65, vgl. Bosworth, Commentary, S. 416ff.

12 Zum Problem der Informationsbeschaffung über Indien Bosworth, Alexander and the East, S. 66ff.

schließlich die mühsame Unterwerfung der äußersten Nordostprovinzen des Reiches zeigen, daß es dem Makedonen um die vollgültige Rechtsnachfolge der Achämeniden zu tun war. Dieses Ziel beinhaltete zugleich die Übernahme des stolzen Selbstverständnisses der persischen Herrscher, Könige der Könige oder Großkönige zu sein, mithin die Weltherrschaft zu beanspruchen. Dareios I. hatte diesen Anspruch selbst in Indien durchzusetzen vermocht und so für Alexander einen unverrückbaren Maßstab gesetzt. Denn die Persönlichkeit des Makedonenkönigs war vom unbeugsamen Willen durchdrungen, »immer der Beste zu sein und die anderen zu übertreffen«[13], wie der Leitspruch seines Handelns und Trachtens lautete, den er aus der intensiven Beschäftigung mit Homers Ilias und der dort geschilderten mythischen Lebenswelt der trojanischen Helden gewonnen hatte. Indien in den Grenzen der alten achämenidischen Oberherrschaft – und darüber hinaus! – zu unterwerfen, mußte daher sein Ziel sein.

Doch gab es noch weitere, zugleich mythische und göttliche Vorbilder, auf deren Spuren Alexander sich zunehmend sah und die er mit seinen Taten vor den Augen der Zeitgenossen und dem Urteil der Nachwelt zu übertreffen suchte; und auch deshalb mußte er den Weg nach Indien gehen. Ganz im Sinne der heroischen Genealogie seiner Familie, des Königshauses der Argeaden, verstand sich Alexander als Nachfahre des Herakles und damit des Zeus; eine weitere Nahbeziehung beanspruchte er zudem zu Dionysos, dem Gott des Weines und der Entrückung[14]. Zahlreiche Münzporträts des Königs und die verschiedentliche Stilisierung seiner Handlungen geben von diesem Selbstverständnis, das im Laufe des Feldzuges nach Osten immer deutlichere Züge einer Selbstvergottung annahm, beredten Ausdruck.

---

13 Homer, Ilias 11, 786. Zu diesem Selbstverständnis Alexanders siehe Lane Fox, S. 59ff.; Brunt I, S. 464ff. sowie Gehrke, S. 10ff.

14 Zu diesen Bezügen Schachermeyr, S. 407ff.; Goukowsky II; Bosworth, Commentary, S. 78f., 180ff.; Bosworth, Alexander and the East, S. 119ff., 164ff.

Abb. 4: Der Vorschlag des Architekten Deinokrates: Berg Athos als König Alexander (Fischer von Erlach, 1725)

Gerade für die genannten Protagonisten der griechischen Sagen- und Götterwelt verbanden sich nun einige der populärsten Episoden ihres Wirkens mit Indien: Herakles war bei der Bewältigung seines Tatenzyklus in allen Himmelsrichtungen zu den Rändern der Ökumene vorgestoßen, hatte dabei nach einer Überlieferung auch Indien durchwandert und dort den von Göttervater Zeus an einen Felsen geschmiedeten Prometheus befreit; bei dem Versuch, eine Felsenburg in Nordindien zu erobern, war der Halbgott allerdings gescheitert[15]. Dionysos galt den Griechen – wenig bescheiden – als der griechische Gott, der in dunkler Frühzeit den damals noch nomadisierenden Indern überhaupt die Kultur gebracht, also Städte gegründet, die Kunst der Landwirtschaft und Viehzucht gelehrt und ihnen neben dem Wein auch Gesetze gegeben habe[16]. Manche dieser Überlieferun-

15 Brunt II, S. 435ff.; Karttunen, India in Early Greek Literature, S. 210ff.

16 Dihle, Dionysos; Brunt II, S. 437ff.; Karttunen, India in Early Greek Literature, S. 210ff.; Bosworth, Commentary, S. 199ff.; Bosworth, Alexander and the East, S. 121ff.

gen waren selbst für griechische Vorstellungen reichlich zweifelhaft, doch Alexander und seine Makedonen griffen auf ihrem weiteren Vormarsch begierig jeden Hinweis auf, der auf einen früheren Aufenthalt des Herakles oder Dionysos hinzudeuten schien.

Und erneut ist es das agonale Selbstverständnis Alexanders, das Streben, sich in seinen Taten jedermann – selbst diesen göttlichen Vorbildern – überlegen zu erweisen, das in seinem Verhalten wie in seinen Zielen als treibendes Moment und Gestaltungsprinzip hervortritt und den Marsch nach Indien als Medium mythischer Imitation und heroischer Selbstverwirklichung kennzeichnet. Nicht zuletzt verhalf diese Selbststilisierung und -wahrnehmung auch zu dem beruhigenden Bewußtsein, sich sogar in Indien, in der äußersten Fremde und dem Land der Wunder, noch im genuinen Wirkungsfeld der eigenen griechischen Zivilisation zu befinden. Das sich hier niederschlagende hartnäckige Beharren auf der Überlegenheit der eigenen Kultur, die Projektion der eigenen Vorstellungswelt und Tradition auf Fremdes und Neues, und nötigenfalls die Umdeutung des Andersartigen nach vertrauten Wahrnehmungsmustern sind die vielleicht markantesten Merkmale der Auseinandersetzung der griechischen und makedonischen Eroberer mit der von der ihrigen so verschiedenen Natur, Lebenswelt und Kultur Indiens und seiner Bewohner[17].

Das Vorbild des Herakles, des zu den äußersten Grenzen der Welt vorgedrungenen Heros, verweist auf eine weitere Zielvorstellung, die Alexander offenbar mit dem Vorstoß nach Indien verband. Da nach dem gültigen griechischen Weltbild Indien zugleich den östlichen Rand der Ökumene einnahm und jenseits davon sich nur noch der grenzenlose Okeanos erstreckte, mußte es auf diesem Wege möglich sein, bald nach der Durchquerung Indiens wie zuvor Herakles an das Ufer des großen Weltmeeres zu gelangen: Der symboli-

---

17 Karttunen, India in Early Greek Literature, S. 121ff.; Bosworth, Alexander and the East, S. 98ff.

sche Anspruch auf Weltherrschaft versprach hier seine realpolitische Verwirklichung zu erfahren.

Den unbedingten Willen, die äußersten Ausläufer der bewohnten Welt zu erreichen und die eigene Herrschaft bis zu diesen Grenzen auszudehnen, hatte Alexander zuletzt drei Jahre zuvor bei der Eroberung der nordiranischen Gebiete unter Beweis gestellt. Mit der Gründung des ›Äußersten Alexandreia‹, Alexandreia Eschate (etwa 100 km südlich des heutigen Taschkent, Usbekistan), an den Ausläufern der großen zentralasiatischen, jeglicher zivilisatorischer Erschließung trotzenden Steppengebiete Zentralasiens hatte Alexander denselben Anspruch erhoben und symbolisch mit seiner Stadtgründung und der Errichtung von Altären am Fluß Jaxartes dokumentiert[18]. In Indien sollte er im Sommer 326 v. Chr. am Fluß Hyphasis, an dem die Meuterei seines Heeres ihn zur Umkehr zwang, erneut mit aufwendigem kultischen Zeremoniell und der Errichtung symbolischer Wegmarken das nunmehr wider besseres Wissen behauptete Erreichen des Endes der Welt begehen und schließlich, nach Ankunft in der Indus-Mündung im Sommer des folgenden Jahres, das Erreichen des Okeanos mit Fahrten auf das offene Meer und dort in die Fluten vollzogenen Opfern zelebrieren[19].

Die Suche nach den äußersten Grenzen der Erde sollte Alexander bis zu seinem frühen Lebensende nicht mehr loslassen. Im Jahr 326 v. Chr. ließ er eine Flotte das Kaspische Meer erkunden, um festzustellen, ob dieses nicht eine Verbindung zum nördlichen Ozean besitze, also nicht als Binnenmeer, sondern als eine Ausbuchtung des Weltmeeres zu betrachten sei. Weitere Sondierungsfahrten um die arabische Halbinsel 323 v. Chr., vor allem aber die sogenannten ›letzten Pläne‹ Alexanders für eine Eroberung des westlichen Mittelmeers, die nach seinem Tod im Juni desselben Jahres an die Öffentlichkeit gelangten, dürften, sofern sie überhaupt

---

18 Schachermeyr, S. 396ff.; Högemann, S. 62ff.; Bosworth, Conquest, S. 109f.

19 Siehe unten S. 174, 219.

als authentisch anzusehen sind, über ihren Charakter als Eroberungsfeldzüge hinaus zugleich auch als Erkundungsunternehmen geplant gewesen sein[20]; einer Tradition zufolge soll Alexander hierbei sogar eine Umsegelung Afrikas ins Auge gefaßt haben[21].

Alexander und die Erforschung Indiens

Manche der skizzierten Vorstellungen und Ziele Alexanders scheinen nach heutigem Verständnis vornehmlich irrationaler Natur. In der Antike sprach man vom *pothos* Alexanders, dem sehnsüchtigen Verlangen nach dem Unbekannten, dem im Grunde Unerreichbaren, und die moderne Wissenschaft ist ihr hier weitgehend gefolgt[22]. Allerdings ist zu beachten, daß sich bei Alexander mit der Verfolgung selbst irrational anmutender Ziele immer ein außergewöhnliches Maß an rationalem Kalkül in der Vorbereitung und Durchführung verband. Und so stehen neben der Sehnsucht *(pothos)* nach den Grenzen der Welt, einem ungezügelten und an mythologischen Vorbildern orientierten Entdeckerdrang, zugleich eine mit frappierender Nüchternheit und sachlicher Präzision betriebene logistische Vorbereitung und Durchführung des gewaltigen militärischen Unternehmens sowie eine ebenso pragmatische wissenschaftliche Erschließung und Erfassung der auf dem Eroberungszug begegnenden Realität.

Mehr als zwei Jahrtausende vor Napoleon Bonaparte, der den Makedonenkönig hierin nachahmte, führte Alexander unter Aufbietung der fortschrittlichsten Logistik, Technik und Wissenschaft einen Stab von Ingenieuren und Gelehrten

---

20 Zu den Problemen um die ›letzten Pläne‹ Alexanders Tarn II, S. 378ff.; Brunt II, S. 501ff.; Bosworth, From Arrian to Alexander, S. 129ff., 185ff.; Bosworth, Conquest, S. 164ff.

21 Arrian 7, 1, 2f. erklärt, daß verschiedene Alexanderhistoriker dies berichteten.

22 Siehe etwa Schachermeyr, S. 653ff.; vgl. Gehrke, S. 21, 74f., 98 u. ö. Beachte dazu Kraft, S. 81ff.

Abb. 5: König Philipp übergibt den jungen Alexander Aristoteles zum Unterricht (fläm. Buchillustr.)

samt Gerät mit sich, der sich ausschließlich der Aufgabe widmete, die Länder und Völker, zu denen das Heer vordrang, zu erkunden und zu dokumentieren. Angesichts des völligen Fehlens von geographischen Karten in der Antike bedeutete allein die räumliche Erfassung und Orientierung, zumal für ein Heer in Feindesland von gewaltiger Ausdehnung, ein eminentes Problem. Die Buchführung von ›Bematisten‹, die auf dem Vormarsch die Entfernungen mittels Zählung der zurückgelegten Schritte maßen, und die Aufnahme einer Vielzahl weiterer relevanter Details zu den Wegstrecken schufen die Grundlage, die später den hellenistischen Geographen für ihre Berechnungen diente und so die durch den

Alexanderzug bewirkte Revision des geographischen Weltbildes dokumentierte[23].

Es ist viel darüber spekuliert worden, welchen Einfluß Aristoteles auf die geographischen und naturkundlichen Interessen des jungen Alexander und auf die wissenschaftliche Erkundung der im Laufe des Feldzuges eroberten Gebiete gehabt haben mag[24]. Philipp II. hatte 343/42 v. Chr. den berühmten Philosophen und Naturforscher aus Athen nach Makedonien kommen lassen und ihm die Erziehung des Prinzen übertragen. Doch währte dieser Unterricht nur drei Jahre, und bei Eröffnung des Perserkrieges dürfte selbst ein Alexander oder Aristoteles nicht ernsthaft an eine Unternehmung bis an die Grenzen der bekannten Welt – mit entsprechendem wissenschaftlichem Begleitprogramm! – gedacht haben. Auch sind Vermessungen und Erkundungen erst beim weiteren Vormarsch nach Osten bezeugt, nachdem also Dareios bezwungen worden war. Angesichts der guten griechischen Kenntnisse über den Westen und das Zentrum des Perserreiches war dies vorher nicht nötig.

So muß fraglich bleiben, ob Alexander tatsächlich von der Vorstellung getrieben war, das geographische Weltbild seines Lehrers, wie dieser es in den *Meteorologika* beiläufig und eher dürftig formuliert hatte, zu verifizieren, und erst recht, ob er für die späteren großen Schriften seines Lehrers zur Biologie systematisch Material zusammenstellen ließ[25]. Schon in der Antike existierten derartige Mutmaßungen; doch zumindest die Tradition, daß der große Wissenschaftler und sein kongenialer Schüler in großartiger Zusammenarbeit zum Vorteil der Menschheit wirkten, läßt sich als spätere

23 Vgl. hierzu die Skizze des (vermutlichen) ›Weltbildes‹ Alexanders bzw. seines Lehrers Aristoteles, wie dieses vor Beginn des Feldzuges ausgesehen haben dürfte, oben S. 14, und die Rekonstruktion der Karte des Eratosthenes aus dem 3. Jh. v. Chr. unten S. 244.

24 Schachermeyr, S. 82ff. (extrem spekulativ); Lane Fox, S. 53ff.; Bosworth, Aristotle; Romm, Edges of the Earth, S. 112ff.

25 Bretzl; Romm, Aristotle's Elephant (mit Verweis auf weitere Literatur).

Erfindung erweisen[26]. Ebenso gefälscht ist jener briefliche ›Augenzeugenbericht‹, den Alexander angeblich seinem Lehrer über die Wunder Indiens zugehen ließ[27]. Selbst manche Kenntnisse des Aristoteles, die sich auf den ersten Blick Erkenntnissen aus dem Vormarsch Alexanders nach Osten zu verdanken scheinen, lassen sich wie beispielsweise die präzisen Beobachtungen zur Anatomie des Elefanten leicht anders erklären[28]. Unstrittig ist, daß im Gefolge des Alexanderzuges eine außerordentliche Menge einschlägiger Daten und Beobachtungen die Zentren des griechischen Wissenschaftsbetriebes erreichte und in die hier entstehenden großen biologischen und geographischen Sammelwerke einging[29].

Auf dem Feldzug nach Osten war im übrigen jenes außergewöhnlich erscheinende geographische und naturkundliche Interesse nicht allein dem Makedonenkönig zu eigen: Die bruchstückhaft erhaltenen Beobachtungen und Äußerungen von Teilnehmern wie Kleitarch, Nearch und Onesikritos zu Klima, Fauna und Flora Indiens[30], insbesondere die hier geäußerten wissenschaftlichen Überlegungen in Auseinandersetzung mit älteren oder konkurrierenden Theorien, beweisen, daß jene Offiziere gleichfalls eine nach heutigen Maßstäben beachtliche naturwissenschaftliche Bildung und Aufgeschlossenheit besaßen und bei der Begegnung mit bislang unbekannten Naturphänomenen durchaus treffende Beobachtungen anstellten, bedenkenswerte Argumente entwickelten und beeindruckend rationale Erklärungen zu finden suchten. In der Tat stießen Griechen und Makedonen

---

26 Siehe z. B. Plinius, Naturgeschichte 8, 17, 44 und Athenaios, Deipnosophistae 9, 398E (der behauptet, Alexander habe die Entstehung der aristotelischen Schrift *Historia Animalium* mit der – ungeheuren – Summe von 800 Talenten unterstützt).

27 Hierzu Feldbusch; Gunderson, S. 76ff., zugleich zu anderen apokryphen Briefen Alexanders an Aristoteles.

28 Romm, Aristotle's Elephant.

29 Siehe etwa Theophrast 4, 4 u. ö.; Athenaios, Deipnosophistae 3, 93A.

30 Brunt II, S. 444ff.; Karttunen, India and the Hellenistic World, passim.

hier aber auch auf Naturerscheinungen, die außerhalb ihrer bisherigen Vorstellungskraft liegen mußten.

Ein Beispiel mag genügen: Die Faszination, die die Flüsse Indiens auf die Eroberer aus dem Westen ausübten, ist sogar in den überarbeiteten oder fragmentarisch bewahrten Texten noch allenthalben zu spüren. Die Zahl, die außerordentliche Größe und der Wasserreichtum der indischen Ströme mußten den Soldaten, die eine Heimat mit sommertrockenem Klima und oft kärglichen Böden hinter sich gelassen hatten und nun über zwei Jahre lang die enorme Fruchtbarkeit der Schwemmböden dieses fremden Landes auf ihrem Marsch bestaunen konnten, immer wieder märchenhaft erscheinen[31]. Kein geringeres ›indisches Wunder‹ bedeutete ihnen zweifellos der Monsun, dem sie hier begegneten. Zwar setzte der monatelange Dauerregen der Kleidung, der Ausrüstung und den Waffen ebenso wie der Kampfmoral der Makedonen in kaum zu ertragendem Maße zu, doch die Frage der Entstehung dieser Naturerscheinung hielt manche Teilnehmer für immer gefangen, und gleiches galt für das Problem, wo die indischen Ströme entsprangen, für Erdbeben und andere Phänomene. Überlegungen, daß der Indus mit dem Nil und Ägypten in Verbindung stehe und somit das alte wissenschaftliche Rätsel des sommerlichen Nilanstieges gelöst sei, drängten sich angesichts verschiedener Indizien wie der Ähnlichkeiten von Klima, Pflanzen- und Tierwelt auf, wurden aber mit ebenso rationalen Erwägungen bald schlüssig widerlegt[32]. Der Vorstoß Alexanders nach Indien vermochte das vertraute Weltbild in mancher Hinsicht zu korrigieren, schuf aber auch neue Probleme: Den im Osten gesuchten Okeanos konnte er nicht erreichen, er mußte viel-

---

31 Brunt II, S. 453ff.; Lindegger II, S. 73ff.; Bosworth, Alexander and the East, S. 11f., 176ff.; Karttunen, India and the Hellenistic World, S. 109ff.

32 Siehe unten S. 136ff., 179f. Hierzu Högemann, S. 66ff.; Bosworth, Alexander and the East, S. 70ff., 187; Karttunen, India and the Hellenistic World, S.109ff.

mehr wohl erkennen, daß sich ostwärts von Indien noch weitere riesige Räume und Reiche erstreckten; ob er auch vom Ganges und dem Großreich der Nanda Kenntnis erlangte, bleibt eine ungelöste Frage[33].

Die einfachen makedonischen und griechischen Soldaten im Heer werden solche Probleme allerdings weniger umgetrieben haben. Die indischen Wunder, die sie zu verifizieren trachteten, waren dieselben, die ihre Phantasie schon vor Erreichen des Landes in Bann geschlagen hatten. Diese Männer wurden während des Indienfeldzuges nicht müde, nach den goldgrabenden Ameisen zu forschen und unternahmen alles, um ihrer habhaft zu werden. Einheimische boten schließlich, da sie sich außerstande sahen, lebende Exemplare der begehrten Spezies beizubringen, den Soldaten im Heerlager wenigstens Felle der geheimnisumwitterten Tiere an. So vermochten sie aus der bohrenden Wißbegier der Eroberer sogar Gewinn zu schlagen. Dieses aufschlußreiche Zusammenwirken, ja ›Einvernehmen‹ zwischen den fremden Eindringlingen und der ansässigen Bevölkerung verweist auf ein charakteristisches Muster der Begegnung von griechisch-makedonischen Eroberern mit der ihnen so fremden Natur und Kultur Indiens und ist zugleich ein Denk- und Handlungsmuster, dem sich auch moderne Ethnologen nicht immer entziehen können: Die Teilnehmer der Indien-Expedition suchten, wie ihre bruchstückhaften Berichte noch spiegeln, allerorten vornehmlich Bestätigung für die Vorstellungen und Erwartungen zu finden, die sie in ihrem unbewußten kulturell-ideologischen Marschgepäck in so reicher Ausfertigung selbst mitgebracht hatten: Amazonen, goldgrabende Ameisen, Drachenschlangen oder Meeresungeheuer. Fast alle Kreaturen und Monster ihrer heimischen Sagentradition und der mit Indien verknüpften Bilderwelten ließen

33 Diese Frage, eines der klassischen Probleme der Alexanderforschung, bleibt offen. Siehe Meyer, Kienast und nun die gute Skizze bei Bosworth, Alexander and the East, S. 186ff. (mit der älteren Literatur) sowie unten S. 147ff.

sich bei rechter Wahrnehmung im Lande wiederfinden. Die geringfügigen Abweichungen zwischen mitgebrachten Bildern und vorgefundener Realität boten den dankbaren Stoff, um der Heimat später die tatsächliche Begegnung mit der Wunderwelt Indiens glaubhaft zu machen. Die eigenen kulturellen Leitmotive und Wahrnehmungsmuster fanden so vor allem eine eindrucksvolle Bestätigung, denn im Lande erwies sich meist nur ihre Ergänzung oder Bereicherung, nicht aber ihre grundlegende Revision als nötig.

Vielleicht sollte man die Intensität und Tiefe der Begegnung und Auseinandersetzung zwischen Eindringlingen und Einheimischen aber bereits aus praktischen Gründen nicht überschätzen. In den Berichten gibt es nicht allzu viele Hinweise auf intensive Kommunikation zwischen den beiden Seiten; ja, es fällt auf, daß Verständigungsprobleme wiederholt eine nicht geringe Rolle spielten. Die Konversation Alexanders mit einem indischen Weisen scheiterte daran, daß dieser es für wenig hilfreich erklärte, über drei (!) Dolmetscher philosophische Sachverhalte verständlich machen zu sollen[34]. Es wundert nur wenig, daß jene indische Weisheit, die Onesikritos im Auftrage des Königs schließlich ausfindig machte und der Nachwelt überlieferte, so auffallende Übereinstimmungen mit griechischen philosophischen Lehren aufweist. Die spirituelle und gesellschaftliche Stellung der indischen Gesprächspartner – ob Yogis, Sadhus oder Brahmanen – in ihrer Umwelt blieb den Makedonen ohnehin verborgen; die Bezeichnung Gymnosophisten, »nackte Weise«, wurde nahezu unterschiedslos auf sie alle angewandt[35]. Über weite Strecken des Indienfeldzuges scheint die Sprache der makedonischen Waffen so unzweideutig gewesen zu sein, daß sich eine differenzierte Verständigung erübrigte.

---

34 Strabon 15, 1, 64; vgl. Arrian 7, 1, 6 und 7, 2, 2. Zum Problem der sprachlichen Verständigung während des Indienfeldzuges und ihrer Grenzen siehe Franke, S. 88ff.

35 Hansen; Brunt II, S. 491ff.; Stoneman; Karttunen, India and the Hellenistic World, S. 55ff.; Bosworth, Alexander and the East, S. 93ff.

Mehr als zwei Jahre verbrachte das Alexanderheer kämpfend und weitere 6000 km marschierend in Indien, einem Land, das Offizieren wie Soldaten bei aller Neugier, Beobachtungs- und Spekulationsfreude doch im Grunde fremd blieb. Auch der Rückmarsch aus Indien erfolgte nicht auf vertrauter, sicherer Route; nur die erbeuteten Elefanten, der Gerätepark und weniger belastbare Truppenteile verließen das Industal über eine der großen Überlandverbindungen nach Westen. Alexander selbst ging mit ausgewählten Truppen neuerlich ein Wagnis ein: auch diesmal in der Absicht, mythologische Vorbilder zu übertreffen[36]. Er versuchte, durch die Wüste Gadrosien (Belutschistan), eine ebenso unwirtliche wie unerforschte Region, in das Herrschaftszentrum seines neueroberten Reiches, die Persis und das Zweistromland, zurückzugelangen[37]. Gleichzeitig hatte eine große Flotte den Auftrag, die Küstenstrecke vom Indus-Delta nach Westen zu erkunden, deren Verlauf ihrerseits gänzlich ungewiß war.

Der Marsch durch Gadrosien endete nahezu in einer vollständigen Katastrophe. Wohl fielen nicht Zehntausende diesem militärisch sinnlosen Unternehmen zum Opfer, wie manche später behaupteten[38], doch waren die Entbehrungen und Opfer immerhin so groß, daß sie die Verluste der kriegerischen Auseinandersetzungen während des gesamten Indienzuges übertrafen. Und dennoch hinterließ die Durchquerung dieser Wüste bei den Teilnehmern solchen Eindruck, daß ihre Schilderungen die Faszination der Vegetation, Tier-

---

36 Siehe unten S. 231. Vgl. Bosworth, Alexander and the East, S.182f.

37 Stein, On Alexander's Route into Gedrosia; Strassburger; Kraft, S. 106ff.; Eggermont, Sind and Baluchistan, S. 90ff.; Brunt II, S. 474ff.; Engels, S. 110ff., 135ff. sowie nun grundlegend Bosworth, Alexander and the East, S. 166ff.

38 Plutarch, Alexander 66, läßt den Makedonenkönig nach der ›gadrosischen Katastrophe‹ mit einem knappen Viertel von ursprünglich 135 000 Mann aus Indien zurückkehren. Diese Überlieferung blieb nicht ohne Einfluß auf die Forschung. Siehe dagegen Kraft, S. 109ff. und zuletzt Bosworth, Alexander and the East, S. 166ff.

welt und Lebensbedingungen dieses feindseligen Landstriches bis heute zu vermitteln vermögen.

Das parallele Flottenunternehmen in unbekannten Gewässern war angesichts der bescheidenen nautischen Fähigkeiten der Griechen, die im Mittelmeer kaum mehr als Küstenschiffahrt bei Tage praktizierten, nicht weniger riskant. Die Besegelung des ›Roten Meeres‹, das heißt des Indischen Ozeans (bzw. des Golfs von Oman) entlang der Küste des Makran, bei zunehmend kritischer Versorgungssituation und ungewissem Ausgang ist für uns noch heute in einem einmaligen Text dokumentiert, dem *Periplous* (Fahrtenbericht) des Flottenbefehlshabers Nearch. Von späterer Hand nur geringfügig bearbeitet, hat sich der authentische Charakter dieses antiken Logbuches mit seinen oftmals spärlichen navigatorischen und technischen Tagesdaten erhalten[39]. Zugleich bietet dieser Text unter anderem eine frappierende Schilderung der Lebensweise einer Küstenbevölkerung, der sogenannten ›Fischfresser‹ (Ichthyophagen), die noch auf steinzeitlicher Kulturstufe verharrte[40].

Der Indienzug als militärisches Unternehmen

Zu leicht läßt die Bewunderung für die Ausdauer und Leidensfähigkeit des Alexanderheeres sowie die von ihm zurückgelegten Marschstrecken, für die Kühnheit des Planens und den wissenschaftlichen Erkenntnisdrang Alexanders und auch die Faszination der Berichte von der Begegnung dieser Männer mit den Wundern Indiens vergessen, daß das Indien-Unternehmen erst in zweiter Linie eine Expedition bedeutete, bei der Griechen und Makedonen erstmals in klimatische Verhältnisse vordrangen und auf Fauna

---

39 Tomaschek; Eggermont, S. 33ff.; Brunt II, S. 518ff.; Bosworth, Alexander and the East, S. 66ff.

40 Karttunen, India in Early Greek Literature, S. 134ff.; Karttunen, India and the Hellenistic World, S. 43ff.; Bosworth, Alexander and the East, S. 184f.

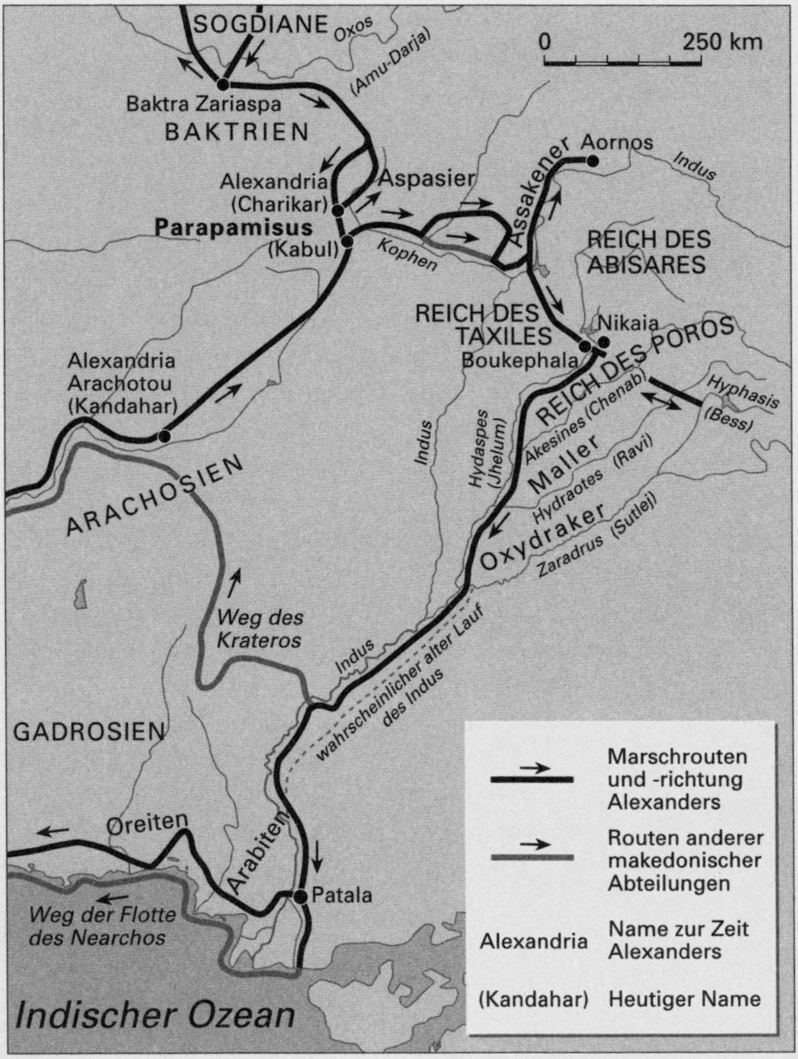

Abb. 6: Der Indienfeldzug Alexanders 327–325 v. Chr.

und Flora sowie eine Kultur und gesellschaftliche Verhältnisse trafen, die im Mittelmeerraum zuvor unbekannt gewesen waren. In erster Linie handelte es sich beim Vorstoß nach Indien um einen Feldzug, präziser gesagt, um einen Eroberungszug. Dessen Charakter stellt sich – erst recht, wenn man die Wahrnehmungsperspektive der betroffenen Bevölkerung zu rekonstruieren versucht – als ungewöhnlich brutal, ja grausam dar, und dies weit über das übliche Maß antiker Kriegführung hinaus.

Wenn auch in den Berichten verschiedentlich von Verhandlungen mit einheimischen Fürsten oder Völkern und ohne Waffengewalt erzwungenem Abschluß von Verträgen die Rede ist, so lehrt eine gründliche Lektüre der Texte doch eine meist ganz anders geartete Realität: Alexander erwartete von Beginn des Feldzuges an von Herrschern, Stämmen und Städten, deren Territorium seine Marschroute berührte, sofortige Unterwerfung; jedes Zögern, jeden Widerstand, ja bereits die Flucht beantwortete er unverzüglich mit massiver Gewalt. Immer wieder statuierte er grauenvolle Exempel: So wurde bereits während des Vormarsches durch die Bergregion des Kabul-Tals die dortige Bevölkerung, die ihre Siedlungen, ohne Widerstand zu leisten, bei seinem Anmarsch geräumt und sich auf Höhen in Sicherheit gebracht hatte, verfolgt und attackiert, der erste dieser befestigten Plätze gestürmt und sämtliche Verteidiger niedergemacht[41]. Immer wieder ließ Alexander seine Truppen vor seinem Anmarsch fliehende Einwohner verfolgen und wehrlose Männer, Frauen oder Kinder abschlachten[42]. Kann es unzweideutigere Aussagen über den Charakter des Vordringens des Alexanderheeres geben als Berichte, daß Einwohner nur auf die Nachricht von Alexanders Kommen hin ihre Stadt aufgaben, sie anzündeten und niederbrannten, um sich in alle Richtungen in die Berge zu flüchten? Das makedonisch-griechische Heer verbreitete in einer Weise Angst und Schrecken, die mit Terror zu bezeichnen schwerlich untertrieben ist. Dieser Terror entsprang dem Willen Alexanders, der bedingungslose Unterwerfung erwartete, rücksichtslos die Einwohner ihrer bescheidenen Ressourcen beraubte, um sein Heer zu versorgen, der gegenüber echtem oder vermeintlichem

---

41 Arrian 4, 23, 4f.; Curtius Rufus 8, 10, 6.

42 Dieser Sachverhalt spiegelt sich nur ausschnitthaft in dem hier gebotenen Text, da die vorgenommenen Kürzungen (s. u. S. 47f.) v. a. ausführliche Schilderungen militärischer Eroberungen betreffen.

Widerstand zur Strategie der verbrannten Erde griff, ganze Landstriche entvölkern ließ und seinen Truppen Befehl erteilte, keine Gefangenen zu nehmen oder die Bewohner eroberter Siedlungen zu versklaven. So dürfen auch die faszinierenden Schilderungen von geistvollen Zwiegesprächen mit indischen Yogis nicht darüber hinwegtäuschen, daß die Invasoren aus dem fernen Westen von der Masse der Bevölkerung als ein unentrinnbares Verhängnis ähnlich den Vandalen oder Hunnen im Europa der Spätantike und des Mittelalters wahrgenommen und erlitten wurden[43].

Über die präzisen Motive, das militärische oder politische Kalkül oder gar die psychologischen Hintergründe zu spekulieren, die dem Vorgehen des jungen Makedonenkönigs zugrundelagen, ist müßig. Festgehalten werden muß, daß die Strategie des Terrors auch für ihre Urheber nicht ohne Folgen blieb. So ist das Paradox zu konstatieren, daß der in den ersten Jahren des Kriegszuges erfochtene militärische Triumph über das gewaltige Perserreich, die Siege in den großen Schlachten von Issos und Gaugamela (333 und 331 v. Chr.), zwar unstrittig enorme Anstrengungen, höchste strategische Kunst und ebenso Kriegsglück erfordert hatte, die Kämpfe in den östlichen Provinzen des Achämenidenreiches, in Baktrien, Sogdien und dann vor allem in Indien, jedoch für Alexander und seine Soldaten demgegenüber unversehens lange Jahre entbehrungsreicher, kräftezehrender und weit verlustreicherer Kleinkriegführung, Scharmützel und Belagerungen bedeuteten. Der Widerstand der einheimischen Bevölkerung in Indien – wie schon zuvor in Baktrien und Sogdien – erwies sich, ungeachtet des weitgehenden Ausbleibens großer Schlachten, als weit tapferer, hartnäckiger und hinhaltender, als ihn die makedonischen und griechischen Truppen je zuvor erlebt hatten.

---

43 Vgl. Tarn, Alexander II, S. 67, 272 (problematisch) mit Karttunen, India and the Hellenistic World, S. 21ff. Bosworth, Alexander and the East, VII und passim, vergleicht Alexanders Eroberung Indiens mit der Mexikos durch Cortés 1519/32.

Die in den Quellen für das Alexanderheer bei den einzelnen Gefechten und Eroberungen angeführten Verluste, die anders als die für die indischen Gegner gebotenen Zahlen zweifellos realistisch, wenn auch insgesamt stark lückenhaft sein dürften, beweisen, daß der einheimische Widerstand in Indien vom makedonischen Heer einen weit höheren Blutzoll verlangte als je in den Kämpfen zuvor[44]. Der Terror Alexanders rief erbitterte Gegenwehr hervor und forderte so seinen Preis auch unter des Königs eigenen Soldaten; und die Tapferkeit indischer Krieger, von der schwache Kunde schon zuvor in den Westen gedrungen war, ging mit dem Alexanderzug in das historische Gedächtnis des Abendlandes ein.

Fragt man sich nach den Gründen für die trotz des heftigen Widerstandes unbestreitbare Überlegenheit der Invasionsarmee, für die nachhaltigen und zuweilen frappierenden militärischen Erfolge Alexanders und seiner Soldaten in Indien, so rührt man an ein Grundproblem des Phänomens Alexander und seines militärischen Unternehmens überhaupt. Einer umfassenden Erklärung wird sich der mit Alexanders Namen verknüpfte unerhörte Siegeszug über Zehntausende von Kilometern durch Feindesland wohl immer entziehen. An dieser Stelle kann so nur der Versuch unternommen werden, einige wenige, auf den indischen Feldzug beschränkte Beobachtungen und Feststellungen zu treffen, welche die heute nur noch schwer nachzuvollziehende beispiellose Schlagkraft, Effizienz und taktische Überlegenheit des Heeres Alexanders zu verdeutlichen vermögen.

Jenes Heer, mit dem Alexander im Frühsommer 327 v. Chr. in Indien einfiel, besaß nach elf Jahren ununterbrochener Kriegführung unter seinem Kommando eine Erfahrung, Kampfpraxis und Professionalität, wie sie keine andere Streitmacht der griechischen Geschichte zuvor oder später je mehr vereinigte[45]. Zudem waren die Kontingente, die Alexander

---

44 Bosworth, Commentary, S. 304, 334.

45 Alexanders Garde, die ›Silberschildner‹, galten nach seinem Tod in den Kämpfen der Diadochen als buchstäblich unbezwingbar: In der

nach Indien führte, diejenigen seiner ursprünglichen Streitmacht, die sich im Verlauf des Asienfeldzuges als die leistungsfähigsten bewährt hatten; umfangreiche Kontingente, vor allem Söldner und Verbündete, waren wie zuletzt 13 500 Mann in Sogdien für Sicherungs- und Sonderaufgaben zurückgelassen worden. Was verblieb und Indien erobern sollte, waren somit ausschließlich Elitetruppen sowie eigens ausgewählte Spezialeinheiten (berittene Bogen- und Speerschützen u. a.) aus den gewaltigen Aufgeboten des eroberten Perserreiches.

Waren so schon manche der mitgeführten Waffengattungen in Indien kaum geläufig, so traf dies erst recht auf die umfangreiche Militärtechnologie zu, die das Heer im Troß mitführte[46]. Die in großer Zahl zerlegt mitgeführten Katapulte und Geschütze, aber auch weitere Belagerungstechnik (Belagerungstürme, Pionierbrücken, Dammbau- und Miniertechnik) erwiesen sich – in der indischen Kriegskunst bislang unbekannt – verschiedentlich als kampfentscheidende Waffensysteme, die es gestatteten, selbst als uneinnehmbar geltende Felsennester bei geringen eigenen Verlusten zu stürmen, stark befestigte Städte zu erobern und unwegsames Gelände zu überwinden. So hatten etwa die Verteidiger belagerter Städte, die regelmäßig aus Lehmziegeln errichtet waren, der ›Feuer‹kraft der weitreichenden makedonischen Geschützbatterien nichts entgegenzusetzen. Alexanders Pioniere errichteten neben einer Schiffbrücke über den Indus auch gegen alle Praxis selbst der herkömmlichen griechischen Kriegführung eine Uferstraße am Indus für den Marsch des Heeres,

---

Entscheidungsschlacht zwischen Antigonos und Eumenes bei Gabiene 316 v. Chr. sollen sie die zahlenmäßig weit überlegene Phalanx des Antigonos überrannt und über 5000 Mann niedergemetzelt haben, ohne selbst einen einzigen Toten beklagt zu haben (Diodor 19, 41, 2; Plutarch, Eumenes 16, 7).

46 Zugleich markiert der Einsatz dieser auch in Griechenland noch wenige Jahrzehnte zuvor völlig ungebräuchlichen Techniken den Beginn der hochentwickelten und -technisierten Belagerungskunst (Poliorketik) im Hellenismus.

das die Flotte flußabwärts begleitete. Städte und Festungen wurden aus dem Boden gestampft, im Indus-Delta zahlreiche Häfen und Werftanlagen gebaut sowie bei Bedarf Flottillen mit Hunderten von Einheiten in Monatsfrist auf Kiel gelegt[47].

Die sich hier andeutende gleichermaßen logistische Leistung des makedonischen Heeres ist nur vereinzelt in den Quellen dokumentiert, verweist aber auf zuweilen kaum faßbare, zudem historisch vorbildlose Leistungen: So erreichten auf dem Höhepunkt des Indienfeldzuges 25000 dringend benötigte Rüstungen aus der Heimat das Heer, beim Marsch gegen König Poros wurde die zuvor für die Überquerung des Indus errichtete Flotte komplett in Einzelteile zerlegt und 250 km auf Wagen über Land zum Hydaspes transportiert[48].

Dieses Heer stellte mithin eine perfekte, reibungslos funktionierende Kampfmaschine dar; daß sie als solche über viele Jahre hinweg auch ihre unwiderstehliche, furchtbare Wirkung entfalten konnte, verdankte sie in erster Linie ihrem Organisator und Feldherrn. Alexander verstand es mit seiner charismatischen Persönlichkeit nicht nur, jeden einzelnen seiner Männer zu vorbehaltloser Einsatzbereitschaft zu motivieren und auf unbedingte Loyalität seiner Person gegenüber einzuschwören – ein Zauber, der erst in der Meuterei am Hyphasis in Indien zerbrach. Auch sein strategischer Weitblick und sein vielfach unter Beweis gestelltes taktisches Genie waren, im Verein mit seinem wagemutigen persönlichen Einsatz im Gefecht, entscheidende Bedingungen für den beispiellosen Erfolg des Asienfeldzuges.

Zahlreiche der von Alexander in Indien praktizierten taktischen Prinzipien muten atemberaubend modern an: Schnelligkeit, Beweglichkeit und das Überraschungsmoment waren Schlüsselelemente seines operativen Handelns. Darüber hinaus gestattete die Gliederung des Heeres in kleine, selbständig operierende Einheiten eine enorme Mobilität, Schlagkraft und räumliche Tiefenwirkung des Vormar-

---

47 Siehe unten S. 89, 108f., 174f., 202ff., 214ff., 221f.

48 Arrian, 5, 8, 4f. (siehe S. 107ff.).

Abb. 7: Kriegselefant, Terrakotta (2. Jh. v. Chr.)

sches. Zudem wurden die Einheiten und Waffengattungen je nach Aufgabe ständig neu gegliedert und umgruppiert; verschiedentlich läßt sich bereits von einer regelrechten Orchestrierung des Gefechtes der verbundenen Waffen sprechen.

Das makedonische Heer traf demgegenüber in Indien auf eine Praxis der Kriegführung, die angesichts der im Kampf gegen die Aufgebote des Perserreiches gewonnenen Erfahrungen offensichtlich kaum Überraschungen bot. In der Tradition altorientalischer und vorderasiatischer Kampfweise spielten in indischen Heeren Streitwagen-Schwadronen eine hervorgehobene Rolle. Deren wirkungsvolle Bekämpfung beziehungsweise Neutralisierung durch berittene Schützen oder schwere Kavallerie war bereits in den Schlachten gegen Dareios III. geglückt, und dieselbe Taktik sollte sich in der einzigen Feldschlacht des Indien-Feldzuges erneut bewähren. Der zweiten Hauptwaffe indischer Streitkräfte, Kampfelefanten, waren die Soldaten des makedonischen Heeres erstmals in der Schlacht bei Gaugamela begegnet: Zweifelsohne ein grauenerregender Anblick für Männer, die niemals zuvor solche Ungetüme erblickt hatten[49]. Die neuerliche Begegnung mit Kriegselefanten in der Schlacht am Hydaspes 326 v. Chr., in der 80 Tiere mit Kampftürmen und Besatzungen das indische Zentrum bildeten, und – anders als bei Gaugamela – deren tatsächliches Eingreifen im Brennpunkt des Kampfgeschehens markierten so für Kriegsteilnehmer wie Zeitgenossen im Rückblick die schwerste Herausforderung für die makedonische Phalanx und war das denkwürdigste militärische Ereignis des Indienfeldzuges überhaupt[50]. Die ungewöhnlich detaillierte Schilderung gerade dieser Schlacht in der Überlieferung legt davon ein beredtes Zeugnis ab; wir verdanken ihr deshalb zugleich einen einmaligen Einblick in die taktische Meisterschaft Alexanders, da die verschiedenen Phasen der Schlachtvorbereitung und des Kampfgeschehens in bemerkenswerter Genauigkeit geschildert werden. König Poros, der Gegner Alexanders in diesem Gefecht, der seine Truppen von einem Elefanten aus befehligt und bis zur endgültigen Niederlage mitgekämpft hatte, gewann wegen der Symbolträchtigkeit der großen Elefantenschlacht in der historischen Rezeption die Rolle des heroischen Widerparts des Makedonenkönigs bei der Eroberung Indiens[51].

---

49 In der Literatur erscheint der indische Elefant erstmals bei Ktesias (Jacoby, Fragm. griech. Hist. 688 F 45). Über den afrikanischen Elefanten berichtet allerdings bereits Herodot (4, 191).

50 Scullard, S. 96ff.; Bosworth, Alexander and the East, S. 15ff.; Karttunen, India and the Hellenistic World, S. 187ff.

51 Price, ›Porus‹ Coinage; Bosworth, Alexander and the East, S. 6ff.

Der Faszination der Elefanten, des königlichen Symboltieres der Inder, war im übrigen sein Gegner Alexander schon lange vor der Schlacht am Hydaspes erlegen: Seit Beginn der Operationen in Nordindien legte er beträchtlichen Wert darauf, daß lokale Fürsten ihm als Zeichen ihrer Kooperationsbereitschaft unverzüglich die kompletten Bestände ihrer herrscherlichen Elefantenställe übereigneten. Mindestens 200 Tiere müssen sich im Laufe des Feldzuges im Troß des Heeres angesammelt haben. Offenbar fanden sie allerdings ausschließlich für Transportzwecke Verwendung, denn ihr Kampfeinsatz wird an keiner Stelle erwähnt und wäre auch schwerlich mit den taktischen Prinzipien Alexanders zu vereinbaren gewesen. Gegen Ende des Indien-Feldzuges wurde die stattliche Herde dann zusammen mit anderen Einheiten dem Kommando des Krateros, einem der bewährten Generäle Alexanders, unterstellt und auf einer sicheren Route nach Westen in Marsch gesetzt. Im Zentrum des Reiches sollten sie für künftige Aufgaben bereitstehen – und tatsächlich begegnen sie dann nach dem Tode Alexanders 323 v. Chr. in den Heeren seiner Nachfolger, der Diadochen, die im Stile orientalischer Herrscher umfangreiche Elefantentruppen unterhielten und in ihre Bruderkriege führten[52].

Indien nach Alexander

Es steht außer Zweifel, daß Alexanders Ziele in Indien weit über die gewaltsame Erkundung des Landes oder das Erreichen des Okeanos hinausgingen. Seine Weltreichsvorstellung verlangte nicht nur die Eroberung, sondern auch die anschließende Behauptung Indiens. Zwar übertrug er die Herrschaft über weite Teile des Landes loyalen Vasallenfürsten, insbesondere Poros, der so der Überlieferung nach schließlich über sieben (oder fünfzehn) Völker respektive

---

52 Scullard, S. 96ff.; Sherwin-White/Kuhrt, S. 12f., 92ff.; Karttunen, India and the Hellenistic World, S.195ff.

2000 oder gar 5000 Städte zu herrschen kam[53]; doch geschah dies in der Einsicht, daß das riesige Land mit seinem Bevölkerungsreichtum nicht auf Dauer ausschließlich mit eigenen Ressourcen, das heißt griechischen und makedonischen Truppen und Beamten, kontrolliert werden könne. Zudem setzte Alexander im Norden und im Indus-Delta Makedonen als Statthalter und Militärkommandeure in neu eingerichteten Satrapien ein[54]. Gerade die aufwendigen Infrastrukturmaßnahmen im Delta des Indus wie der Bau von Städten, Festungen, zahlreichen Häfen und Werftanlagen sowie Brunnen dokumentieren, daß er Indien auf Dauer zu beherrschen beabsichtigte, deshalb auch eine regelmäßige, gesicherte Seeverbindung nach Westen herzustellen plante (die zu erkunden Aufgabe Nearchs und seiner Flotte war) und sich so die künftige Nutzung der ungeheuren Ressourcen Indiens sichern wollte[55].

Doch statt eine Verwirklichung dieser Vision zu erleben, mußte Alexander buchstäblich mit dem Tage seines Aufbruches nach Westen durch Gadrosien bereits wahrhaben, daß jene Pläne illusorisch und damit auch die Anstrengungen der zurückliegenden zwei Jahre machtpolitisch vergeblich gewesen waren – aber auch, daß die brutale Unterdrückung der einheimischen Bevölkerung sich nun rächte: Sofort ausbrechende Aufstände ließen Nearch und die Flotte, die noch auf den Nordost-Monsun warten mußten, in große Bedrängnis geraten. Weitere Hiobsbotschaften über den sukzessiven Zusammenbruch der makedonischen Herrschaft in den verschiedenen Landesteilen Indiens erreichten Alexander während seines Rückmarsches nach Babylon.

Die zukünftige Vormacht im indischen Raum formierte sich derweil bereits in Zentralindien: Dort etablierte sich in

---

53 Arrian 5, 29, 2 und 6, 22, 2; vgl. Plutarch, Alexander 60, 8 und Strabon 15, 1, 33 sowie den älteren Plinius, Naturgeschichte 6, 59.

54 Berve I, S. 267ff.; Brunt I, S. 544ff.; II, S. 470ff.; Bosworth, Indian Satrapies.

55 So fertigte der Bergingenieur Gorgos einen Bericht über die Bodenschätze Indiens an (Strabon 15, 1, 30).

Abb. 8: Kopf eines Vajrapani nach dem Bildnis Alexanders, Stuck (Afghanistan, ca. 3. Jh. n. Chr.)

Pataliputra, der im Gangesgebiet gelegenen Hauptstadt des alten Nanda-Reiches, Chandragupta[56], der Begründer der Maurya-Dynastie (ca. 324–185 v. Chr.), und weitete seinen Herrschaftsbereich zielstrebig nach Nordwestindien und nahezu über den ganzen Subkontinent aus. Diesem Herrscher trat Seleukos I. Nikator, dem nach dem Tode Alexanders 323 v. Chr. als einem der Diadochen der Osten als Erbteil zugefallen war, den wohl nur noch theoretisch bestehenden Besitz der Indusgebiete um 301 v. Chr. ab, und zwar gegen einen wahrhaft königlichen ›Kaufpreis‹, nämlich 500 Kriegselefanten[57]. Damit war das antike Indien politisch der hellenistischen Welt endgültig verloren. Nur von Baktrien aus, wo sich ein weitgehend autonomes griechisch-baktrisches Reich herausbildete, gelang zeitweilig im 2. Jahrhundert v. Chr. noch einmal die Rückgewinnung der Kabul-Region, Panjabs und Sindhs[58].

Doch Alexanders kurzer Eroberungszug wirkte in kaum zu ermessender Weise auf der kulturellen und wirtschaftli-

56 Brunt II, S. 448f.; Sherwin-White/Kuhrt, S. 92ff.; Bosworth, Historical Setting.

57 Scullard, S. 96ff.; Sherwin-White/Kuhrt, S. 92ff.; Wiesehöfer, S. 227ff.

58 Tarn, Greeks in Bactria and India, S. 129ff.; Dihle, Indien, S. 17ff.

chen Ebene weiter: Einflüsse der hellenistischen Kultur, die schon im Maurya-Reich aufgenommen wurden, prägten zutiefst die im Nordwesten Indiens entstehende einheimische Gandhara-Kultur (1.–5. Jh. n. Chr.) sowie die dortige buddhistische Kunst und vermochten damit auch auf die künstlerische Entwicklung in Zentralasien, im Reich der Kushana (1.–3./4. Jh. n. Chr.) und der Gupta (320–570 n. Chr.), auszustrahlen[59]. Nordwestindien, im unmittelbaren Einzugsbereich der Seidenstraße, der uralten west-östlichen Fernverbindung, gelegen, erwies sich damit als Drehscheibe kultureller Einflüsse; seine Funktion als Brücke des west-östlichen Austausches auch in wirtschaftlicher Hinsicht fand, nun zusammen mit weiteren Schwerpunkten in Südindien, Ausdruck im intensiven Indien- und China-Handel der römischen Kaiserzeit[60]. Mag Alexanders Feldzug in Indien so zunächst als flüchtige Episode erscheinen, so zeitigte diese doch jenseits der Machtpolitik wirkungsmächtige historische Folgen.

Weit mehr als eine Episode bedeutete der Indienzug des Makedonenkönigs aber auch in der historischen Erinnerung des Raumes. In der Sagentradition afghanischer Stämme spielt Alexander noch heute eine eminente Rolle; manche erklären, Nachfahren von Soldaten des großen Heldenkönigs zu sein, die dieser bei seinem Marsch durch den Hindukusch und das Kabul-Tal erkrankt oder verletzt zurücklassen mußte[61].

---

59 Arora, S. 1ff.; Franz, S. 348ff.; Allchin, S. 238, 282, 340f.; Karttunen, Taxila.

60 Dihle, Indien und die hellenistisch-römische Welt; Ders., Indien (jeweils mit weiterführender Literatur); Karttunen, India and the Hellenistic World, S. 328ff.

61 Lane Fox, S. 26.

Bereits die Zeitgenossen waren sich der epochalen Bedeutung des Alexanderzuges, der historischen Dimension der Niederwerfung des Perserreiches und des atemberaubenden Zuwachses an geographischem, naturwissenschaftlichem und ethnographischem Wissen bewußt. Eine Vielzahl von Berichten gelangte schon während des Vormarsches gegen Osten nach Makedonien und Griechenland, Heimaturlauber und zurückgekehrte Veteranen erzählten von den unablässigen Kämpfen und von Begegnungen mit fremdartigen Völkern und staunenswerten Naturerscheinungen. Alexander hatte eigens einen Historiographen namens Kallisthenes, den Großneffen des Aristoteles, als autorisierten Berichterstatter und Chronisten in seine Begleitung aufgenommen, offizielle Verlautbarungen und private Briefe informierten ungeachtet der stetig zunehmenden Entfernungen die Zurückgebliebenen über den Verlauf des Kriegs- und Eroberungszuges, der zunehmend zugleich die Gestalt einer Expedition ins Unbekannte gewann[62]. Verschiedene Kriegsteilnehmer, meist hohe Offiziere Alexanders wie Ptolemaios, Aristobul, Nearch und Onesikritos, verfaßten zudem nach Ende des gewaltigen Marsches und ihrer glücklichen Heimkehr Berichte, historische Darstellungen und Memoiren über das Unternehmen, aber teilweise auch erst Jahrzehnte nach den Ereignissen – was der Zuverlässigkeit und Wahrheitstreue ihrer Schilderungen nicht immer zum Vorteil gereichte[63].

Von der Existenz und Vielfalt dieser zeitgenössischen Quellen und Schriften haben wir sichere Kenntnis; um so irritierender und schmerzlicher ist hingegen die Tatsache, daß uns keine einzige dieser Schilderungen von Zeitzeugen in ih-

---

62 Berve II, S. 191ff.; Pearson, S. 22ff.; Pédech, S. 15ff.; Bosworth, Commentary, 72ff.

63 Grundlegend Pédech; Pearson. Siehe im einzelnen auch Anm. 65–67.

rer ursprünglichen Form bewahrt geblieben ist[64]. Unser gesamtes Wissen um den Feldzug Alexanders schöpft aus späteren Darstellungen, deren Autoren im historischen Rückblick – im Zeitabstand von Jahrhunderten und damit beeinflußt vom Wissen um die seit dem Alexanderzug eingetretenen historischen Entwicklungen im Osten und die seither hinzugewonnenen Kenntnisse um die eroberten Gebiete – neue Darstellungen des Alexanderzuges verfaßten. Hierbei griffen sie nach Gutdünken auf die ihnen noch vorliegenden älteren Darstellungen zurück, ohne eigene Kenntnis der geographischen und kulturellen Verhältnisse und zudem auch vom Geschmack ihrer Zeit und den Erwartungen ihres Publikums beeinflußt.

Diese späteren uns überlieferten Autoren, von denen für den Indienfeldzug insbesondere die Historiker Diodor (1. Jh. v. Chr.), Curtius Rufus (wohl 1. Jh. n. Chr.), Plutarch (Anfang 2. Jh. n. Chr.) und Arrian (2. Jh. n. Chr.) zu nennen sind, griffen auf unterschiedlich zuverlässige zeitgenössische oder wenig spätere Schilderungen des Alexanderzuges zurück[65]. Hauptsächliche Vorlage unserer wertvollsten Überlieferung, der Alexandergeschichte Arrians, war die umfassende Darstellung der Regierungszeit und Taten Alexanders aus der Feder des Ptolemaios, eines Jugendfreundes und Generals des Königs, der sich nach dessen frühem Tod 323 v. Chr. die Herrschaft Ägyptens zu sichern wußte und dort die Dynastie der Ptolemäer begründete[66]. Aus der Perspektive des Kriegs-

---

64 Dieses fast nur in Form von Zitaten bzw. Einarbeitungen bei den späteren Alexanderhistorikern bewahrte Material wurde von F. Jacoby in Teilbänden seines monumentalen Werkes »Fragmente der griechischen Historiker« (1929/58) systematisch erfaßt und untersucht.

65 Aristobul: Pédech, S. 331ff.; Pearson, S. 150ff.; Brunt II, S. 556ff. Kleitarch: Tarn, Alexander II, S. 5f., 43f.; Pearson, S. 212ff. Onesikritos: Brown, Onesikritos; Pearson, S. 83ff.; Pédech, S. 71ff. Nearch: Badian; Brunt II, S. 444ff., 476ff.; Pédech, S. 159ff.; Bosworth, Commentary, S. 361ff.

66 Pearson, S. 188ff.; Brunt II, S. 553ff.; Pédech, S. 215ff.; Bosworth, From Arrian to Alexander, passim.

teilnehmers, allerdings erst lange nach Ende des Feldzuges und dem Tod Alexanders verfaßt, repräsentierte diese Darstellung, so weit wir sehen können, eine der sachlichsten ereignis- und militärgeschichtlich ausgerichteten primären Quellen – jedoch nicht ohne die Verdienste der Person des Verfassers gebührend neben denen Alexanders hervorzuheben. Neben diesem Werk zog Arrian von den Augenzeugenberichten – allerdings in geringerem Umfang – auch Aristobul, Kleitarch, Onesikritos und den besonders wichtigen Nearch heran[67].

Doch blieb eine solchermaßen ›historische‹, um zuverlässige Berichterstattung und auch kritische Erfassung der Überlieferung bemühte Darstellungsweise nicht ohne Konkurrenz. Gerade die Begegnung mit der faszinierenden fremden Welt Indiens, aber auch die rätselhafte Gestalt des großen Eroberers als solche, ließ bereits im 3. Jahrhundert v. Chr. eine wirkungsgeschichtlich vielleicht noch einflußreichere, reichhaltige, populäre literarische Tradition unter dem Namen des (Pseudo-)Kallisthenes ihren Anfang nehmen, die der Nachwelt in mannigfaltigen Ausformungen und Schattierungen einen ganz anderen, zudem vielfach sich wandelnden Alexander überlieferte: Der Alexanderroman[68] schildert den Zug seines Helden und seiner Mitstreiter als unaufhörliches Abenteuer, verarbeitet hierbei Sagen- und Märchentraditionen der gesamten antiken Literatur und bietet zugleich den ›Wortlaut‹ zahlreicher Briefe von und an Alexander, so etwa seine Korrespondenz mit Aristoteles und seiner Mutter Olympias (darunter ausführliche Briefe über die Wunder Indiens). Insbesondere der Marsch nach Indien wird mit einer Vielzahl frei hinzugedichteter Episoden ausgeschmückt. Weniger die geschichtliche Persönlichkeit Alexander als vielmehr der

---

67 Stadter, S. 66ff., 124ff. (mit weiterführender Literatur); Bosworth, From Arrian to Alexander, passim; Bosworth, Alexander and the East, S. 32f., 53ff.

68 Pearson, S. 13ff.; Feldbusch; Gunderson, S. 7ff.; Merkelbach, bes. S. 55ff.; Romm, Edge of the Earth, S. 109ff.

Kriegs- und Liebesheld erfährt hier Verherrlichung, und es ist diese Tradition, die schließlich nachhaltig das Bild Alexanders im Mittelalter prägt, den Makedonenkönig zur populärsten ›historischen‹ Gestalt überhaupt erhebt und ihn als vielschichtige Heldengestalt in sämtlichen Literaturen des Abendlandes und Orients etabliert[69].

Die radikale Umdeutung, die die Figur Alexander im Verlauf dieses Prozesses erfährt, die unterschiedlichen Facetten, die an ihr herausgearbeitet und vor allem in künstlerischer Darstellung ausgedrückt werden, stellen ein eigenes Themenfeld dar. Die meisten dieser Ausdeutungen wurzeln aber in der Gestalt jenes historischen Alexander, der einstmals Indien durchzog und die Grenzen der Welt suchte. Sein Streben nach Weltherrschaft und umfassendem Wissen läßt diesen Alexander nun neue Verständnisebenen gewinnen: Dem Mittelalter gilt der Makedonenkönig so einmal als Urbild des ritterlichen Helden, doch dient er zugleich – ob in einer gläsernen Tonne in den Tiefen des Meeres oder im Greifenwagen in den Lüften über der Erde – auch als Repräsentant grundsätzlicher moralischer Begriffe. Die Luftfahrt Alexanders, die als Sinnbild der *superbia*, der ›Hoffahrt‹[70] überhaupt betrachtet wurde, und ihre bildliche Darstellung galten als Warnung vor dem Hochmut, als dessen sinnfälliger Vertreter

Abb. 9: Die Luftfahrt Alexanders (Meister IS mit der Schaufel, ca. 1516)

69 Hübner, S. 32ff.; Cary, passim; Pfister, S. 1ff., 301ff. (und passim); C. Frugoni, in: Fondazione Memmo, S. 161ff.; A. M. Piemontese, ebd., S. 177ff. (siehe auch vorletzte Anm.)

70 »›Hoffart‹ = hohe vart: daz du gerne in den lüften fuerest, ob du möchtest« (Berthold von Regensburg).

Alexander sich dazu vermaß, sogar den Himmel erobern zu wollen. Wie die Antike zuvor und andere Epochen später schuf sich das Mittelalter sein eigenes Bild beziehungsweise eine Vielzahl von Bildern von Alexander und seinen Taten.

Zur Textgestaltung

Der hier in Übersetzung vorgelegte Text ist mit keiner der überlieferten Alexandergeschichten identisch, sondern vielmehr aus einer Reihe antiker Zeugnisse zusammengestellt. Er versucht damit der Überlieferungsgeschichte insofern gerecht zu werden, als er das Ziel verfolgt, für den modernen Leser jene Einheit von Darstellung des militärischen Geschehens und breiter Schilderung der natur- und volkskundlichen Verhältnisse in Indien in einem Lesetext hypothetisch wiederherzustellen, wie sie den zeitgenössischen Berichten der Teilnehmer des Indienfeldzuges eigentümlich gewesen ist.

Alle erhaltenen Alexanderhistoriker hatten – Jahrhunderte nach den Ereignissen – in ihren literarischen Darstellungen hingegen den Ablauf und die militärischen Geschehnisse des Feldzuges in den Mittelpunkt gestellt und entsprechend die ihnen vorliegenden Augenzeugenberichte und zeitgenössischen Schilderungen nach Gutdünken ausgeschöpft. Schilderungen von Land und Bevölkerung, Flora und Fauna, geographischen und klimatischen Besonderheiten, wie sie in den Augenzeugenberichten eines Kleitarch, Aristobul, Nearch und Onesikritos in großem Umfange enthalten waren, fielen ihrer Schere hierbei häufig zum Opfer. Arrian hat nach eigener Erklärung entsprechende Abschnitte in seinen Vorlagen sogar systematisch ausgesondert und später, zusammen mit weiterem Material, vor allem aus Megasthenes, für die Abfassung seiner separaten kleinen Schrift über Indien, die *Indika*, verwandt[71]. Seine *Anabasis* hingegen, unsere zuverlässigste Darstellung der Chronologie und

71 Stadter, S. 115ff.; Bosworth, Commentary, S. 227ff.

Ereignisse des Indien-Feldzuges, stellt sich fast als ein militärisches Feldzugsjournal dar.

So spiegeln die tradierten sekundären Alexandergeschichten nur ganz unzulänglich die Begegnung der Teilnehmer des Alexanderzuges mit Indien in ihrer eigentlichen Differenziertheit und Authentizität. Gerade der mit quellenkritischen Methoden noch erschließbare ursprüngliche Charakter und Gehalt der zeitgenössischen Schilderungen des Indienzuges ist nahezu verlorengegangen, das in ihnen enthaltene ausgeprägt volks- und naturkundliche sowie kulturelle Interesse durch die späteren Bearbeitungen fast ganz ausgeblendet. Doch findet sich glücklicherweise mancher Abschnitt dieses Materials in späteren geographischen, botanischen und naturhistorischen Werken bewahrt: So sind zahlreiche Zeugnisse verschiedener Feldzugsteilnehmer, die die Begegnung mit Indien als Land einer fremden Kultur und Natur zum Gegenstand haben, im geographischen Werk Strabons erhalten, das sich als reichste Quelle für die Begegnung von Griechen und Makedonen mit der so anders gearteten Natur und Kultur Indiens erweist[72].

Allerdings enthalten die folgenden Texte nicht ausschließlich Schilderungen Indiens, die auf zeitgenössische Berichte des Alexanderzuges zurückgehen. Auch zahlreiche Beschreibungen des Megasthenes, der als Gesandter des Seleukos I. Nikator gegen 301 v. Chr. an den Hof Chandraguptas in Pataliputra gelangte, das heißt noch 2000 km weiter östlich zum Ganges-Becken reiste[73], wurden mit aufgenommen, um das von Augenzeugen im Alexanderheer entworfene Bild der indischen Gesellschaft und Kultur mit nahezu zeitgleichem Material zu erweitern. Dieses Vorgehen rechtfertigt sich aus dem Umstand, daß erst durch die Verbindung des nur in

---

72 Brunt II, S. 451ff.; Bosworth, From Arrian to Alexander, S. 40ff.

73 Sherwin-White/Kuhrt, S. 93ff.; Bosworth, Historical Setting; Bosworth, Alexander and the East, S. 76ff.; Karttunen, India and the Hellenistic World, S. 69ff.

Bruchstücken erhaltenen Berichtes des Megasthenes[74] mit den Darstellungen der Teilnehmer am Indienzug jener Wissensstand erreicht war, der dann in die hellenistische Ethnographie und Geographie über Indien als kanonisch einging. So bestimmten die Berichte der Feldzugsteilnehmer und des Megasthenes mit nur noch geringfügigen Ergänzungen durch kaiserzeitliche Autoren das weitere Bild Indiens in den folgenden Jahrhunderten und weit über die Antike hinaus[75].

Basis der folgenden Textzusammenstellung sind die indischen Bücher der Alexandergeschichte Arrians. Dessen ausführliche chronologische Schilderung, die in der Forschung als die bei weitem zuverlässigste des Indienunternehmens anerkannt ist, beruht überwiegend auf dem nüchternen Bericht des Ptolemaios; nur gelegentlich findet sich weiteres Material eingearbeitet oder hat Arrian gar eigene Feststellungen hinzugefügt[76]. Diese dezidierte Feldzugsgeschichte wurde, um den räumlichen Vorgaben Genüge zu tun und Längen zu vermeiden, an verschiedenen Stellen um Schilderungen militärischer Operationen gekürzt. Vor allem wurde dieser fortlaufende Text im oben skizzierten Sinne um Beobachtungen von Teilnehmern des Indienfeldzuges sowie des Megasthenes (um 300 v. Chr.) zu Flora und Fauna, Land, Leuten und Merkwürdigkeiten systematisch erweitert, wie sie bei Diodor (1. Jh. v. Chr.), Strabon (um die Zeitenwende), Plutarch (1./2. Jh. n. Chr.), Aelian (2./3. Jh. n. Chr.) – aber auch in Arrians (2. Jh. n. Chr.) eigener kleiner Schrift zu Indien – bewahrt geblieben sind[77]. Ziel war dabei, gerade jene

---

74 Breloer; Brown, Reliability; Brown, Merits and Weaknesses; Brunt II, S. 447ff.; Zambrini; Karttunen, India and the Hellenistic World, S. 69ff.

75 Arora, S. 119ff.; Dihle, Indien und die hellenistisch-römische Welt; Dihle, Indien, S. 10ff. und jetzt v. a. Karttunen, India and the Hellenistic World (jeweils mit weiterführender Literatur).

76 Brunt II, S. 543ff.; Stadter, S. 60ff.; Hammond, S. 189ff., 313ff.; Bosworth, From Arrian to Alexander, passim; Bosworth, Commentary, S. 141ff.

77 Die im einzelnen im vorliegenden Text berücksichtigten Abschnitte aus Arrian, d. h. mehr als vier Fünftel seiner Darstellung des Indien-

Zeugnisse weitgehend vollständig zu erfassen und zu Worte kommen zu lassen, die jenseits der wohlbekannten militärischen Abläufe die Begegnung der Griechen und Makedonen mit Indien dokumentieren.

---

feldzuges, sowie aus den übrigen Quellen sind unten S. 290 aufgeführt. Die der Übersetzung zugrundegelegten Texteditionen finden sich S. 281ff.

ALEXANDER IN INDIEN

Abb. 10: Personifikation der India, Silberteller (5. Jh. n. Chr.)

1. Der Aufbruch Alexanders nach Indien – die Überschreitung des Hindukusch

Als der Frühling bereits zu Ende gegangen war, brach Alexander mit dem Heer von Baktra gegen Indien auf. Amyntas ließ er dabei mit 3500 Reitern und 10 000 Fußsoldaten im Land der Baktrer zurück[1]. Er überschritt in zehn Tagen den Kaukasus und gelangte nach Alexandria, der Stadt in den Parapamisaden, die er schon früher gegründet hatte, als er das erste Mal auf Baktra marschiert war[2]. Den Statthalter, den er dort seinerzeit über die Stadt gesetzt hatte, löste er von seinem Amt ab, weil er es seinem Dafürhalten nach schlecht verwaltet hatte. Er siedelte erneut weitere Umwohner und die nicht länger Kampftauglichen aus seinen Soldaten in Alexandria an und beauftragte Nikanor, einen der Gefährten[3], damit, die Stadt auszubauen. Als Satrapen setzte er

---

1 Alketas, einem vornehmen Makedonen, waren nach der von 329 bis 327 v. Chr. erfolgten Eroberung der nordöstlichen Grenzprovinzen des Persischen Reiches, Sogdien und Baktrien, diese zur Verwaltung übertragen worden. Anhaltende einheimische Aufstände zwangen Alexander aber dazu, seinem Satrapen einen beachtlichen Teil seiner Heeresmacht zur Unterstützung zu hinterlassen.

2 Die Überschreitung der Bergkette des Hindukusch (›Kaukasus‹) durch die Truppen Alexanders wird hier nur lakonisch vermerkt. Zwei Jahre zuvor war diese enorme Leistung erstmals von diesen vollbracht worden: Hierbei mußten zunächst die Pässe von Kara-Kotal (2840 m) und Ak-Robat (3125 m) überquert und anschließend über das Tal von Bamian und darauf den Khyber-Paß (2987 m) das eigentliche Hindukusch-Gebiet (›Parapamisaden‹) im heutigen Afghanistan erreicht werden. Die Lage von Alexandria ›im Kaukasus‹ (bzw. in den Parapamisaden) dürfte dem heutigen Begram, etwa 50 km von Kabul, entsprechen bzw. nahe dieser Stadt zu suchen sein.

3 Vornehmer Makedone aus dem Umkreis Alexanders, der hier erstmals faßbar wird. Später wird er von Alexander zum Statthalter von Indien westlich des Indus ernannt; möglicherweise fiel er dann im Kampf gegen einen indischen Stamm, die Assakener.

Tyriespis[4] für das Land der Parapamisaden und das übrige Gebiet bis zum Kophen[5] ein.

Nach der Ankunft in Nikaia[6] und der Durchführung von Opfern für Athene rückte er an den Kophen vor und schickte bereits einen Herold an Taxiles und die anderen indischen Fürsten diesseits des Indus voraus. Er verlangte, ihm entgegenzukommen, sobald er sich ihrem jeweiligen Territorium nähere. Und so erschienen Taxiles und die anderen Fürsten; sie brachten Geschenke mit, die den Indern als die wertvollsten gelten, und versprachen zudem, ihm die Elefanten zu übergeben, die es bei ihnen gab, etwa 25 an der Zahl.

2. Erscheinungsbild und Bräuche der Inder

Die Inder verwenden Leinenkleidung, wie Nearch erklärt, aus Leinen von Bäumen. Dieses Leinen hat entweder eine hellere Farbe als jedes andere Leinen oder, da sie selbst schwarz sind, erreichen sie dadurch, daß ihr Leinen heller wirkt. Sie haben ein leinenes Untergewand, das ihnen bis zum halben Unterschenkel reicht, dann ein Tuch, das um die Schulter herumgelegt wird, aber auch über den Kopf gebunden wird. Die Inder, die sehr wohlhabend sind, tragen auch Ohrringe aus Elfenbein; nicht alle Inder tragen nämlich dergleichen.

Die Bärte aber, so berichtet Nearch, färbten sich die Inder bald mit dieser, bald mit jener Farbe[7]. Einige färbten sie so, daß sie so weiß wie irgend möglich erschienen, andere dun-

---

4 Ein Iraner – vielleicht Perser –, der sich wohl im Verlauf des Persienfeldzuges auf die Seite Alexanders geschlagen hatte. Gegen Ende des Indienfeldzuges wurde er wegen Beschwerden über seine Amtsführung seiner Aufgabe entbunden.

5 Der heutige Kabul.

6 Die Lage der Stadt, die nur an dieser Stelle erwähnt wird, ist unbekannt; sie wird häufig etwas nordwestlich des modernen Jalalabad vermutet.

7 Diese Praxis läßt sich aus indischen Überlieferungen nicht bestätigen.

Abb. 11: Elefant mit Mahout und Reitern, Silberplatte (2. Jh. v. Chr.)

kelblau, bei anderen wären sie rot, bei anderen purpurfarben, wieder andere hätten sie grün. Diejenigen Inder, die etwas auf sich halten, ließen sich Schirme gegen die Hitze vorantragen[8]. Sie tragen Sandalen aus weißem Leder. Auch diese sind überaus kunstvoll gearbeitet. Die Sohlen ihrer Sandalen sind bunt und hoch, so daß sie größer wirken.

Von Gestalt sind die Inder schmächtig und groß und weitaus leichter als die andern Menschen. Sie sind aber von stattlichem Körperbau, in der Tat die größten Menschen in ganz Asien, meist fünf Ellen groß oder etwas weniger[9]. Auch sind sie dunkler als die übrigen Menschen, von den Äthiopiern abgesehen. Und sie sind die bei weitem tapfersten Kämpfer in Asien zu dieser Zeit.

Als Transportmittel dienen den Indern Kamele, Pferde und Esel, den Reichen hingegen Elefanten. Das königliche Reittier

8 Der aufgespannte Sonnenschirm, ein Ausdruck auch von Herrscherwürde, erscheint auf zahlreichen alten Darstellungen als Symbol des Buddha.

9 Die Angabe – umgerechnet 222 cm – ist völlig übertrieben. Sie mag auf eine ältere literarische Tradition (Ktesias?) zurückgehen, die mangels eigener Anschauung ein frei erfundenes Maß bot. Vgl. hierzu unten S. 128 mit Anm. 101.

ist bei den Indern nämlich der Elefant, an zweiter Stelle im Ansehen steht das Viergespann, an dritter das Kamel. Das Reiten auf einem einzelnen Pferd gilt als unehrenhaft.

Ihre Frauen, die sich strenger Mäßigung befleißigen, würden um keinen Lohn einen Fehltritt begehen; doch eine Frau, die einen Elefanten zum Geschenk erhält, gibt sich dem Schenker hin. Und die Inder betrachten es nicht als schimpflich, sich für einen Elefanten hinzugeben, sondern es erscheint den Frauen sogar als etwas Ehrenvolles, daß ihre Schönheit einen Elefanten wert ist. Sie heiraten ohne Mitgift oder Brautpreis. Vielmehr führen die Väter sie, sobald sie heiratsfähig sind, in die Öffentlichkeit und geben sie demjenigen zur Wahl, der im Ringen, Faustkampf oder Wettlauf oder in einer anderen, einem Manne würdigen Disziplin gesiegt hat.

Die Inder sind Brotesser und Ackerbauern, sofern sie nicht Bergbewohner sind. Denn diese genießen das Fleisch von wilden Tieren. Mir genügt, diese Nachrichten über die Inder mitgeteilt zu haben, die Nearch und Megasthenes, zwei glaubwürdige Autoren, als am bekanntesten aufgezeichnet haben.

3. Seltsame Bräuche in Nordindien

Aristobul berichtet von einigen merkwürdigen und seltsamen Sitten in Taxila: Diejenigen, die aufgrund ihrer Armut nicht in der Lage seien, ihre Töchter zu verheiraten, führten diese in der Blüte ihrer Jugend auf den Markt, zum Schall von Trompeten und Pauken (mit denen auch im Kampf die Signale gegeben werden), so daß sich eine Volksmenge versammelt. Und jedem Mann, der hinzutritt, entblößten sie zuerst die Hinteransicht des Mädchens bis hoch zu den Schultern, darauf ihre Vorderseite, und wenn er an ihr Gefallen fand und sie ihrerseits sich zu den vereinbarten Bedingungen überreden ließ, so wurde sie seine Frau.

Auch haben sie den Brauch, die Verstorbenen den Geiern vorzuwerfen, und die Sitte, mehrere Frauen zu besitzen, ist ihnen mit anderen gemein. Aristobul behauptet auch, gehört zu haben, daß bei einigen Völkern die Frauen aus freien Stücken mit den Männern verbrannt werden; diejenigen, die dies verweigerten, würden für ehrlos gehalten. Dieser Brauch wird auch von anderen Autoren berichtet[10].

4. Handwerkliches Geschick der Inder

Um die Kunstfertigkeit der Inder zu verdeutlichen, erklärt Nearch, daß sie Schwämme, die sie bei den Makedonen gesehen hatten, nachahmten, indem sie Wolle mit Haaren, dünnen Fäden und Schnüren vernähten, und nachdem sie diese gefilzt hatten, die Fäden herauszögen und die Wolle färbten. Viele seien schnell zur Herstellung von Badestriegeln und Salbenfläschchen übergegangen. Briefe würden sie auf dicht gewebtes Baumwolltuch schreiben, obwohl andere Autoren erklären, daß sie gar keine Schrift verwendeten.

Auch würden sie sich gegossenen, nicht aber getriebenen Kupfers bedienen. Den Grund hierfür gibt er nicht an, obwohl er die daraus folgende verwunderliche Tatsache erwähnt, daß zu Boden fallende Gefäße wie Keramik zersprängen. Zu den Nachrichten über Indien zählt auch diejenige, daß es Sitte ist, Könige und alle Mächtigen oder Ranghöheren anzubeten, anstatt sich vor ihnen zu Boden zu werfen. Das Land bringt auch kostbare Edelsteine hervor, Kristalle ebenso wie Anthrakes[11] der verschiedensten Art, und ebenso Perlen.

---

10 Vgl. hierzu unten S. 176 mit Anm. 173.

11 Edelsteine dunkelroter Farbe, u. a. Rubine und Granat.

Auch das Folgende wird von den Historikern berichtet: Die Inder verehren den regenspendenden Zeus, den Fluß Ganges und die lokalen Gottheiten. Wenn der Herrscher sein Haar wäscht, veranstalten sie ein großes Fest und bringen große Geschenke – jeder versucht dabei, im Wettstreit seinen Reichtum vorzuführen. Sie berichten auch, daß einige der goldgrabenden Ameisen geflügelt seien[12]. Die Flüsse aber würden Goldstaub mit sich führen, geradeso wie bei den Iberern[13].

Abb. 12: Geschmückte Elefanten, Architravbalken aus Stupa bei Bharhut (ca. 80 v. Chr.)

Bei den Prozessionen im Rahmen von Festen würden viele Elefanten mitgeführt, alle mit Gold und Silber geschmückt; weiterhin viele Vierspänner und Ochsengespanne. Dann folge die Armee in ihrem Schmuck; und hierauf goldene Gefäße in Form von großen Kesseln und klaftertiefen Mischkrügen. Und darauf, aus indischem Kupfer gefertigt, Tische, Stühle, Becher und Badewannen, die meisten davon geschmückt mit Edelsteinen, besetzt mit Smaragden, Beryllen und indischen

12 Zu den Berichten von den goldgrabenden Ameisen siehe unten S. 105ff.

13 Gemeint sind die Iberer der Landschaft Kolchis östlich des Schwarzen Meeres (heute Georgien). Der hier von den Flüssen mitgeführte Goldsand wurde (wie teils noch im 19. Jh.) dabei mit in die Strömung gehängten Fellen aufgefangen; von dieser Praxis rührt indirekt auch der Mythos vom Goldenen Vlies, das die Argonauten unter der Führung Jasons in Kolchis zu gewinnen suchten.

Anthrakes; auch bunte und goldgewirkte Gewänder, zahme Bisons, Panther und Löwen sowie eine große Zahl buntfarbener und herrlich singender Vögel.

Kleitarch spricht von vierrädrigen Wagen, die großblättrige Bäume trügen, aus denen verschiedene Arten zahmer Vögel hervorkämen. Von diesen aber besitze, wie er erklärt, die schönste Stimme der Orion, während der vom Anblick her prächtigste und nach der Vielfalt seines Farbenschmucks schönste der sogenannte Katreus sei; er nähere sich in seiner Erscheinung am meisten dem Pfau[14].

6. Erste Eroberungen in Nordwestindien

Am Kophen teilte Alexander das Heer auf: Hephaistion[15] und Perdikkas[16] sandte er in die Peukelaotis[17] in Richtung Indus; sie erhielten auch die Abteilungen des Gorgias, des Kleitos

---

14 Möglicherweise der Manal-Fasan. Siehe ausführlich zu diesem Vogel unten S. 104f.

15 Freund und engster Vertrauter des Alexander, mit dem zusammen er auch erzogen worden war. Während des Indienfeldzuges führte er verschiedentlich selbständig wichtige militärische Operationen durch. Nach seinem überraschenden Tod im Herbst 324 v. Chr. wurden ihm auf Anordnung Alexanders als Heros kultische Ehren zuteil.

16 Adeliger aus einem der bedeutendsten Fürstengeschlechter Makedoniens, der früh zum engsten Umkreis Alexanders zählte und gegen 330 v. Chr. zu einem der sieben ›Leibwächter‹ des Königs ernannt wurde. Als Kommandeur einer Abteilung der makedonischen Phalanx und vielfach im Gefecht erprobter Haudegen führte er im Indienfeldzug mehrfach größere Heeresabteilungen. Nach Hephaistions Tod war er Stellvertreter des Königs und erhielt 323 v. Chr. von dem sterbenden Alexander den Siegelring; Perdikkas' Bemühungen, die Reichseinheit zu wahren, scheiterten allerdings.

17 Die außerordentlich fruchtbare und zudem verkehrstechnisch zentrale Flußlandschaft – heute Gandhara – in Nordwestindien, nördlich des Zusammenflusses von Kabul und Swat gelegen. Der Name bezeichnet zugleich auch die Hauptstadt der Region (Sanskrit: Pushkalavati), die die Hauptroute zum Indus beherrschte. Möglicherweise ist diese Stadt (und ihre Zerstörung) wenig später gemeint, als vom Aufstand des Astis die Rede ist.

und des Meleager[18] sowie die Hälfte der Reiterei der Gefährten und sämtliche berittenen Söldner. Sie hatten den Auftrag, die Gebiete längs des Weges entweder gewaltsam zu unterwerfen oder durch friedliche Übereinkunft sich übergeben zu lassen. Bei Ankunft am Indus sollten sie alles vorbereiten, was für den Übergang über den Fluß nötig war. Mit ihnen ließ er auch Taxiles und die anderen Fürsten ziehen.

Als diese am Indus angekommen waren, führten sie die ihnen von Alexander erteilten Aufträge aus. Aber Astis, der Herr der Peukelaotis, der sich dagegen aufgelehnt hatte, verlor sein Leben, und die Stadt, in die er sich geflüchtet hatte, wurde zerstört. Die Truppen des Hephaistion erstürmten sie nämlich nach einer Belagerung von 30 Tagen. Astis selbst kam dabei um, die Verwaltung der Stadt wurde dem Sangaios übertragen, der schon früher vor Astis geflüchtet und zu Taxiles übergegangen war. Dieses Verhalten ließ ihn das Vertrauen Alexanders gewinnen.

Alexander selbst rückte in das Land der Aspasier, der Guraier und der Assakener vor[19]. Mit sich führte er dabei die Hypaspisten und diejenigen berittenen Gefährten, die er nicht dem Hephaistion mitgegeben hatte, die Abteilungen der sogenannten Gefährten zu Fuß, die Bogenschützen, die Agrianen und die berittenen Speerschützen. Er marschierte entlang des

---

18 Gorgias und Kleitos (der ›weiße‹ Kleitos): vornehme, ältere Makedonen, die als Kommandeure von Abteilungen der makedonischen Infanterie nur während des Indienfeldzuges in Erscheinung traten und 324 v. Chr., bei der Entlassung großer Teile der makedonischen Truppen, dann mit diesen die Heimkehr nach Makedonien antraten. Meleager, einer der ›Gefährten‹ Alexanders und mit diesem etwa gleichaltrig, kommandierte von Beginn des Perserfeldzuges an eine Abteilung der Phalanx, wurde von Alexander aber nie mit weiterführenden Aufgaben betraut.

19 Kriegerische Bergstämme im Norden des Flußsystems von Kabul und Indus, deren Unterwerfung zur Sicherung der Eroberung der nordwestindischen Flußebenen und der rückwärtigen Verbindungswege für Alexander zwingend notwendig war. Ihre Wohngebiete dürften in den heutigen Regionen Swat und Buner (Pakistan) gelegen haben.

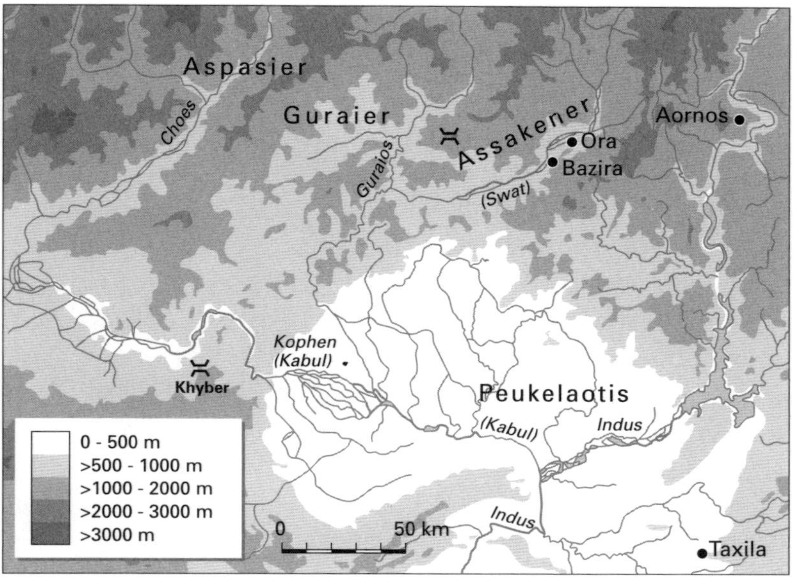

Abb. 13: Nordindien

Flusses mit Namen Choes[20] auf einem bergigen und rauhen Weg. Unter Mühen überschritt man schließlich den Fluß; dann befahl er dem Gros des Fußvolkes, ihm langsam zu folgen. Er selber nahm nämlich die gesamte Reiterei und von den makedonischen Fußsoldaten gegen 800 Mann mit, die er auf Pferde aufsitzen ließ, wobei sie ihre Infanterieschilde mitzuführen hatten, und zog in aller Eile voran, da ihm gemeldet worden war, daß die hier lebenden Barbaren sich allesamt in die Berge des Landstriches geflüchtet hatten und in die Städte, soweit sie befestigt und zur Verteidigung geeignet waren.

---

20 Die Identifikation ist sehr umstritten; es handelt sich entweder um den heutigen Kunar oder den Alingar. Der genaue Marschweg Alexanders ist entsprechend unsicher.

Abb. 14: Indischer Bogenschütze, Tetradrachme Alexanders d. Gr. (ca. 323 v. Chr.)

Die Bewaffnung der Inder ist nicht einheitlich: Das Fußvolk führt einen Bogen, der ebenso groß wie der Schütze ist; sie setzen ihn unten auf dem Boden auf, stemmen sich mit dem linken Fuß dagegen und schießen in dieser Stellung, wobei sie die Bogensehne sehr weit spannen, denn ihre Pfeile sind beinahe drei Ellen lang. Und nichts vermag, vom Pfeil eines indischen Bogenschützen getroffen, zu widerstehen: weder ein Schild, noch ein Brustpanzer, noch etwas Stärkeres, wenn es solches geben sollte[21].

In der Linken haben sie leichte Schilde aus ungegerbtem Rinderfell, die schmaler als ihre Träger sind, an Länge aber ihnen fast entsprechen. Andere führen Speere anstatt der Bogen. Alle tragen aber ein breites Schwert, das nicht weniger als drei Ellen lang ist. Dieses führen sie, wenn es zum Kampf Mann gegen Mann kommt – was bei den Indern untereinander aber nur selten der Fall ist – mit beiden Händen zum Schlag von oben nach unten, damit der Hieb um so wuchtiger ausfällt.

Die Reiter haben zwei Wurfspeere und einen Schild, der kleiner ist als derjenige der Fußsoldaten. Ihre Pferde sind

21 Übergroße, weittragende Bogen sind aus dem altindischen Epos bekannt, auf ungefähr gleichzeitigen indischen Darstellungen aber nicht wiedergegeben. Hier sind immer wesentlich kleinere als die im Text geschilderten zu erkennen. Vgl. allerdings das Bildzeugnis der hier abgebildeten Münze Alexanders (aus der Serie der sog. ›Poros-Dekadrachme‹, S. 128, Abb. 33a).

nicht gesattelt, und sie werden auch nicht in ähnlicher Weise wie bei den Griechen oder Kelten aufgezäumt, sondern haben rings um die Vorderseite des Maules einen zusammengenähten Riemen aus rohem Rindsleder gebunden, und in diesen sind bronzene oder eiserne, nicht allzu scharfe Stacheln eingearbeitet. Die Reichen verwenden auch Stachel aus Elfenbein. Im Maul tragen ihre Pferde ein Eisen wie einen Spieß, an dem ihre Zügel befestigt sind. Wenn sie nun die Zügel fest anziehen, dann bändigt dieser Spieß das Pferd, und die Stacheln, die an ihm angebracht sind, stechen, so daß dem Pferd nichts anderes übrigbleibt, als dem Zügel zu gehorchen[22].

8. Belagerungen und Eroberungen

Von den befestigten Städten griff Alexander gleich die erste an, die auf seinem Weg lag, warf aus dem Marsch heraus die vor der Stadt aufgestellten Feinde und schloß sie in dieser ein. Er selbst wurde von einem Geschoß durch den Panzer in die Schulter getroffen. Die Verletzung war allerdings nicht so schwer, denn der Panzer hatte verhindert, daß das Geschoß die Schulter durchschlagen konnte. Verletzt wurden auch Ptolemaios und Leonnatos[23].

Dann bezog man vor der Stadt Lager an der Stelle, wo die Mauer offensichtlich am verwundbarsten war. Am folgenden

---

22 Diese Beschreibung des indischen Zaumzeuges ist problematisch: Der ›Spieß‹ im Maul des Pferdes, wohl als Stabtrense zu verstehen, kann aufgrund der Verletzungsgefahr schwerlich mit Stacheln versehen gewesen sein.

23 Der makedonische Adelige Leonnatos, schon unter Alexanders Vater Philipp II. ›Leibwächter‹ des Königs, zählte zunächst nur zu den ›Gefährten‹ Alexanders. Später auch zu dessen Leibwächter befördert, rettete er diesem beim Sturm auf die Mallerstadt (siehe unten S. 195ff.) das Leben. Erst während des Indienfeldzuges tritt er als militärischer Führer hervor und bewährt sich verschiedentlich. Zu Ptolemaios (Sohn des Lagos), dem späteren Diadochen und Herrscher Ägyptens, siehe Einleitung.

Tag bei Morgengrauen drangen die Makedonen – die Stadt war mit einem doppelten Mauerring umgeben – in die erste der beiden Mauern ohne allzu große Mühe ein. An der zweiten hielten die Gegner kurze Zeit stand; als aber die Sturmleitern bereits angelegt und die Verteidiger von allen Seiten durch Geschosse verwundet worden waren, gaben sie den Widerstand auf und flohen durch die Tore aus der Stadt auf die Berge zu. Ein Teil von ihnen kam auf der Flucht um; die Makedonen aber metzelten diejenigen, die ihnen lebend in die Hände gerieten, allesamt aus Wut über die Verwundung Alexanders durch die Feinde nieder. Die meisten entkamen jedoch in die Berge, da die Stadt nicht weit von diesen gelegen ist. Die Stadt wurde dem Erdboden gleichgemacht, dann zog man nach Andake, einer anderen Stadt. Diese ergab sich freiwillig. Alexander ließ hier Krateros[24] samt den Kommandeuren der Fußsoldaten mit dem Auftrag zurück, alle anderen Städte, sofern sie sich nicht freiwillig übergäben, einzunehmen und die Verhältnisse in dem Landstrich so zu regeln, wie es für den Augenblick am vorteilhaftesten erschien. (...)

Alexander überschritt nun die Berge und gelangte zu einer Stadt mit Namen Arigaion. Doch fand er sie von ihren Einwohnern in Brand gesteckt und die Menschen geflohen. Hier stießen die Männer um Krateros mit dem gesamten Heer zu ihm, nachdem sie alle ihnen vom König übertragenen Aufgaben erledigt hatten. Da ihm dieser Ort an einer günstigen Stelle gelegen schien, befahl Alexander dem Krateros, ihn zu befestigen und mit Freiwilligen aus der Umgebung und Invaliden des Heeres gemeinsam zu besiedeln. Er selbst marschierte dorthin weiter, wohin den eingegangenen Meldungen zufolge die meisten Barbaren dieses Landstri-

---

24 Vornehmer Makedone und ›Gefährte‹ Alexanders, zu dessen wichtigsten Feldherren und loyalsten Weggefährten er zählte. Als Kommandeur einer Abteilung der makedonischen Phalanx befehligte er in entscheidenden Schlachten den linken Flügel der Phalanx – Alexander selbst den rechten – und führte verschiedentlich größere Teile des Heeres in selbständigem Kommando, so auch während des Indienfeldzuges.

ches sich geflüchtet hatten. Als man zu einem Berg gelangte, lagerte man an dessen Fuß.

9. Eine offene Feldschlacht

In dieser Situation wurde Ptolemaios, Sohn des Lagos, von Alexander ausgesandt, um Futter zu holen, rückte aber dabei selbst mit einigen Männern wie auf eine Erkundung weiter vor und konnte dem Alexander melden, Lagerfeuer der Barbaren beobachtet zu haben, und daß es ihrer mehr als im Heer Alexanders seien[25]. Alexander mochte die Information über die Anzahl der Lagerfeuer nicht glauben, erkannte aber, daß es sich um eine Konzentration der hier lebenden Feinde handeln müsse. Er ließ nun einen Teil des Heeres an dem Berg, bei dem man sich befand, im Lager zurück und nahm selbst nur so viele Männer mit, wie ihm angesichts der Meldungen notwendig erschien. Als man schon so nahe gekommen war, daß man die Feuer sehen konnte, teilte er seine Leute in drei Gruppen. Die eine unterstellte er Leonnatos, dem Leibwächter, und gab ihm die Abteilungen des Attalos und des Balakros zur Seite[26]. Die zweite gab er Ptolemaios, dem Sohn des Lagos, zur Führung; sie bestand aus einem Drittel der königlichen Hypaspisten, den Abteilungen des Philipp und des Philotas[27] sowie zwei Abteilungen Bogen-

25 Die überaus ausführliche Darstellung der nun folgenden Auseinandersetzung steht in keinem Verhältnis zu ihrer militärischen Bedeutung. Sie zeigt dafür sehr schön, wie es Ptolemaios – der hier natürlich die Vorlage Arrians ist – versteht, seine Person und Leistung ins rechte Licht zu rücken und hierüber sogar die Führerschaft und Rolle Alexanders verblassen zu lassen.

26 Attalos, dem Alexander gleichaltrig und aus makedonischem Adel, erscheint seit 328 v. Chr. als Kommandeur einer der Abteilungen der makedonischen Phalanx. Kurz vor dem Tode Alexanders zählte er dann offenbar zu dessen engstem Umfeld.

27 Philipp, ein Makedone unbekannter Herkunft, der hier als Befehlshaber einer Abteilung der Phalanx genannt wird, ist möglicherweise allein an dieser Stelle bezeugt. Angesichts der Häufigkeit des

schützen, den Agrianen und der Hälfte der Reiterei. Die dritte Gruppe übernahm er selbst und führte sie dorthin, wo die Barbaren am dichtesten zu stehen schienen.

Als diese erkannten, daß die Makedonen heranrückten – sie hatten nämlich höhergelegene Positionen besetzt – kamen sie im Vertrauen auf ihre Überzahl und in Geringschätzung der Makedonen, die offensichtlich nur wenige waren, in die Ebene herab, und es entflammte ein heftiger Kampf. Alexander vermochte aber ohne allzu große Anstrengung seine Gegner zu überwinden. Die Männer um Ptolemaios hatten sich hingegen nicht in der Ebene gliedern können, denn die Barbaren hatten einen beherrschenden Hügel besetzt. So ließ Ptolemaios Sturmeinheiten bilden und griff dort an, wo der Hügel am ehesten erstürmbar erschien. Er hatte dabei aber die Anhöhe nicht vollständig einschließen lassen, sondern beließ den Gegnern eine Lücke für den Fall, daß die Barbaren sich zur Flucht entschließen sollten. Und hier entbrannte mit ihnen aufgrund der Schwierigkeit des Geländes und weil die Inder nicht wie die übrigen Barbaren in diesem Gebiet, sondern weit tapferer als alle ihre Nachbarn sind, ein heißes Gefecht. Doch wurden auch diese von den Makedonen von dem Berg vertrieben. Auch die dritte Gruppe der Streitmacht, die Männer um Leonnatos, operierte erfolgreich. Sie besiegten ebenfalls die ihnen gegenüberstehenden Feinde.

Ptolemaios sagt, daß man insgesamt über 40 000 Mann gefangennehmen und über 230 000 Rinder erbeuten konnte. Von diesen wählte Alexander die stattlichsten aus, weil sie sich in seinen Augen durch Schönheit und Größe auszeichneten; er wollte sie nach Makedonien zur Bewirtschaftung des Landes schicken.

Namens könnte er aber vielleicht auch mit einem der anderen makedonischen Offiziere dieses Namens gleichzusetzen sein. Von Philotas, einem vornehmen Makedonen, ist kaum mehr als sein Kommando über eine Abteilung der Phalanx (erstmals 330/29, bis 327 v. Chr.) bekannt.

Abb. 15: Indisches Buckelrind, Terrakottastatuette (1./2. Jh. n. Chr.)

Von dort zog er zum Land der Assakener. Diese bereiteten sich Meldungen zufolge auf eine kriegerische Auseinandersetzung vor und verfügten angeblich über ein Aufgebot von etwa 2000 Reitern, über 30 000 Fußsoldaten und 30 Elefanten. Krateros, der inzwischen bereits die Stadt befestigt hatte, zu deren Besiedlung er zurückgeblieben war, führte also die schwerer Bewaffneten in Alexanders Heer sowie den Maschinenpark herbei[28], falls eine Belagerung erforderlich sein sollte. Alexander selbst zog mit der Kavallerie der Gefährten, den berittenen Speerschützen und der Abteilung des Koinos

28 Alexander führte – hierin beispielgebend für die spätere hellenistische Kriegsführung – auf seinem Feldzug einen regelrechten Gerätepark mit zerlegten Belagerungsmaschinen, Schiffen und Geschützen mit sich, die bei Bedarf aus der Etappe an die Front geführt und einsatzfähig gemacht wurden und ihm so selbst langwierige Belagerungen auch hervorragend befestigter Städte erlaubten (das herausragende Beispiel ist die siebenmonatige Belagerung des auf einer Insel unmittelbar vor der Küste Phöniziens gelegenen Tyros, 332 v. Chr.).

und des Polyperchon[29] und 1000 leichtbewaffneten Agrianen und den Bogenschützen gegen die Assakener.

Dabei zog man durch das Land der Guraier. Den namengebenden Fluß des Landes, den Guraios[30], überschritt man nur mit Mühe; er war sehr tief, besaß eine reißende Strömung, und es befanden sich rundgeschliffene Steine im Flußbett, die denen gefährlich wurden, die daraufzutreten suchten. Als die Barbaren Alexander heranziehen sahen, wagten sie nicht, in geschlossener Formation in den Kampf zu ziehen, zerstreuten sich vielmehr in ihre Städte in der Absicht, sich durch Verteidigungsmaßnahmen zu retten. (...)

10. Die Belagerung Baziras

Alexander sandte Koinos zur Stadt Bazira[31]. Er nahm an, daß man sich ihm dort ergeben werde. Attalos, Alketas[32] und den

---

29 Koinos, makedonischer Adeliger und ›Gefährte‹ Alexanders, kommandierte seit dessen Regierungsantritt eine Eliteabteilung der makedonischen Phalanx, später auch eine Reiterschwadron. Zahlreiche Sonderaufträge erledigte er mit Bravour und bewies zudem Alexander in kritischen Momenten seine unbedingte Loyalität. Als Wortführer der Makedonen am Hyphasis (siehe unten S. 170ff.) bewog er durch seine Rede Alexander zur Umkehr; kurz darauf starb er und wurde von Alexander großartig bestattet. Polyperchon befehligte seit der Schlacht bei Issos 333 v. Chr. eine der zehn Abteilungen der makedonischen Phalanx und zeichnete sich hierbei mehrfach aus. Nach der Rückkehr aus Indien wurde er 324 v. Chr. ›aus Altersgründen‹ (vielleicht aber auch wegen Opposition zu Alexanders Integrationspolitik gegenüber den Persern) auf einen hohen Posten nach Makedonien zurückbeordert.

30 Der heutige Panjkora.

31 Bazira wurde von Sir Aurel Stein 1929 aus geographischen und topographischen Gründen mit dem heutigen Bir-Kot, einem steilen, unmittelbar am Fluß gelegenen Hügel am oberen Swat identifiziert. Ausgrabungen haben seitdem antike Befestigungs- und Wohnanlagen freigelegt, zudem hat eine Inschrift des 10. Jh. n. Chr. die Fortexistenz des Siedlungsnamens, Vajira, dokumentiert.

32 Alketas, der jüngere Bruder des Perdikkas (siehe oben S. 57), zeichnete sich während des Indienfeldzuges als Kommandeur einer

Reiterführer Demetrios[33] schickte er nach Ora[34], einer anderen Stadt. Sie hatten den Befehl, die Stadt bis zu seiner Ankunft mit einem Wall einzuschließen. Tatsächlich kam es auch zu einem Ausfall der Bewohner aus der Stadt gegen die Truppen des Alketas, doch konnten die Makedonen die Feinde ohne Mühe zurück in die Stadt in den Schutz der Mauer treiben. Koinos war dagegen bei Bazira kein Fortkommen beschieden; die Bewohner ließen sich auf keine Verhandlungen ein, sondern vertrauten der außerordentlich sicheren Geländesituation: Der Ort lag auf einer überragenden Höhe und war nach allen Seiten hin ausgezeichnet befestigt.

Auf diese Nachricht hin brach Alexander gegen Bazira auf. Er erfuhr aber auch, daß einige der Barbaren der Gegend beabsichtigten, sich heimlich in die Stadt Ora zu begeben, wozu sie von Abisares ausgesandt worden waren; so zog er zuerst gegen Ora. Koinos erhielt den Auftrag, derweil gegenüber der Stadt der Bazirer einen befestigten Stützpunkt zu errichten und in diesem eine ausreichend starke Besatzung zurückzulassen, so daß den Stadtbewohnern die Möglichkeit genommen war, ihr Land zu nutzen. Er selbst sollte mit dem übrigen Teil des Heeres zu Alexander stoßen.

Als die Leute in Bazira nun den Abzug des Koinos mit dem größten Teil seiner Streitmacht wahrnahmen, waren sie voller Verachtung für die zurückgelassenen Makedonen, die ihnen nicht kampffähig erschienen; so unternahmen sie einen Ausfall in die Ebene. Es kam zu einer heftigen Auseinander-

---

Abteilung der Phalanx, die ihm nicht lange vorher unterstellt worden sein kann, aus. Nach dem Tode Alexanders 323 v. Chr. spielte er eine Rolle als Heerführer in den Diadochenkämpfen, wurde aber 319 v. Chr. von Antigonos besiegt und zum Selbstmord gezwungen; sein Grabmal ist noch heute in Termessos (Südtürkei) zu besichtigen.

33 Demetrios, ein vornehmer Makedone, kommandierte eine Schwadron der makedonischen Elitereiterei. In der Schlacht am Hydaspes gegen König Poros war er mit seiner Einheit an der entscheidenden Umgehungsoperation beteiligt.

34 Ora wurde von Sir Aurel Stein – ohne Nachweis – mit dem etwas stromaufwärts von Bazira / Bir-Kot liegenden heutigen Ude-Gram identifiziert.

setzung mit ihnen. Darin fielen etwa 500 der Barbaren, über 70 gerieten lebend in Gefangenschaft. Die übrigen flohen in die Stadt zurück und fanden sich nun noch wirkungsvoller durch die Makedonen aus der ausgebauten Stellung heraus von ihrem Umland abgeschnitten. Alexander hatte bei der Belagerung von Ora gleichfalls keine Schwierigkeiten; aus dem Marsch heraus gelang ihm gleich der Angriff auf die Mauern der Stadt, die er damit in seine Hand brachte. Die dort zurückgelassenen Elefanten erbeutete er.

11. Der Aornos-Felsen

Wie nun die Einwohner von Bazira Kenntnis von diesen Geschehnissen erhielten, verzweifelten sie an ihrer Sache, verließen mitten in der Nacht ihre Stadt und flüchteten sich auf die Felsenburg. Das gleiche taten auch die anderen Barbaren. Sie verließen sämtlich ihre Städte und flohen auf den in ihrem Land gelegenen Felsen, der Aornos genannt wird. Es handelt sich bei diesem Felsen um ein gewaltiges Felsmassiv in diesem Raum[35]. Es geht von ihm die Sage, daß es nicht einmal Herakles, dem Sohn des Zeus, gelungen sei, den Felsen zu erobern. Ob nun Herakles – sei es hier der thebanische, der tyrische oder der ägyptische – tatsächlich auch nach Indien gelangt ist, vermag ich weder zur einen noch zur anderen Seite hin mit Sicherheit zu entscheiden[36]. Mir scheint es viel

35 Die Identifikation dieses Felsens mit dem Bergmassiv des Pir-sar nördlich des heutigen Peschawar und oberhalb von Attock gelang Sir Aurel Stein, der im Gelände auch die während der folgenden, ausführlich geschilderten Erstürmung erwähnten markanten Geländemerkmale identifizieren konnte. Die Kenntnis des Geländes gestattet eine Rekonstruktion der Strategie und Operationen Alexanders und erlaubt es, das Vorgehen des Königs und die bemerkenswerte Leistung seiner Soldaten in schwierigstem Gelände zu beurteilen. Die Quellen geben die Vorgänge offenkundig teilweise verkürzt wieder.

36 Es existierten offenbar lokale Sagen, die die Unbezwingbarkeit des Felsens auch mythisch verankerten. Die dabei involvierte lokale Gottheit – welche die Makedonen als Herakles deuteten – ist wahrscheinlich mit Krishna zu identifizieren. Arrian und seine Vorlage

Abb. 16: Herakles in Rüstung, attische schwarzfigurige Schale (ca. 510 v. Chr.)

eher wahrscheinlich zu sein, daß er nicht dorthin gelangte, daß vielmehr die Menschen bei allem, was außerordentlich schwer ist, die Schwierigkeit in solchem Maße übertreiben, daß sie fabeln, daß sogar Herakles nicht dazu imstande gewesen wäre. Und so nehme ich für meine Person hinsichtlich dieses Felsens an, daß Herakles nur zur Ausschmückung der Legende genannt wird.

Der Umfang des Felsens, heißt es, betrage gegen 200 Stadien, seine Höhe an der niedrigsten Stelle 11 Stadien, und es

---

Eratosthenes sahen sich natürlich außerstande, den Aornos-Mythos in einer der kanonischen Herakles-Traditionen wiederzufinden.

gebe nur einen einzigen, von Menschenhand geschlagenen, beschwerlichen Zugang. Auf der Kuppe des Felsens stehe reichlich klares Wasser zur Verfügung, denn es entspringe dort eine Quelle, und von dieser sprudele das Wasser herab. Auch Holz und guter Ackerboden seien so reichlich vorhanden, daß er selbst für 1000 Menschen zur Bearbeitung ausreiche.

Als Alexander dies vernahm, erfaßte ihn ein heißes Verlangen, auch diesen Berg zu erobern, nicht zuletzt wegen der Sage von Herakles, die darüber umlief. Ora und Massaga machte er zunächst zu Stützpunkten im Land, und die Stadt Bazira umgab er mit einer Wehrmauer. Hephaistion und Perdikkas mit ihren Truppen befestigten ihm derweil noch eine andere Stadt mit Namen Orobatis und legten eine Besatzung in sie hinein, um dann zum Indus zu marschieren. Dort angekommen, führten sie all das durch, was Alexander ihnen für einen Brückenschlag über den Fluß aufgetragen hatte.

Alexander ernannte Nikanor, einen der Gefährten, zum Satrapen über das Land diesseits des Indus. Er selbst zog zunächst zum Indus und brachte die nicht weit vom Fluß gelegene Stadt Peukelaotis durch Vertrag zur Übergabe und legte in sie eine Besatzung von Makedonen hinein, zu deren Kommandant er Philipp bestimmte. Dieser unterwarf zudem andere kleine, am Indus gelegene Städte. Im Gefolge Alexanders befanden sich bereits Kophaios und Assagetes, die Fürsten des Landes.

12. Vorbereitende Operationen am Aornos-Felsen (April 326 v. Chr.)

So gelangte er zur Stadt Embolima, die unmittelbar beim Aornos-Felsen gelegen war[37]. Er ließ hier Krateros mit einem Teil des Heeres zurück und dem Auftrag, soviel Getreide wie

---

37 Nicht zu lokalisieren.

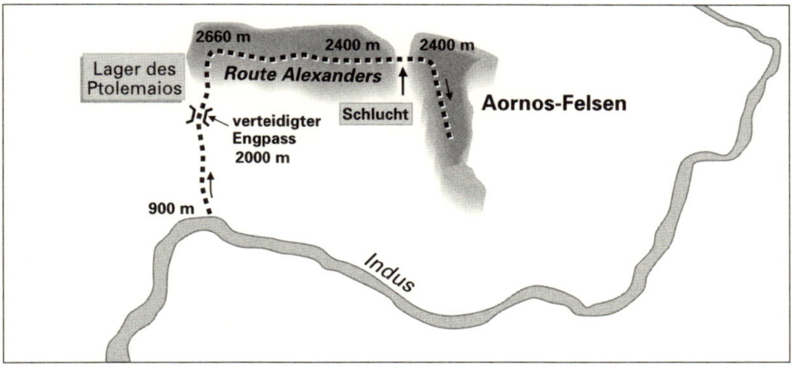

Abb. 17: Das Vorgehen Alexanders am Aornos

möglich in der Stadt zusammenzubringen und auch alle sonstigen Bedarfsgüter für einen längeren Aufenthalt. Die Makedonen sollten nämlich, wenn es nicht gelingen sollte, aus dem Anmarsch heraus den Felsen zu nehmen, von dieser Basis aus dessen Verteidiger durch eine lange Belagerung zermürben. Alexander selbst nahm die Bogenschützen, die Agrianen, die Abteilung des Koinos, wählte zudem von den übrigen Einheiten der Phalanx die behendesten und zugleich bestgerüsteten Männer aus, darüber hinaus 200 Mann der Gefährten zu Pferd und gegen 100 berittene Bogenschützen und zog gegen die Felsenburg. An diesem Tag ließ er das Lager an einer ihm günstig erscheinenden Stelle aufschlagen, am folgenden Tag rückte er ein kleines Stück weiter zum Berg vor und ließ erneut Lager aufschlagen.

Währenddessen kamen einige der Einheimischen zu ihm, ergaben sich ihm und erklärten sich bereit, ihn an die verwundbarste Stelle des Felsenmassivs zu führen, von der aus es ihm nicht schwerfallen werde, den Ort zu erobern. Er schickte den Leibwächter Ptolemaios, Sohn des Lagos, mit diesen Leuten, gab ihm die Agrianen, die anderen Leichtbewaffneten und eine ausgewählte Mannschaft von Hypaspisten mit und erteilte ihm den Auftrag, diesen Platz, sobald er ihn genommen hätte, mit einer starken Besatzung zu halten, ihm aber ein Signal zu senden, daß er ihn unter Kontrolle gebracht habe.

Ptolemaios stieg einen steilen und unwegsamen Pfad hinan und konnte den Platz unbemerkt von den Barbaren besetzen. Er sicherte ihn rundum durch Wall und Graben und ließ an einer Stelle, die von Alexander eingesehen werden konnte, einen Scheiterhaufen anzünden. Sobald der König das Feuersignal sah, führte er am folgenden Tag das Heer herbei. Jedoch gelang es ihm bei der heftigen Gegenwehr der Feinde nicht, in dem schwierigen Gelände ein größeres Stück voranzukommen. Als diese nun erkannten, daß Alexanders Angriff erfolglos blieb, wandten sie sich gegen die Leute des Ptolemaios und attackierten diese. Ein hitziger Kampf entbrannte zwischen ihnen und den Makedonen, da die Inder große Anstrengungen unternahmen, den Wall zu durchbrechen, Ptolemaios wiederum alles daran setzte, den Platz zu halten. Da die Barbaren sich in dem Gefecht aber als unterlegen erwiesen, mußten sie sich bei Einbruch der Dunkelheit zurückziehen.

Alexander suchte nun einen der übergelaufenen Inder aus, der vertrauenswürdig und geländekundig war, und schickte ihn in der Nacht zu Ptolemaios mit einem Brief, in dem er schrieb, jener solle, sobald er selbst angreife, sich nicht damit begnügen, in seiner Verschanzung den Platz zu halten, sondern von oben herab einen Angriff auf die Barbaren auf dem Berg führen, so daß die Inder von zwei Seiten attackiert würden. Er selbst brach bei Morgengrauen aus seinem Lager auf und führte das Heer auf demselben Aufstieg, den Ptolemaios heimlich nach oben genommen hatte, in der festen Überzeugung, daß, wenn er auf diesem Wege die Vereinigung mit den Männern des Ptolemaios erzwingen könne, die weitere Unternehmung ihm nicht mehr schwerfallen werde. So kam es dann auch tatsächlich.

Denn bis zum Mittag tobte ein heftiger Kampf zwischen Indern und Makedonen, wobei letztere ihren Aufstieg mit aller Gewalt zu erzwingen versuchten. Die ersteren schossen von oben herab auf die Andringenden. Da die Makedonen aber nicht nachließen – immer neue traten an die Stelle der anderen, und die vorne Kämpfenden konnten sich jeweils ausruhen –, hatten sie sich gegen Abend mit Mühe in den Be-

Abb. 18: Alexander belagert den Aornos (ital. Buchillustr.)

sitz des Zuganges gesetzt und vereinigten sich mit den Truppen des Ptolemaios. Nun war das ganze Heer wieder vereint und wurde erneut gegen den Felsen geführt. Dennoch war der Sturm nicht durchführbar, und so war dies das Ergebnis des Tages.

13. Der Fall der Felsenburg

Bei Morgengrauen befahl Alexander jedem Soldaten, Mann für Mann, 100 Schanzpfähle zu schlagen. Diese waren alsbald besorgt, und Alexander ließ damit beginnen, von der Höhe des Hügels, auf dem sie lagerten, einen gewaltigen Damm bis hin zur Felsenburg anzuschütten, bis zu dem Punkt, von dem aus es ihm möglich schien, die Verteidiger mit Pfeilen zu erreichen, und auch Geschosse von den Geschützen ihr Ziel finden konnten[38]. Und so schütteten sie den

38 In Indien scheint der Gebrauch von Geschützen – in Alexanders Heer vor allem Torsionskatapulte mit Reichweiten bis über 300 m –

Damm durch die Schlucht an, wobei sich jeder einzelne mit Eifer an dem Werk beteiligte. Alexander selbst stand dabei, beobachtete und spornte an, was mit Eifer angepackt wurde, tadelte aber auch, wenn es gerade hieran mangelte.

Am ersten Tag bewältigte das Heer auf diese Weise etwa ein Stadion. Am folgenden Tag schossen die Schleuderer von der bereits hochgezogenen Aufschüttung auf die Inder, und Geschosse von den Wurfmaschinen wiesen Ausfälle der Inder gegen die Schanzenden ab. In drei Tagen ununterbrochener Arbeit wurde so die Kluft zugeschüttet. Am vierten Tag besetzten einige Makedonen unter Kämpfen einen kleineren Hügel, der sich auf dem gleichen Niveau wie die Felsenburg befand. Alexander, der keinen Moment ruhte, führte den Damm voran, im festen Willen, ihn mit dem Hügel zu verbinden, den die kleine Gruppe seiner Leute bereits eingenommen hatte.

Die Inder, von dem unglaublichen Wagemut der Makedonen erschreckt, die sich bis zum Hügel vorgekämpft hatten, gaben, als sie den Damm bereits den Hügel erreichen sahen, ihren weiteren Widerstand auf und sandten Unterhändler zu Alexander, die erklärten, man wolle die Felsenburg übergeben, wenn er mit ihnen eine vertragliche Regelung eingehe. Sie verfolgten aber die Absicht, die Vertragsverhandlungen zu verschleppen und den Tag verstreichen zu lassen, um dann des Nachts sich alle in ihre jeweilige Heimat zu zerstreuen. Diese Pläne brachte Alexander nun in Erfahrung; er räumte ihnen Zeit zum Abzug ein und hob sogar die Einkreisung durch Wachposten vollständig auf. Er selbst hielt sich zurück, bis der Rückzug begann. Im selben Augenblick nahm er gegen 700 Mann von den Leibwächtern und Hypaspisten und stieg als erster über eine bereits verlassene Stelle in die Felsenburg ein. Und zugleich gelangten die anderen Make-

---

zuvor unbekannt gewesen zu sein. Die Errichtung von Belagerungsdämmen in schwierigem Gelände hatte vornehmlich den Zweck, diese Geschütze in Schußpositionen bringen und Angriffe auf die Mauern mittels Mauerbrechern (»Widdern« u. a.) vortragen zu können.

Abb. 19: Rekonstruktion eines Steinwurfgeschützes

donen von allen Seiten, sich gegenseitig hier und da hochziehend, hinauf. Dann wandte man sich auf ein Zeichen gegen die abziehenden Barbaren, metzelte viele von ihnen auf der Flucht nieder, andere stürzten sich in Panik von den Felsen herab und kamen dabei ums Leben.

So hatte Alexander die Felsenburg, die sich für Herakles als unüberwindlich erwiesen hatte, in seiner Hand. Alexander vollzog auf dem Felsen ein Opfer und richtete eine Festung ein, deren Kommando er dem Sisikottos, einem Inder, anvertraute. Dieser war vor längerer Zeit zu Bessos nach Baktra übergelaufen[39], und als Alexander Baktrien erobert

39 Bessos, ein Verwandter Dareios' III. und Satrap von Baktrien, hatte seinen Herrscher nach der verheerenden Niederlage von Gaugamela 331 v. Chr. auf der Flucht in die östlichen Provinzen begleitet, die-

hatte, mit ihm zusammen zu Felde gezogen und hatte sich als außerordentlich treu erwiesen.

14. Alexander und die Elefanten der Assakener

Von diesem Felsen brach Alexander auf und fiel in das Land der Assakener ein. Es war nämlich gemeldet worden, daß der Bruder des Assakenos, der über die Elefanten verfügte, und viele der umwohnenden Barbaren sich in die dort gelegenen Berge geflüchtet hatten. Als er in der Stadt Dyrta angekommen war, traf er keinen der Einwohner mehr an, auch nicht in der Umgebung der Stadt. Am folgenden Tag entsandte er Nearch und Antiochos[40], Kommandeure der Hypaspisten – Nearch unterstellte er die Agrianen und Leichtbewaffneten, Antiochos gab er seine eigene Einheit und zwei weitere –, um die Gegend zu erkunden und nach Möglichkeit einige Barbaren aufzugreifen, um sie über die Verhältnisse im Land zu befragen; und zwar wollte er insbesondere alles Nähere über die Elefanten erfahren.

Er selbst zog nun in Richtung Indus los, und das Heer bahnte ihm beim Vormarsch erst den Weg durch die anderweitig unwegsame Landschaft. Dort griff man einige Inder auf, und von ihnen erfuhr man, daß die Inder dieses Landstriches zu Abisares geflohen waren, ihre Elefanten aber zurückgelassen hatten, um sie am Indus weiden zu lassen. Er befahl den Indern, ihn den Weg zu den Elefanten zu führen. Es gibt bei den Indern viele Elefantenjäger, und diese hatte Alexander mit Vorliebe um sich. Damals ging er mit ihnen auch auf die Jagd nach wilden Elefanten. Und zwei der

---

sen dort dann aber gefangengesetzt und im Juli 330 v. Chr. ermorden lassen, um selbst als Artaxerxes IV. dessen rechtmäßige Nachfolge zu beanspruchen. Von Alexander verfolgt, wurde er in Baktrien gefangengesetzt und schließlich als Usurpator grausam hingerichtet.

40 Makedonischer Befehlshaber einer Abteilung der leichten Infanterie. Von der Teilnahme an einer weiteren Aktion im selben Jahr abgesehen, ist nichts weiteres von ihm bekannt.

Tiere kamen dabei um, als sie bei der Verfolgung einen Abhang hinabstürzten; die anderen konnten gefangen werden[41]. Sie trugen nunmehr Soldaten auf ihrem Rücken und wurden in das Heer eingegliedert. Er stieß am Fluß auch auf geeignetes Bauholz, das er sich vom Heer schlagen und aus dem er Schiffe zimmern ließ. Diese wurden den Indus flußabwärts bis zu der Brücke geführt, die Hephaistion und Perdikkas befehlsgemäß bereits errichtet hatten.

15. Indische Elefantenjagd

Die Inder jagen die anderen Tiere wie die Griechen; ihre Jagd auf Elefanten jedoch gleicht keiner anderen, wie ja auch diese Tiere keinen anderen Tieren gleichen[42]. Denn sie wählen einen ebenen Ort aus, auf den die Sonne niederbrennt, und heben einen kreisförmigen Graben darum aus, wobei ein großes Heer im Innenraum lagern könnte. Die

---

41 Seit der Schlacht bei Gaugamela (331 v. Chr.) im nördlichen Mesopotamien zeigte Alexander ein lebhaftes Interesse an den Elefanten, eine Hauptwaffe aller seiner Gegner im Osten. Wie zahlreiche Hinweise auf die Übernahme von Kriegselefanten geschlagener Gegner und unterworfener Völkerschaften zeigen, stellte er eine eigene Elefantentruppe zusammen, die allerdings nie zum militärischen Einsatz kam. Unter seinen Nachfolgern – Seleukiden und Ptolemäern – waren Elefantentruppen von erheblicher taktischer Bedeutung. Hier dienten sie zugleich, wie in Indien, als repräsentative Symbole königlicher Herrschaft. Seleukos Nikator, seit 323 v. Chr. der Nachfolger Alexanders im Osten, trat übrigens das von diesem eroberte Indien um 301 v. Chr. an den Maurya-Herrscher Chandragupta (Sandrokottos) gegen die Zahlung von 500 Kriegselefanten ab.

42 Die hier nach dem Bericht des Megasthenes beschriebene Methode des Elefantenfanges entspricht weitgehend derjenigen, die im indischen mittelalterlichen Elefantenhandbuch (Matangalila) geschildert wird. Allerdings wird hierbei die einzufangende Herde von 1000 bis 2000 Treibern in tagelanger Arbeit auf die vorbereitete Umzäunung zu- und dann dort hineingetrieben; gezähmte Elefantenweibchen werden als Lockmittel nur gegenüber Einzeltieren verwendet.

Breite des Grabens wird auf fünf Klafter ausgelegt, die Tiefe auf vier. Das Erdreich, das sie dabei ausheben, häufen sie auf beiden Seiten des Grabens anstelle einer Mauer. Sie selbst graben für sich im Fuß des Dammes am äußeren Rand des Grabens unterirdische Räume und lassen dabei Öffnungen; durch diese erhalten sie Licht und können zugleich durch sie verfolgen, wenn die Tiere sich nähern und sich in die Umhegung begeben. Nachdem sie in die Umzäunung drei oder vier Elefantenkühe gebracht haben, die sich durch einen möglichst friedfertigen Charakter auszeichnen, belassen sie nur einen einzigen Zugang über den Graben, indem sie eine Brücke darüber errichten. Dann häufen sie Erde und reichlich Gras auf die Brücke, damit diese für die Tiere nicht als solche erkennbar ist und sie keine List vermuten können. Sie selbst halten sich nun beiseite und verbergen sich in den Räumen in der äußeren Grabenbegrenzung.

Wilde Elefanten nähern sich bei Tage den besiedelten Gegenden nicht; bei Nacht ziehen sie aber überall umher, äsen in Herden und folgen dabei dem mächtigsten und edelsten Tier unter ihnen, geradeso wie Kühe den Stieren nachfolgen. Sobald sie aber in die Nähe des Geheges gelangen, den Laut der Weibchen vernehmen und ihre Witterung aufnehmen, wandern sie zügig zu dem umfriedeten Gelände. Wenn sie dann um den Rand des Grabens getrottet und auf die Brücke gestoßen sind, drängen sie über die Brücke in die Umzäunung. Sobald die Menschen aber dies feststellen können, daß die wilden Elefanten sich hineinbegeben haben, zerstören einige in aller Eile die Brücke, andere aber laufen schnell zu den nahegelegenen Dörfern und melden, daß die Elefanten ins Gehege gegangen sind. Auf diese Nachricht hin besteigen die Einheimischen ihre mutigsten und zahmsten Elefanten und ziehen mit ihnen zu der Umzäunung. Nach ihrer Ankunft nehmen sie aber nicht gleich den Kampf auf, sondern lassen die wilden Tiere zunächst unter Hunger leiden und aufgrund des Durstes ihren Mut verlieren. Wenn die Männer dann annehmen, daß sie zermürbt sind, stellen sie die Brücke über den Graben wieder her und begeben sich in die Umfriedung.

Abb. 20: Elefantenreiter, Relief eines Stupa-Zaunes aus Mathura (1. Jh. v. Chr.)

Nun kommt es zuerst zu einem schweren Kampf zwischen den zahmen und den wilden Tieren. Dann werden, wie nicht anders zu erwarten, die wilden Elefanten, von ihrer Niedergeschlagenheit und dem Hunger geschwächt, überwältigt. Die Männer steigen von ihren Elefanten und binden den wilden, nunmehr entkräfteten Tieren mit Stricken die Füße zusammen. Daraufhin lassen sie sie von den zahmen Tieren mit vielen Schlägen traktieren, bis sie gänzlich entkräftet auf die Erde niedersinken. Dann treten sie an sie heran, werfen um ihre Nacken Schlingen und steigen selbst auf die liegenden Tiere. Damit diese aber ihre Reiter nicht abschütteln oder etwas anderes anstellen können, schneiden sie ihnen mit einem scharfen Messer ringsum in den Hals und legen die Schlinge den Schnitt entlang herum, so daß sie den Kopf und den Hals wegen der Wunde reglos halten. Wenn sie nämlich in böser Absicht sich wenden, schneidet die Schlinge ihnen in die Wunde. So halten sie denn still und lassen sich, nachdem sie sich eines besseren besonnen haben, am Strick von den zahmen Elefanten führen. (...)

Diejenigen Tiere, die noch zu jung sind oder die es aufgrund ihrer Schwäche nicht zu halten lohnt, lassen sie wieder zu ihren gewohnten Weidegründen laufen. Die gefangenen Elefanten treiben sie in ihre Dörfer und geben ihnen grünes Schilfrohr und Gras zu fressen. Da die Tiere aber aus Mutlosigkeit überhaupt nichts fressen wollen, stellen sich die Inder im Kreis um sie auf, singen und schlagen Pauken und Becken und bringen sie so durch das Schlagen und Singen zur Ruhe. Wenn es nämlich irgendein wildes Tier gibt, das gelehrig ist, dann ist es der Elefant. Einige von ihnen haben schon ihre Reiter, die im Kampf gefallen waren, selbst aufgenommen und zu Grabe getragen, andere auch Gefallene abgeschirmt, wieder andere sich für Gefallene in die Schlacht gestürzt, ja, einer, der seinen Reiter im Zorn getötet hatte, ging vor Reue und Verzweiflung darüber schließlich ein.

16. Beobachtungen über Elefanten

Ich selbst[43] habe schon einen Elefanten die Becken schlagen sehen und andere dazu tanzen. Dabei waren demjenigen, der die Becken schlug, diese an die Vorderfüße gebunden und ein weiteres an den sogenannten Rüssel. Der Elefant aber schlug im Takt mit dem Rüssel das Becken abwechselnd

---

43 Arrian berichtet hier aus eigener, fast 500 Jahre späterer römischer Anschauung. Seit dem 1. Jh. v. Chr. wurden in Rom Elefanten zu Schau- und Unterhaltungszwecken gehalten und bedeuteten – jedenfalls für die Bevölkerung der Hauptstadt – in der Kaiserzeit einen vertrauten Anblick. Bei öffentlichen Spielen wurden sie vor allem als Tanz- und Musikantengruppen vorgeführt, aber auch für Schaukämpfe mit anderen wilden Tieren verwendet.

Farbtafel I: Alexander. Detail aus dem Alexandermosaik von Pompeii (1. Jh. v. Chr.) nach einem frühhellenistischen Gemälde (wohl Ende des 4. Jh.s v. Chr.)

a

b

c

Farbtafel II a: Alexander als Herakles (Tetradrachme Alexanders d. Gr., 336–323 v. Chr.). b: Alexander mit Ammonshörnern (Tetradrachme des Lysimachos, 306–281 v. Chr.). c: Alexander mit Elefantenhelm (Tetradrachme Ptolemaios' I., 305–283 v. Chr.).

Farbtafel III: Kampfelefant, Phalera (2. Jh. v. Chr.)

Farbtafel IV: Alexander kämpft gegen Elefantenreiter (pers. Buchillustr.)

Farbtafel V: Modell eines Streitwagen mit Besatzung, Gold (›Oxos-Schatz‹, Afghanistan; 5./4. Jh. v. Chr.).

Farbtafel VI: Weltkarte nach Ptolemaios (2. Jh. n. Chr.)

·SVBSOLANVS
·EVRO·AVSTER
TERA·INCOGNITA
IMAVS·MONS

Farbtafel VII: Makedonisches Grabfresko mit Details der makedonischen Kriegerrüstung (um 200 v. Chr.)

gegen die beiden Instrumente an den Vorderbeinen. Die anderen Elefanten aber tanzten dabei im Kreis um ihn herum und hoben und senkten dabei im Rhythmus die Vorderfüße und bewegten sich so, wie der Beckenspieler ihnen den Takt vorgab. (...)

Die Brunftzeit des Elefanten ist – wie die des Rindes oder des Pferdes – im Frühling, wenn sich bei den Weibchen die Öffnungen an den Schläfen weiten und ein Brunftsekret absondern. Die Elefantenkuh ist mindestens 16 Monate trächtig, höchstens aber 18 Monate. Sie wirft, wie das Pferd, nur ein Junges, und sie ernährt dieses mit ihrer Milch bis ins achte Jahr. Die ältesten unter den Elefanten leben bis zu 200 Jahre, viele von ihnen gehen aber vorher an einer Krankheit ein. Aber sonst können sie dieses Alter erreichen[44]. Als Heilmittel dient für sie bei Erkrankungen an den Augen Kuhmilch, die man einträufelt; gegen andere Krankheiten gibt man ihnen Rotwein zu trinken, während ihnen bei offenen Wunden gebratenes Schweinefleisch als Pflaster aufgelegt wird. Dieses sind die Heilmittel, welche die Inder bei ihnen anwenden.

17. Andere Informationen über Elefanten

Onesikritos behauptet, daß Elefanten sogar bis zu 300 Jahre alt werden, in seltenen Fällen bis 500 Jahre; am stärksten seien sie aber im Alter von etwa 200 Jahren, die Weibchen trügen aber 10 Jahre[45]. Er und auch andere erklären, daß indische Elefanten größer und stärker sind als die libyschen. Auf-

---

44 Die Feststellungen sind ungenau oder weit übertrieben. Elefanten haben keine feste Brunftzeit, der Ausfluß an den Schläfen tritt fast nur bei männlichen Tieren auf, die Tragzeit beträgt tatsächlich 20–22 Monate, und das Junge wird nur zwei, nicht acht Jahre gesäugt. Vor allem aber erreichen wildlebende Elefanten meist nur ein Alter von 35 Jahren, in Gefangenschaft kaum einmal das Doppelte.

45 Wie so oft bei Onesikritos sind die gebotenen Angaben maßlos übertrieben (vgl. die vorherige Anm.).

gerichtet auf ihre Hinterfüße, rissen sie jedenfalls mit den Rüsseln Mauerzinnen herab und zögen Bäume mitsamt der Wurzeln heraus. Nearch erzählt auch, daß auf der Jagd nach den Tieren an den Kreuzungen der Wege, auf denen sie wanderten, Fußfallen ausgelegt würden und die wilden Elefanten in diese von zahmen Tieren hineingetrieben würden, die von Mahouts gelenkt würden und ihnen überlegen seien.

Sie seien auch so leicht zu zähmen, daß sie es lernten, mit Steinen auf ein Ziel zu werfen und Waffen zu gebrauchen. Sie seien vorzügliche Schwimmer. Als außerordentlichen Besitz betrachte man einen von Elefanten gezogenen Wagen; sie gingen wie Kamele unter einem Joch. Einer Frau gereiche es zu hoher Ehre, wenn sie von ihrem Liebhaber einen Elefanten zum Geschenk erhalte. Diese Aussage steht allerdings nicht in Übereinstimmung mit der jenes Gewährsmannes, der erklärt, daß Pferd und Elefant ausschließlicher Besitz der Herrscher seien.

18. Eine Stadtgründung des Dionysos: Nysa

In diesem Land, das Alexander zwischen Kophen und Indus durchzog, soll, wie es heißt, auch die Stadt Nysa liegen[46]. Bei ihr handele es sich um eine Gründung des Dionysos. Dionysos habe nämlich Nysa gegründet, als er dabei war, die Inder zu unterwerfen – wer auch immer dieser Dionysos war und wann und woher er gegen die Inder gezogen sein mag. Ich selbst vermag nämlich nichts dazu beitragen, ob es sich dabei um den thebanischen Dionysos handelte, der von Theben oder aber vom lydischen Thmolos aus aufgebrochen war und zu den Indern mit einem Heer gelangt; dabei kam er zu einer ganzen Zahl kriegerischer und den damaligen Griechen un-

46 Die Lage Nysas ist, nicht zuletzt aufgrund sich widersprechender Angaben der Quellen, unklar. Sie müßte entweder im Gebiet des oberen Kophen (Kabul), etwa an den Hängen des Koh-i-Mor, oder weiter östlich im heutigen Swat nördlich der Mündung des gleichnamigen Flusses liegen.

bekannter Völker, aber keines von ihnen außer dem der Inder hatte er mit Gewalt unterwerfen müssen[47]. Ganz davon abgesehen, daß man nicht allzu scharf nachprüfen darf, was seit alters her über diese Gottheit gefabelt wird! Denn das, was schon nach dem Kriterium der Wahrscheinlichkeit nicht glaubwürdig erscheint, wird dann doch nicht gänzlich unglaublich erscheinen, wenn man auch das göttliche Wirken mit in Rechnung stellt.

Als Alexander in die Nähe Nysas kam, schickten die Nysaier ihren Fürsten namens Akouphis mitsamt dreißig ihrer angesehensten Bürger ihm als Gesandte entgegen, die ihn bitten sollten, dem Gott die Stadt zu belassen. Es wird überliefert, daß die Gesandten zum Zelt Alexanders gekommen seien und ihn dort sitzend angetroffen hätten, vom Marsch her noch mit Staub bedeckt, in voller Rüstung, den Helm auf dem Kopf und den Speer in der Hand. Die Gesandten waren angesichts dieses Anblickes zutiefst erstaunt, fielen auf den Boden nieder und schwiegen lange. Erst als Alexander sie aufstehen und Mut fassen hieß, setzte Akouphis in folgender Weise mit seiner Rede an[48]:

---

47 Der ursprüngliche Dionysos-Mythos kannte keinen Zug des Dionysos nach Indien. Die mythische Überlieferung, daß der Gott auf seinem Eroberungszug durch die Welt bis nach Indien gelangt sei und dort als Kulturbringer gewirkt habe (etwa den Ackerbau, den Wein und die Stadtkultur den Indern vermittelt habe), geht auf den Alexanderzug und seine Teilnehmer zurück. Arrian konnte so in keiner der klassischen griechischen Dionysos-Traditionen einen Bezugspunkt finden – wollte aber die Überlieferung trotz seiner Zweifel auch nicht als spätere Erfindung disqualifizieren. Der Triumphzug des Dionysos durch Indien wird in der Folge zu einem beliebten Motiv im ikonographischen Repertoire der Darstellungen dieses Gottes, wobei indische Tiger als Zugtiere vor dem Wagen des Dionysos oder dieser selbst auf einem Elefanten reitend abgebildet werden.

48 Das folgende Gespräch wie die Episode insgesamt sind literarisch erheblich ausgestaltet worden; romanhafte Züge sind unverkennbar. An der Historizität des Akouphis und seines geschickten politischen Verhaltens ist jedoch nicht zu zweifeln. Akouphis zählte wie Taxiles u. a. zu den indischen Fürsten, die mit dem Eroberer Alexander kooperierten und hierdurch erhebliche Machtzugewinne für sich verbuchen konnten.

»König, die Nysaier bitten Dich, ihnen ihre Freiheit und Unabhängigkeit zu belassen, und zwar aus Respekt vor Dionysos. Denn Dionysos hat, als er das Volk der Inder unterworfen hatte und auf dem Weg zurück zum Griechischen Meer war, aus den nicht mehr kampffähigen seiner Soldaten, die auch seine Bakchanten waren[49], die Stadt zur Erinnerung seines Zuges und seines Sieges für die spätere Nachwelt gegründet, so wie du nun auch selbst ein Alexandria gegründet hast – das am Gebirge Kaukasus – und ein anderes Alexandria auf ägyptischem Boden und viele weitere solche Städte bereits gegründet hast und in Zukunft noch gründen wirst, da du ja bereits zahlreichere Taten als Dionysos vollbracht hast. Nysa hat Dionysos die Stadt schließlich nach seiner Amme Nysa genannt und das Land rundum Nysaia. Den Berg aber in der Nähe der Stadt benannte Dionysos ›Meros‹ (Schenkel), weil er dem Mythos zufolge im Schenkel des Zeus ausgetragen worden war[50]. Seither bewohnen wir Nysa als freie Stadt, leben wir nach eigenen Gesetzen und in einer eigenen politischen Ordnung. Als Zeugnis für die Besiedlung durch Dionysos mag dir auch folgendes gelten: Bei uns wächst Efeu, das es sonst nirgendwo in Indien gibt«[51].

All dieses hörte Alexander gerne, und er wünschte, daß für glaubwürdig gelte, was über den Zug des Dionysos in der Sage berichtete wurde. Auch daß Nysa eine Gründung des

---

49 Die Angehörigen des Gefolges des Gottes des Weines und der Verzückung, die ihn – meist in trunkenem, ekstatischem Zustand – überallhin begleiten. Ihre Bezeichnung rührt von dem verbreiteten Kultnamen des Dionysos, Bakch(i)os, her.

50 Dionysos galt als Sohn des Zeus und der Thebanerin Semele. Die Mutter brachte ihn, vom Blitzschlag des Zeus getroffen, vorzeitig zur Welt, woraufhin dieser den Dionysos in seinen Schenkel (oder Knie) einnähte und dort bis zu seiner zweiten Geburt austrug.

51 Schon Theophrast (4, 4, 1) hat sich eingehend mit dieser Behauptung und der Verbreitung der Pflanze auseinandergesetzt: Das seltene Vorkommen des Efeus im Osten hat nicht nur die Teilnehmer des Feldzuges fasziniert. Eine Efeuart, *hedera nepalensis*, ist in Hochlagen des heutigen Pakistan und Teilen Afghanistans aber durchaus verbreitet. Nach dem Abstieg in die Flußebenen ist Efeu allerdings nicht mehr anzutreffen.

Abb. 21: Geburt des Dionysos aus dem Schenkel des Zeus, attischer rotfiguriger Krater (5./4. Jh. v. Chr.)

Dionysos sei, wollte er gelten lassen, so daß er selbst schon dorthin gelangt war, wohin Dionysos gekommen war – und er wollte noch weiter gelangen als dieser! Er glaubte auch, daß seine Makedonen es nicht ablehnen würden, ihn in seinem Bemühen zu unterstützen, noch über die Leistungen des Dionysos hinauszugelangen und weitere Anstrengungen mit ihm zu teilen. So gestattete er den Bewohnern Nysas, ihre Freiheit zu behalten und sich selbst zu verwalten. Als er nun auch ihre Gesetze in Erfahrung brachte und erfuhr, daß ihr Gemeinwesen von den Besten geleitet würde, so lobte er dies und wünschte, daß sie ihm etwa 300 Reiter als Mitstreiter stellten, und von den politisch Verantwortlichen – diese zählten auch 300 – die 100 Besten auswählen sollten. Akouphis sollte derjenige sein, der die Auswahl zu treffen hatte; ihn setzte er auch persönlich als Statthalter des nysaischen Landes ein.

Als Akouphis diese Worte vernahm, soll er gelächelt haben. Und als Alexander ihn fragte, warum er lache, habe er geantwortet: »Wie kann, o König, eine einzige Stadt noch gut verwaltet werden, wenn man ihr hundert ihrer besten Leute wegnimmt? Wenn dir das Wohl der Nysaier am Herzen liegt, so nimm die 300 Reiter und, wenn du willst, noch mehr. Statt der 100, die du aus den Besten auszuwählen befiehlst, nimm auch die doppelte Anzahl an Schlechten, damit, wenn du eines Tages wieder hierherkommst, dir die Stadt sich noch in derselben guten Ordnung zeigt.« Mit diesen Worten hätte er Alexander überzeugt, war diesem doch die Rede sehr verständig erschienen. Und so befahl Alexander, ihm die 300 Reiter mitzugeben, doch bestand er nicht länger auf den 100 ausgewählten Vornehmen und wollte an ihrer Stelle auch keine anderen haben. Seinen eigenen Sohn sowie den seiner Schwester habe Akouphis dann mit ihm ziehen lassen.

19. Berichte über die Makedonen bei Nysa

Alexander ergriff nun der Wunsch, sich das Land anzusehen, wo nach den rühmenden Worten der Nysaier sich verschiedene Zeugnisse für Dionysos erhalten hatten. Mit den Gefährten zu Pferde und der Garde zu Fuß sei er in den Berg Meros[52] gestiegen und habe ihn voll von Efeu und Lorbeer

52 Die Lokalisierung ist – ebenso wie die Nysas – unsicher, doch wird sie oft im heutigen Koh-i-Mor vorgenommen. Der altindische Bergname Meru, der mit kosmologischen Vorstellungen von einem zentralen Weltenberg namens Meru zusammenhängt, ist im Nordwesten Indiens noch heute geläufig. Eine Verbindung zum Meros der Alexanderüberlieferung ist aber nicht erweisbar: Die von Arrian gebotene Aitiologie, die auf den Dionysos-Mythos rekurriert, erklärt den Namen für griechisch (›Schenkel‹).

Abb. 22: Dionysos und Bakchanten, Elfenbein-Appliken aus dem sog. Grab Philipps II. in Vergina (letztes Drittel 4. Jh. v. Chr.)

und dichten Wäldern aus Bäumen verschiedener Arten gefunden; sie hätten gesehen, wie schattig der Berg war, und viele jagdbare Tiere habe es auf ihm gegeben. Und die Makedonen hätten sich darüber gefreut, das Efeu zu sehen, das sie so lange nicht mehr gesehen hatten – in Indien wächst nämlich kein Efeu, auch nicht dort, wo es Weinstöcke gibt –, sie hätten eifrig Kränze daraus geflochten und sich, wie sie waren, bekränzt, hätten Gesänge auf Dionysos angestimmt und die Namen des Gottes immer wieder angerufen. Alexander aber habe dem Dionysos ein Opfer dargebracht und zusammen mit seinen Gefährten getafelt.

Einige Autoren berichten sogar das Folgende (falls einer es glauben mag): Viele vornehme Makedonen aus Alexanders Umgebung seien, efeubekränzt, bei den Anrufungen der Gottheit unversehens von Dionysos besessen gewesen, in Verzückungsschreie auf ihn ausgebrochen und in bakchantische Raserei verfallen.

Das mag nun jeder glauben oder auch nicht. Denn ich für meine Person stimme mit Eratosthenes von Kyrene nicht vollständig überein, der erklärt, daß bei allem, was von den Makedonen auf die Gottheit zurückgeführt wird, um Alexanders willen ins Außerordentliche überhöht worden sei[53]. Wie er sagt, hätten die Makedonen nämlich auch die Höhle in den Parapamisaden besichtigt und irgendeine einheimische Sage darüber gehört oder gar gleich selbst erdichtet, daß dies die Höhle des Prometheus gewesen sei, wo er gefesselt lag und wohin der Adler immer wieder flog, um von den Eingeweiden des Prometheus zu fressen. Auch sei Herakles dorthin gekommen, um den Adler zu töten und den Prometheus von seinen Fesseln zu lösen[54].

Und das Kaukasus-Gebirge hätten die Makedonen vom Schwarzen Meer bis in die östlichsten Teile der Erde und

---

53 Eratosthenes von Kyrene (ca. 280–200 v. Chr.), der Universalgelehrte am Museum von Alexandria, hatte in seiner für die gesamte Antike grundlegenden Weltbeschreibung die seit Alexander und seinen Nachfolgern im Osten, den Seleukiden, für Indien verfügbaren geographischen Quellen sorgfältig gesammelt und ausgewertet. Seine enorme Kenntnis und sein sicheres Urteil ließen ihn hinsichtlich der Aussagen von Teilnehmern des Alexanderzuges verschiedentlich zu äußerst kritischen, aber wohlbegründeten Bewertungen gelangen (hinter die Arrian wiederholt zurückfällt).

54 Der populäre Mythos von Prometheus, der zur Strafe für seine Mißachtung des Göttervaters Zeus an einen Felsen gefesselt wird und dem von einem regelmäßig wiederkehrenden Adler die Eingeweide abgefressen werden, wurde hier verändert: Der Herakles-Sage nach hat dieser Held zwar den Adler getötet, nicht aber den Prometheus von seinen Fesseln befreit. Auch eine nähere Lokalisierung von Höhle und Felsen existierte ursprünglich nicht, erst Aischylos plazierte die Begegnung von Herakles und Prometheus (wie auch dessen Befreiung) unbestimmt in den ›Kaukasus‹. Auf dem Alexanderzug wird dieser Ort dann im Hindukusch (›Kaukasus‹) ›entdeckt‹ und so eine weitere Verbindung von Alexander zu seinem mythischen Vorfahren hergestellt.

zum Land der Parapamisaden bis hin zu den Indern mit ihrer Fabelei verlängert, indem sie das Parapamisus-Gebirge zum Ruhme Alexanders als Kaukasus bezeichnet hätten, so als ob Alexander auch über den Kaukasus gelangt sei. Als sie im Land der Inder hingegen Rinder zu Gesicht bekamen, die mit einer Keule als Kennzeichen gebrandmarkt gewesen waren, hätten sie daraus gefolgert, daß Herakles tatsächlich bis nach Indien gekommen sein müsse[55]. In gleicher Weise äußert Eratosthenes seine Zweifel über den Zug des Dionysos. Ich selbst möchte die Überlieferungen über diese Dinge unentschieden lassen.

20. Alexander am Indus

Alexander fand bei seiner Ankunft am Indus die Brücke von Hephaistion fertiggestellt sowie zahlreiche kleinere Schiffe und zwei Dreißigruderer vor, und daneben waren von Taxiles, dem indischen Herrscher, 200 Talente, 3000 Rinder für Opferzwecke, über 10000 Schafe und gegen 30 Elefanten als Geschenke eingetroffen. Gleichfalls stießen 700 Reiter von Taxiles als verbündete Truppen hinzu und brachten die Nachricht, daß Taxiles ihm die Stadt Taxila, die größte zwischen Indus und Hydaspes, übergebe. An dieser Stelle opferte Alexander den Göttern, die ihm der Brauch vorschrieb, und veranstaltete einen Sportwettkampf und ein Pferderennen am Fluß. Und die Opfer für den Flußübergang fielen günstig aus[56].

---

55 Die Keule war neben dem Löwenfell das hauptsächliche Attribut des Herakles und seine bevorzugte Waffe.

56 Alexander veranstaltete verschiedentlich während des Feldzuges große Wettkämpfe. Sie markieren ebenso wie die zahlreichen Opferhandlungen, die er an verschiedenen Stationen vornahm, immer in augenfälliger Weise symbolische Einschnitte seines Eroberungszuges, so nach entscheidenden Schlachterfolgen, an sichtbaren geographischen Grenzen und an Wendepunkten des Vormarsches. Wettkämpfe wie Opfer orientieren sich dabei nicht zuletzt an dem

Abb. 23: Moderne Schiffbrücke über den Indus, in ähnlicher Technik errichtet wie von den Pionieren Alexanders angewandt

Der Indus[57] ist der größte der Ströme Asiens und Europas, sieht man vom Ganges ab, auch dieser ein indischer Strom. Man sagt, daß die Quellen des Indus diesseits am Parapamisus-Gebirge oder Kaukasus liegen und daß sie zum Großen Meer bei Indien, und zwar in südlicher Richtung sich ergießen und daß der Indus zwei Mündungen besitzt und sie beide schlammig sind, ganz so wie die fünf Mündungen der Donau. Weiter sagt man, daß der Indus ein Delta im indischen Gebiet ähnlich dem ägyptischen bildet und dieses in indischer Sprache Patala genannt wird.

Vorbild der homerischen Epen und ihrer Helden, deren Nachahmung Alexanders Handeln weithin beherrschte.

57 Der Indus (3180 km lang) war der größte Fluß Indiens, dem die Soldaten Alexanders begegneten. Er muß sie aufgrund seines Wasserreichtums und der Zahl seiner Zuflüsse, vor allem aber auch deshalb nachhaltig beeindruckt und ihr Bild von Indien geprägt haben, weil sie sich mehr als ein Jahr am oder in nächster Nähe des Flusses aufhielten und seinem Lauf bis zum Meer folgten. Der Ganges – etwas kürzer (ca. 3000 km), aber wesentlich wasserreicher als der Indus – wurde von Griechen (Megasthenes) dagegen erst Jahre nach dem Alexanderzug erreicht.

Diese Feststellungen über den Indus sind nun gänzlich unumstritten und mögen auch von mir hier festgehalten sein. Tatsächlich übertreffen auch der Hydaspes, der Akesines, der Hydraotes und der Hyphasis, allesamt gleichfalls indische Ströme, die übrigen Flüsse Asiens erheblich an Größe. Doch sind sie kleiner als der Indus, ja, viel kleiner, wie ja auch der Indus viel kleiner als der Ganges ist. Ktesias behauptet freilich – wenn man sich überhaupt auf Ktesias als Gewährsmann berufen darf[58] –, daß dort, wo der Indus am engsten ist, seine Ufer 40 Stadien weit voneinander entfernt seien, an seiner breitesten Stelle dagegen 100. Über weite Strecken des Stromes liege seine Breite aber zwischen diesen beiden Maßen.

21. Der Übergang über den Indus

Den Indus überschritt Alexander mit seinem Heer beim Morgengrauen und marschierte in das Land der Inder ein. Über die Inder habe ich in dieser Schrift nichts geschrieben[59], weder über ihre Sitten und Bräuche, noch über Tiere, ob nämlich ihr Land merkwürdige Arten vorbringt, noch über Fische oder Seeungeheuer, welche und wieviele im Indus, Hydaspes, Ganges oder anderen Flüssen Indiens vorkommen, auch nicht über die Ameisen, die ihnen das Gold bearbeiten, oder die Geier, die es bewachen, noch von all den anderen Dingen, die mehr zum Vergnügen des Lesers als zur Darlegung der wirklichen Tatsachen erzählt werden, als ob das, was an Ungereimtheiten über die Inder zusammenge-

58 Die Indika des Ktesias, der um 400 v. Chr. am persischen Hof lebte, galten mit ihren offensichtlichen Übertreibungen und Wundermären schon den Zeitgenossen als notorisch unzuverlässig.

59 Die Alexandergeschichte Arrians beschränkt sich weitgehend auf die Wiedergabe der militärischen und politischen Geschehnisse. Die von Arrian in seinen Quellen vorgefundenen reichen Angaben zu Geographie, Fauna, Flora und Bevölkerung Indiens faßte er in der kleinen Schrift *Indika* zusammen (siehe Einleitung).

schwindelt wird, von niemandem widerlegt werden könnte.

Immerhin haben Alexander und die Teilnehmer an seinem Feldzug das meiste richtiggestellt – sieht man von dem ab, was sie nun ihrerseits wiederum neu zusammenfabulierten. So fanden sie heraus, daß die Inder ohne Gold auskommen, jedenfalls die, zu denen Alexander mit seinem Heer gelangte (und dies waren viele) und daß sie in keiner Weise einer luxuriösen Lebensart huldigen u. a. m. (...)

Hinsichtlich der Methode, mit der Alexander die Brücke über den Indus schlug, lassen weder Aristobul noch Ptolemaios, denen ich vor allem folge, etwas verlauten. (...) Nach dem Übergang über den Indus opferte Alexander auch dort wieder gemäß dem Brauch. Dann verließ er den Fluß und gelangte nach Taxila, einer großen und wohlhabenden Stadt, der größten zwischen Indus und Hydaspes[60]. Taxiles, der Herrscher der Stadt, und ebenso die Inder dieses Gebietes nahmen ihn freundlich auf, und er gab ihnen von dem benachbarten Gebiet hinzu, was sie sich erbaten.

22. Die erste Begegnung Alexanders mit Brahmanen

Aristobul erklärt, daß Alexander zwei der indischen Weisen in Taxila gesehen habe, beide Brahmanen[61], der ältere kahlgeschoren, der jüngere mit langem Haar; beiden folgten

---

60 Taxila (Sanskrit: Takshasila), etwa 10 km vom Indus entfernt und 65 km nordwestlich des heutigen Rawalpindi gelegen, war Verkehrsknotenpunkt östlich des Indus und als Metropole eines großen und fruchtbaren Reiches zwischen Indus und Hydaspes (Jhelum) zugleich bedeutendstes kulturelles Zentrum im nordwestindischen Raum. Die intensiven Ausgrabungen haben Befunde bis zurück in das 2. Jahrtausend v. Chr. erbracht und Reste einer Stadtmauer freigelegt, die möglicherweise in achämenidische Zeit zu datieren ist.

61 Brahmanen: Kollektivbezeichnung der indischen Priesterkaste (sanskrit: brahmana, »Beter, Priester«). Die Zugehörigkeit zu dieser Kaste war erblich. Vor dem Alexanderzug waren sie in der griechischen Welt völlig unbekannt, übten aber unmittelbar eine enorme

Abb. 24: Askese übender Brahma und zuschauender Rsi, Reliefpfeiler am Vishnu-Tempel von Srirangam (16. Jh. n. Chr.)

Schüler nach. Sie verbrachten ihre übrige Zeit auf dem Marktplatz, hochgeehrt als Ratgeber, und es stand ihnen frei, von den Waren das als Geschenk zu nehmen, was ihnen beliebte. Jeder, zu dem sie hingingen, übergoß sie mit Sesamöl, so daß es ihnen selbst über die Augen herabfloß. Und da viel Honig und Sesam zum Verkauf dalagen, so machten sie Kuchen hieraus und aßen davon ohne Entgelt.

Sie traten auch zum Tisch Alexanders, aßen im Stehen und erteilten eine Lektion für Standhaftigkeit, indem sie sich zu einem nahegelegenen Ort begaben, wo der ältere sich auf seinen Rücken fallen ließ, der brennenden Sonne ebenso standhielt wie dem strömenden Regen (denn es herrschte nun Regenzeit, da das Frühjahr eingesetzt hatte), der andere aber auf einem Bein stand, mit beiden Händen ein etwa drei Ellen langes Stück Holz emporhielt. Wenn aber das Bein ermüdete, wechselte er auf das andere und verharrte so den ganzen Tag.

Der Jüngere bewies dabei eine weit größere Ausdauer als der Ältere. Denn nachdem er zunächst eine kurze Strecke zusammen dem König gefolgt war, kehrte er schnell wieder in seine Heimat zurück. Als dieser nach ihm schickte, forderte er ihn auf, selbst zu kommen, wenn er etwas wünsche. Der andere aber begleitete den König bis zum Ende und änderte, während er mit ihm zusammen war, sowohl seine Kleidung wie auch seine Lebensweise. Als ihn einige deswegen tadelten, hielt er ihnen entgegen, daß er die 40 Jahre Askese, die zu befolgen er gelobt hatte, bereits vollendet hatte. Alexander aber gab seinen Kindern ein Geschenk.

Faszination aus. Die verschiedenen Berichte über sie zeigen, daß die Teilnehmer des Feldzuges Schwierigkeiten hatten, die Eigenart dieser Kaste wie auch den streng geregelten Ausbildungs- und Lebensweg ihrer Angehörigen zu erfassen – Aristobul etwa versteht die beiden Männer hier allein als Philosophen. Weibliche Angehörige dieser höchsten Kaste werden so auch nie erwähnt. Zu den Funktionen der Brahmanen siehe unten S. 153f. den Bericht des Megasthenes, der wohl auch als erster erkannt hat, daß die Brahmanen eine Kaste bildeten.

23. Das Gespräch des Onesikritos mit den indischen Weisen

Onesikritos sagt, daß er selbst geschickt worden sei, um mit diesen indischen Weisen zu sprechen, denn Alexander hatte gehört, daß diese Menschen nackt umherwandelten, sich der Enthaltsamkeit widmeten und in außerordentlichen Ehren gehalten würden[62]. Wenn eingeladen, würden sie aber nicht zu anderen gehen, sondern jene auffordern, selbst zu ihnen zu kommen, wenn sie an etwas an ihrem Tun oder Reden Anteil nehmen wollten. Da Alexander es nicht angemessen schien, zu jenen hinzugehen, er sie aber auch nicht mit Gewalt gegen ihren Willen zwingen wollte, etwas gegen ihre althergebrachten Regeln zu unternehmen, sei er, Onesikritos, eben hingeschickt worden. 20 Stadien von der Stadt sei er auf 15 Männer gestoßen, jeder in einer anderen Haltung verharrend, entweder nackt stehend oder liegend, ohne Bewegung bis zum Sonnenuntergang; dann begaben sie sich in die Stadt. Am schwersten falle es, die Sonne zu ertragen, die so heiß herabbrannte, daß niemand sonst um die Mittagszeit es leicht aushalte, mit bloßen Füßen auf der Erde zu gehen.

Onesikritos habe mit einem von ihnen sich unterhalten, nämlich mit Kalanos, der auch dem König bis in die Persis nachfolgte und nach althergebrachter Weise dort starb, niedergelegt auf einem Scheiterhaufen[63]. Damals habe er ihn auf Steinen liegend angetroffen. Er sei, so sagt er, an ihn herangetreten, habe ihn angesprochen, um ihm mitzuteilen, daß

---

62 Nacktgehende Asketen sind in Indien bis heute – etwa als Jainas oder Ajwikas – eine Erscheinungsform spiritueller Existenz in der Öffentlichkeit. Der griechische Terminus »Gymnosophist« (nackter Weiser), der in den Quellen oft statt indischer Begriffe (wie Brahmane) auftaucht, stellt das äußere Erscheinungsbild in den Vordergrund. Deshalb wird von den Griechen von vornherein eine geistige Verwandtschaft der indischen Weisen mit den Kynikern ihrer Heimat – als deren Schulbegründer ja der nacktgehende Diogenes galt – vorausgesetzt.

63 Diese Selbstverbrennung wurde – in durchweg sensationeller Form – von den meisten Alexanderhistorikern detailliert geschildert. Siehe eine Version unten S. 241f.

Abb. 25: Alexander besucht den indischen Philosophenkönig Mandanis (dt. Buchillustr.)

er vom König geschickt worden sei, um die Weisheit der indischen Sophisten in Erfahrung zu bringen und ihm dann Bericht zu erstatten. Wenn also keine Mißgunst aufkäme, wäre er bereit, sich seine Lehre anzuhören.

Als Kalanos ihn aber mit seinem Mantel, dem makedonischen Hut und den Stiefeln sah, brach er in Lachen aus und sagte: »In alten Zeiten war die Welt voll von Gersten- und Maismehl, so wie nun mit Staub. Und es flossen Quellen, die einen mit Wasser, die anderen mit Milch und ebenso mit Honig, andere wiederum mit Wein, einige mit Öl. Angesichts solchen Überflusses und Luxus verfielen die Menschen aber dem Hochmut. Zeus, der diesen Zustand verabscheute, löschte daher alles aus und erschuf das Leben voller Mühsal. Und als Selbstbeherrschung und sonstige Tugendhaftigkeit sich wieder geltend machten, kam es wieder zu einem reichen Maß an Gütern. Schon befinden wir uns aber wieder nahe dem Zustand der Sättigung und des Übermutes, und es besteht die Gefahr, daß es erneut zu einer Zerstörung der derzeitigen Verhältnisse kommt.« Nachdem er dies erklärt hatte, forderte er den Onesikritos auf, sofern er zu lernen wünsche, möge er seine Kleider ablegen, sich nackt auf dieselben Steine niederlegen und an der Unterhaltung partizipieren.

Während er noch schwankte, habe Mandanis, der der Älteste und Weiseste von ihnen war, ihn als hochmütig zurechtgewiesen, und dies, nachdem Kalanos selbst den Hochmut so sehr getadelt habe. Mandanis habe Onesikritos dann zu sich gerufen und ihm geklärt, daß er den König lobe, weil er, der ein solches Reich leite, nach Weisheit strebe. Denn Alexander sei der einzige Philosoph in Waffen, den er je gesehen habe. Es sei aber das Nützlichste überhaupt, wenn diejenigen, die verständig wären, die Macht besäßen, um die Gutwilligen überzeugen zu können, die Unwilligen aber zu zwingen, Selbstbeherrschung zu üben. Ihm möge er aber nachsehen, wenn er, der sich nur über drei Dolmetscher verständlich machen könne, die außer der Sprache nicht mehr verstünden als die Masse, sich außerstande sähe, den Nutzen seiner Philosophie darzulegen. Denn dies wäre ähnlich, wie wenn man von Wasser, das durch Schlamm fließe, erwarte, daß es rein sei.

24. Indisches Denken und griechische Philosophie

Das, was er nun insgesamt ausführte, hatte Onesikritos zufolge etwa diese Richtung: Die beste Lehre sei diejenige, welche die Seele von Freude und Kummer befreie. Kummer und Mühsal aber seien verschiedene Dinge. Der Kummer sei nämlich dem Menschen abträglich, die Mühsal aber ihm zugetan, und so übten sie ihre Körper gegenüber Mühsal, um die Urteilskräfte zu stärken, durch die sie das Aufbegehren der Leidenschaften stillten und allen guten Rat erteilen könnten, im Öffentlichen wie im Privaten. Und so habe er auch dem Taxiles den Rat gegeben, Alexander zu empfangen; denn wenn er einen Besseren, als er selbst sei, aufnähme, würde er Gutes erfahren, wenn aber einen Schlechteren, Gutes bewirken können.

Nach diesen Darlegungen habe er in Erfahrung bringen wollen, ob auch bei den Griechen solche Auffassungen gelehrt würden. Als Onesikritos ihm daraufhin erklärte, daß auch Pythagoras[64] solches unterrichte und verlange, sich von allem Beseelten zu enthalten[65], ebenso auch Sokrates[66] und Diogenes[67], und daß er selbst Schüler des Diogenes sei, da antwortete ihm Mandanis, daß er glaube, daß sie in dieser Hinsicht verständige Auffassungen verträten, aber in einem Punkt doch fehlgingen, nämlich, daß sie das Herkommen vor die Natur setzten. Denn sonst könnten sie sich nicht schämen, nackt umherzugehen, so wie er es tue, und von Einfachem zu leben. Auch die beste Behausung sei nämlich diejenige, die der geringsten Instandsetzung bedürfe.

Onesikritos sagt, daß sie auch über die Natur viele Forschungen anstellen, über Vorzeichen, Regen, Dürre und

---

64 Pythagoras von Samos (6. Jh. v. Chr.), bedeutender griechischer Philosoph und Gründer einer Schule, der Pythagoreer. Er galt aufgrund seiner Lebensführung und Weisheitssprüche als vollkommener Weiser. Zu den Leitprinzipien seiner Philosophie zählte die Forderung nach Reinheit der Lebensführung als Vorbedingung von Erkenntnis. Seine Seelenlehre, die den Glauben an Seelenwanderung und Wiedergeburt einschloß, wies Verwandtschaft zu buddhistischen Vorstellungen auf.

65 Gemeint ist der Verzehr von Fleisch.

66 Sokrates von Athen (5. Jh. v. Chr.), Begründer der attischen Philosophie und Lehrer Platons, forderte eine streng verstandesmäßige Prüfung aller Behauptungen und ein auf praktisch nutzbare Wertungen und entsprechende Wahrheit hin orientiertes Philosophieren. Die Kompromißlosigkeit seines Denkens spiegelte sich auch in seiner Lebensführung: Seiner Fähigkeit, klaglos Strapazen auf Feldzügen zu ertragen, entsprach seine Bereitschaft, die Konsequenzen seiner Überzeugungen hinzunehmen, so auch das von seinen Mitbürgern 399 v. Chr. über ihn verhängte Todesurteil.

67 Diogenes von Sinope (4. Jh. v. Chr.), Stammvater der Kyniker (›Hunde‹). Seine Lebensführung zielte auf Autarkie im Sinne eines absoluten, über die nackte Existenzerhaltung hinausgehenden Bedürfnisverzichtes, so auf Ehe, Kleidung und Nahrung; zudem bemühte er sich, das Verhalten seiner Mitmenschen als allein von Konventionen geprägt, tatsächlich aber unvernünftig zu entlarven.

Krankheiten. Wenn sie aber in die Stadt gingen, verteilten sie sich auf die verschiedenen Plätze. Und sobald sie jemanden treffen, der Feigen oder Weintrauben trägt, nehmen sie sich frei davon als Geschenk. Wenn es sich aber um Öl handelt, dann wird es über sie gegossen, und sie werden gesalbt. Ihnen stehe aber auch jedes reiche Haus offen, bis hin zum Frauengemach. Sie gingen hinein, speisten mit und beteiligten sich am Gespräch. Als das Schlimmste betrachten sie körperliche Erkrankung, und derjenige, der eine solche bei sich bemerkt, nimmt sich das Leben durch Selbstverbrennung: Er errichtet einen Scheiterhaufen, salbt sich, läßt sich auf dem Scheiterhaufen nieder, befiehlt, ihn zu entzünden, und verbrennt dann ohne jede Regung[68].

25. Der Weise Kalanos und Alexander

Den Kalanos überredete schließlich Taxiles, sich zu Alexander zu begeben. Er hieß aber Sphines; doch da er die ihm Begegnenden statt mit »Seid gegrüßt« in indischer Sprache mit »Kale« begrüßte, wurde er von den Griechen Kalanos genannt. Von ihm wird erzählt, daß er dem Alexander dessen Herrschaft in folgendem Bild vor Augen stellte: Er warf eine getrocknete und ausgedörrte Tierhaut in die Mitte und trat auf ihren äußersten Rand. Diese bog sich nun, sobald sie an einer Stelle niedergedrückt wurde, an den anderen Rändern hoch. Und so ging Kalanos im Kreis auf der Haut herum und demonstrierte, daß, wohin er auch jeweils trat, immer dasselbe geschah, bis sie sich, als er schließlich die Mitte der Haut betrat, senkte und so alles zur Ruhe kam. Mit diesem Bild wollte er aber zeigen, daß Alexander die Mitte seines Herrschaftsbereiches fest betreten müsse und nicht weit von dort herumziehen solle.

---

68 Siehe hierzu unten S. 241f.

26. Die Drachenschlangen des Abisares

Zu Alexander kamen nach Taxila auch Gesandte von Abisares, dem König der Berg-Inder, und zwar dessen Bruder und mit ihm die Vornehmsten von ihnen, weiterhin andere Gesandte von dem Lokalfürsten Doxares, die Geschenke überbrachten.

Über dem Land von Taxila liegt in den Bergen das Land des Abisares[69], wo – dies berichteten seine Gesandten – zwei Drachenschlangen gehalten werden, die eine 80 Klafter lang, die andere sogar an die 140 Klafter. So berichtet Onesikritos. Den sollte man allerdings besser nicht als Obersteuermann Alexanders bezeichnen, sondern als Obersteuermann der Wundermären. Alle Gefolgsleute Alexanders haben zwar lieber das Wunderbare aufgenommen als das Wahre, jener scheint aber beim Erzählen von Wundergeschichten alle diese Männer noch weit übertroffen zu haben. Allerdings erzählt er auch manches Vertrauenswürdige und Erinnernswerte, so daß man diese Informationen nicht einfach übergehen kann, selbst wenn man sie nicht glauben möchte. Auf jeden Fall berichten auch andere von diesen Drachenschlangen, die man in den Emodischen Bergen[70] jage und in Höhlen halte.

27. Die Makedonen und die Armee der Affen

Auch befindet sich nahe der Emodischen Berge der Wald, aus dem Alexander zahlreiche Tannen, Fichten, Zedern und andere Hölzer für den Schiffbau schlagen und auf dem Hydaspes herabflößen ließ; aus ihnen ließ er die Flotte auf dem

---

69 Damit muß das Reich einen Großteil des heutigen Kaschmir, einer Bergregion, umfaßt haben.

70 Emodos: ein Teilabschnitt des großen Gebirgszuges im Norden (sonst meist als Kaukasus bezeichnet; vgl. unten Anm. 248). Hier sind also die Bergwälder im südlichen Vorgebirgsbereich (Kaschmir) gemeint.

Hydaspes erbauen. (...) In diesem Wald hauste den Berichten zufolge eine große Zahl langschwänziger Affen von ungewöhnlicher Größe[71], so daß die Makedonen einmal, als sie viele von ihnen auf einigen kahlen Hügeln wie in einer Kampflinie aufgestellt erblickten (das Tier ist nämlich dem Menschen seinem Verstand nach außerordentlich ähnlich, nicht weniger als die Elefanten), glaubten, ein Heer vor sich zu haben, und geradewegs ihnen wie Feinden entgegenrückten, bis sie von Taxiles, der sich damals in der Begleitung des Königs befand, über den wahren Sachverhalt aufgeklärt wurden.

Die Jagd auf dieses Tier ist eine doppelte. Es ahmt gerne nach und flüchtet sich auf die Bäume. Wenn die Jäger es daher auf den Bäumen sitzen sehen, stellen sie in Blickweite ein Gefäß mit Wasser hin und waschen sich daraus ihre Augen. Dann stellen sie statt des Wassers ein Gefäß mit Vogelleim auf, gehen weg und legen sich in einiger Entfernung auf die Lauer. Sobald das Tier nun herabgesprungen ist, sich mit dem Vogelleim beschmiert hat und so die Augenlieder verklebt sind, eilen sie herbei und fangen es lebend ein. Dies ist die eine Art; eine andere Weise, sie zu jagen, ist die folgende: Sie ziehen Beutel über die Füße, ähnlich Hosen, und gehen daraufhin weg; hinter sich lassen sie aber andere, rauhhaarige Exemplare, die innen mit Vogelleim bestrichen sind. Wenn die Affen da nun hineinschlüpfen, sind sie eine leichte Beute.

---

71 Trotz der hier verwendeten Bezeichnung, die auf eine Spezies der Meerkatze *(cercopithecus)* deutet, läßt die Hervorhebung der Größe des Tieres eher an den indischen Affen Humman oder Hulman (*semnopithecus entellus* oder *presbyter entellus*) denken, der auch in anderen Quellen als Bergbewohner hervorgehoben wird.

Abb. 26: Indische Löwen, Sandsteinkapitell einer Ediktsäule des Ashoka (um 250 v. Chr.)

Es besteht kein Zweifel, daß die Löwen in Indien am größten sind[72]. Der Grund hierfür – das gilt auch für die anderen Tiere – ist der, daß das Land dort den Tieren eine gute Mutter ist. Die Löwen sind auch die wildesten und aggressivsten. Die Mähne dieser Löwen ist schwarz anzusehen, und wenn sie sich sträubt, richtet sie sich senkrecht auf und bewirkt einen furchtbaren Schrecken.

Wenn es aber gelingt, die Tiere zu fangen, lassen sie sich zähmen, allerdings nicht die ganz großen. Sie können ganz sanft werden und werden leicht folgsam, so daß man sie an der Leine zur Jagd auf Hirschkälber und Hirsche, Schweine, Stiere und Wildesel nehmen kann. Sie sind nämlich, wie ich hörte, in der Lage, mit der Nase der Witterung nachzuspüren.

Den Tiger halten die Inder für weit stärker als den Elefanten. Nearch erklärt, daß er zwar ein Tigerfell, nie allerdings

---

72 Heute nur noch in wenigen Exemplaren überlebend, waren Löwen im Panjab zur Zeit Alexanders offensichtlich weit verbreitet. Eine indische Gesandtschaft brachte Alexander Löwen von ausgesuchter Größe und Tiger, beide völlig gezähmt, als Geschenke (vgl. unten Anm. 199).

einen leibhaftigen Tiger zu Gesicht bekommen habe[73]. Die Inder hätten ihm aber erzählt, daß ein Tiger an Größe einem sehr großen Pferd gleichkomme, seine Schnelligkeit und Kraft aber mit der keines anderen Tieres zu vergleichen sei. Denn wenn ein Tiger mit einem Elefanten zusammentreffe, springe er auf dessen Kopf und erwürge ihn ohne Mühe. Diejenigen, die auch wir zu sehen bekommen und als Tiger bezeichnet werden, seien bunt gestreifte Schakale und größer als die übrigen Schakale.

Aristobul erklärt auch, daß die Induskrokodile weder zahlreich noch den Menschen gefährlich seien[74]. Sonst bringe der Indus auch die meisten anderen Tiere wie der Nil hervor, mit Ausnahme des Flußpferdes. Onesikritos wiederum behauptet, er bringe sogar dieses hervor[75]. Aristobul führt aus, daß von den Seetieren keines den Nil hinaufziehe, nur die Alse, die Meeräsche und der Delphin, in den Indus hingegen eine große Anzahl. Von den Seekrebsen gingen die kleinen bis zu den Bergen hoch, die großen dagegen bis zum Zusammenfluß von Indus und Akesines. Dies also wird über die wilden Tiere Indiens berichtet.

---

73 Erst mit dem Alexanderzug gelangten zuverlässigere Nachrichten über den Tiger nach Westen. Da er aber im Bereich des unteren Indus nicht vorkommt, konnte Nearch das Tier wohl auch schwerlich in freier Wildbahn erblicken. Mythologisch galt der Tiger später auch als Attribut des Dionysos (neben Panther und Luchs), insbesondere für dessen Zug nach Indien.

74 Das Krokodil wird für Indien von antiken Schriftstellern häufig erwähnt; von seiner Existenz erhielten die Griechen erstmals über den Fahrtenbericht des Skylax (bei Herodot 4, 44) Kenntnis. Man hielt es fälschlicherweise für artgleich mit dem weit größeren Nilkrokodil (*crocodilus vulgaris* oder *niloticus* Cuv., bis zu 8 m Länge). Allerdings fehlt in den Berichten fast durchweg die Angabe von Merkmalen, die eine genaue Bestimmung der Art ermöglichen. In Betracht kommt neben dem Leistenkrokodil (*crocodilus porosus* Gray) und dem Gavial (*gavialis gangeticus* Gm.), dessen Vorkommen für den Ganges berichtet wird, für den Indus vor allem das Sumpfkrokodil (*crocodilus palustris* Cuv.).

75 Hierbei handelt es sich um einen Irrtum.

29. Wundersame Vögel Indiens

Einen einheimischen Vogel Indiens mit Namen Katreus rühmt Kleitarch wegen seiner außerordentlichen Schönheit. Seine Größe entspreche etwa der des Pfaus, die Spitzen seiner Flügel aber glichen Smaragden. Wenn er in eine andere Richtung blicke, so wisse man nicht, welcher Art seine Augen sind. Sehe er dich allerdings direkt an, so wirst du behaupten, daß das Auge – von der Pupille abgesehen – zinnoberrot sei, diese aber von apfelgleicher Farbe scheine und einen scharfen Blick aufweise. Und das, was in allen Augen sonst weiß ist, ist beim Katreus blaßbraun. Die Kopffedern sind bläulich, und er hat aufgesprenkelte safranfarbene Flecken hier und dort. Seine Füße sind von orangener Farbe, und seine Stimme ist so melodisch und klar wie die der Nachtigall.

Der Verzehr von Vögeln ist bei den Indern verboten, um so den Betrachtern den Genuß ihres Anblicks zu gewähren. Es gibt bei ihnen auch Vögel zu sehen, die vollständig purpurfarben sind und der reinsten Flamme gleichen; sie fliegen in Schwärmen von solcher Größe, daß man sie für Wolken halten möchte[76]. Andere wiederum sind ganz bunt, und es fällt nicht leicht, ihr Aussehen zu beschreiben. Ihre Melodie, ihr Gesang und ihre Zungenfertigkeit aber sind unbezwingbar – sie sind, wenn es erlaubt ist, diese Formulierung zu gebrauchen, wie Sirenen. Denn daß diese Mädchen aus der Welt der Fabel gleichfalls geflügelt waren, singen jedenfalls die Dichter und bilden die Künstler ab.

---

76 Der Flamingo *(phoenicopterus)*, in Nordafrika (v. a. Ägypten) und Südasien heimisch, war im klassischen Griechenland nicht völlig unbekannt, aber nur ausnahmsweise zu erblicken (Aristophanes, Vögel 270ff.). Der Anblick riesiger Flamingo-Schwärme, den Kleitarch hier schildert, muß so für die Soldaten Alexanders in Indien ein faszinierendes Schauspiel bedeutet haben. Erst in römischer Zeit wurde der Prunkvogel im Mittelmeerraum bekannter – etwa auch über die Verbreitung künstlerischer Darstellungen –, darüber hinaus in Rom auch in Gehegen gehalten und bevorzugt als Speisevogel gezüchtet, insbesondere seiner als Delikatesse geschätzten riesigen Zunge wegen.

Kleitarch berichtet, es gebe bei den Indern einen Vogel, der liebestoll sei; er trage, so erzählt er weiter, den Namen Orion[77]. So mag er denn hier geschildert werden, wie ihn Kleitarch beschreibt: An Größe gleiche er den sogenannten Erodien[78], seine Schenkel seien ebenso purpurfarben, seine Augen seien – anders als die jener Vögel – schwarz-blau. Die Natur habe ihn aber gelehrt, so süß zu singen, wie nur ein Hochzeitsgesang süß zu sein vermag, und sirenengleich lockend.

Die Papageien führt Nearch als eines der Wunder an, die es in Indien gebe, und führt aus, welche Art Vogel der Papagei ist und daß er mit menschenähnlicher Stimme spreche. Weil ich[79] nun selbst viele gesehen habe und weiß, daß auch andere den Vogel kennen, werde ich nun nicht wie über etwas Ungewöhnliches davon handeln. Und ebensowenig werde ich dies über die Größe der Affen tun, oder daß die Affen bei den Indern schön sind oder wie sie gefangen werden. Denn all dieses ist zur Genüge bekannt, ausgenommen, daß die Affen sehr hübsch sind.

30. Die Suche nach den goldgrabenden Ameisen

Nearch sagt über die Ameisen, daß er selbst zwar keine der Art gesehen habe, wie sie andere Autoren als in Indien vorkommend geschildert hätten[80]. Er habe jedoch zahlreiche

---

77 Sonst unbekannt, wahrscheinlich legendenhaft.

78 Möglicherweise eine Fasanenart.

79 Diese und die beiden folgenden Bemerkungen sind Äußerungen Arrians, der hierbei auf die Verhältnisse der römischen Kaiserzeit Bezug nimmt, in der Papageien und Affen für verschiedene Unterhaltungszwecke auf den nun regelmäßig befahrenen west-östlichen Handels- und Schiffahrtsrouten importiert wurden.

80 Die Legende von den goldgrabenden Ameisen ist in der griechischen Welt spätestens seit Herodot (3, 102ff.) bekannt; dieser könnte sie von Skylax (Ende 6. Jh. v. Chr.) übernommen haben, der sie wiederum bei seiner Flußexpedition indusabwärts von Einheimischen vernommen haben mag. In altindischen Quellen kursierte die Vor-

Abb. 27: Alexanders Heer trifft auf die goldgrabenden Riesenameisen (ital. Buchillustr.)

Felle dieser Ameisen in Augenschein genommen, die in das makedonische Lager gebracht worden waren[81]. Megasthenes bestätigte die Zuverlässigkeit des Berichtes über die Ameisen und weiß zu erzählen, daß sie es seien, die nach Gold grüben, dies allerdings nicht des Goldes wegen täten, sondern infolge ihrer Natur unter der Erde wühlten, um sich zu verkriechen, wie auch unsere kleinen Ameisen ein wenig in der Erde graben. Jene aber – die größer als Füchse seien – durchwühlten auch die Erde entsprechend ihrer Größe. Der Boden dort aber sei goldhaltig, und deshalb kämen auch die

---

stellung vom ›Ameisengold‹, das von nördlichen Stämmen als Tribut gezahlt würde. Allerdings spricht manches dafür, daß die Geschichte zentralasiatischen Ursprungs ist. Charakteristisch ist in jedem Falle, daß sie geographisch jeweils am Rande der bekannten Welt, hoch im Nordosten, verortet wird. Versuche, der volkstümlichen Überlieferung eine rationale Erklärung zu geben (etwa: ›Goldgräberlatein‹), müssen ebenso hypothetisch bleiben wie nähere Lokalisierungsbemühungen.

81 Eine bemerkenswerte Information, beweist sie doch, daß die Einheimischen Entdeckerdrang und Wißbegier der Eroberer zu beiderseitigem Gewinn zu befriedigen verstanden.

Inder zu ihrem Gold. Aber Megasthenes berichtete nur vom Hörensagen, und auch ich habe nichts Zuverlässigeres darüber mitzuteilen, und so will ich die Frage dieser Ameisen auf sich beruhen lassen.

31. Noch einmal die goldgrabenden Ameisen – und ihre Feinde

Nearch erklärt, selbst Felle der goldgrabenden Ameisen gesehen zu haben, die Pantherfellen glichen. Megasthenes aber berichtet über die goldgrabenden Ameisen das Folgende: Bei den Derdern, einem großen Volk der östlichen Berg-Inder, befinde sich eine Hochebene von etwa 3000 Stadien Umfang. Unter ihr lägen Goldminen, die von Ameisen ausgebeutet würden – Tiere, die nicht kleiner als Füchse wären, von übernatürlicher Schnelligkeit seien und vom Raub lebten. Im Winter graben sie Löcher und häufen an den Eingängen die Erde auf wie die Maulwürfe. Dieser Staub ist goldhaltig und bedarf nur eines geringen Schmelzvorganges. Die Einheimischen entwenden ihn heimlich auf Lasttieren; täten sie es offen, würden die Ameisen kämpfen und die Fliehenden verfolgen und, wenn sie der Diebe habhaft würden, sie töten und ebenso die Lasttiere. Damit der Diebstahl nun unbemerkt geschehen kann, legt man an verschiedenen Stellen Tierfleisch aus, und während sich die Ameisen entsprechend zerstreut haben, nimmt man den Goldstaub weg und verkauft ihn unbearbeitet zu einem beliebigen Preis an Händler, da die Einheimischen das Schmelzen nicht beherrschen.

32. Von Taxila zum Hydaspes und gegen König Poros

An diesem Ort, in Taxila, brachte Alexander wieder die gewohnten Opfer dar und veranstaltete Sport- und Pferdewettspiele. Er ernannte Philipp, Sohn des Machatas[82], zum Satra-

---

82 Philipp, Sohn des Machatas, ein adeliger Makedone, war möglicher-

pen der Inder in dieser Gegend und ließ in Taxila eine Besatzung zurück sowie die aufgrund Krankheit nicht Kampffähigen unter seinen Soldaten. Er selbst zog weiter in Richtung des Flusses Hydaspes[83].

Alexander hatte nämlich Nachricht erhalten, daß Poros[84] mit seinem ganzen Heer jenseits des Hydaspes stehe, entschlossen, ihm den Übergang zu vereiteln oder zumindest ihn beim Überschreiten anzugreifen, sollte er den Versuch unternehmen. Als Alexander dies erkannte, sandte er Koinos, den Sohn des Polemokrates, zurück zum Indus mit dem Befehl, sämtliche Schiffe, die er dort zur Überschreitung des Stromes hatte bauen lassen, zu zerlegen und zum Hydaspes zu bringen. Dies geschah, und die Schiffe wurden ihm gebracht, wobei man die kleineren Boote in zwei, die Dreißigruderer aber in drei Teile zerlegte. Diese wurden auf Wagen bis zum Ufer des Hydaspes transportiert[85]. Dort baute man

---

weise mit weiteren bedeutenden makedonischen Aristokraten und Kommandeuren verwandt; er zählte zum Kreis der ›Gefährten‹ des Alexander. Die ihm hier übertragene Satrapie des Ostinduslandes wurde später durch westlich des Indus eroberte Landstriche erweitert; zugleich erhielt Philipp ein starkes Truppenkontingent, vielleicht 9000 Mann, um sein Territorium unter Kontrolle halten zu können. Bereits 325 v. Chr. wurde er bei einer Revolte von – möglicherweise einheimischen – Söldnertruppen ermordet.

83 Der Hydaspes (der Vitásta der altindischen Veden) ist der moderne Jhelum; er fließt durch Kaschmir in den Panjab und mündet nach ca. 750 km in den Akesines (Chenab). Da sein Wasseraufkommen weit mehr als das der anderen indischen Flüsse von der Schneeschmelze im Himalaya – und weniger von den Regenfällen des Monsuns – abhängt, steigt sein Pegel vor diesen bereits im Frühjahr an.

84 Herrscher über das Gebiet zwischen Akesines (Chenab) und Hydaspes (Jhelum) im heutigen Panjab und der bedeutendste Gegner Alexanders während des Feldzuges zur Eroberung Indiens. Aus altindischen Quellen ist er nicht bekannt.

85 Dieses Unternehmen war – eine gewaltige logistische Leistung – mittels Ochsengespannen zu bewältigen, wofür mindestens ein Monat benötigt worden sein muß: Über eine Strecke von 250 km waren die zuvor aufwendig zerlegten Schiffe – wohl Hunderte – vom Indus (der wahrscheinlich mittels einer Pontonbrücke überquert worden war) heranzuschaffen. Ähnliche Operationen waren später am Akesines und am Hydaspes notwendig.

sie wieder zusammen, und so erstand eine neue Flotte, nun auf dem Hydaspes. Alexander selbst marschierte mit der Armee, mit der er nach Taxila gekommen war, und den 5000 Indern, die Taxiles und die anderen dortigen Fürsten herangeführt hatten, an den Hydaspes vor.

Alexander ließ am Ufer des Flusses ein Lager aufschlagen[86]; und auf dem gegenüberliegenden Ufer des Hydaspes sah man Poros mit seinem gesamten Heer und der Masse der Elefanten. Genau an der Stelle, wo dieser Alexander sich lagern sah, bezog er selbst Stellung und bewachte den Übergang. Wo immer sonst sich für einen Übergang geeignete Stellen befanden, hatte er Posten stationiert und jeweils eigenen Kommandeuren unterstellt. Er beabsichtigte nämlich, die Makedonen am Überschreiten des Flusses zu hindern.

33. Taktieren um den Flußübergang

Alexander, der diese Vorkehrungen erkannte, hielt es seinerseits für ratsam, auch sein Heer in alle möglichen Richtungen in Bewegung zu setzen, um so Poros unschlüssig werden zu lassen. Er teilte das Heer in viele Einheiten auf, führte die einen nun selbst hierhin und dorthin durch das Land, wobei er die Gebiete verheerte, die sich feindlich zeigten, zugleich aber auskundschaftete, an welcher Stelle der Fluß leichter zu überschreiten sein könnte. Andere Truppen unterstellte er verschiedenen Befehlshabern und ließ auch sie in alle Himmelsrichtungen ziehen. Von allen Seiten diesseits des Hydaspes wurde ihm währenddessen Proviant in das Lager gebracht, so daß Poros klar werden mußte, daß Alexander fest

86 Die genaue Bestimmung des Lagerplatzes, die für die Lokalisierung von Alexanders Flußübergang wichtig ist, zählt zu den meistdiskutierten Problemen des Indienfeldzuges. Die beiden in der Forschung vor allem favorisierten Stellen – bei der modernen Stadt Jhelum und bei Haranpur – liegen gegen 70 km auseinander; eine endgültige Entscheidung erscheint angesichts der Veränderungen des Flußbettes seit der Antike nicht möglich.

entschlossen war, am Ufer zu bleiben, bis der Wasserstand des Flusses im Winter sinken und allenthalben ein Überschreiten des Stromes erlauben werde.

Auch ließen die Schiffe, die den Fluß hinauf- und hinunterfuhren, und die strohgefüllten Ledersäcke, weiterhin der Anblick des gesamten Ufers, das hier von Reitern, dort von Fußsoldaten wimmelte, den Poros nicht zur Ruhe kommen und nicht eine einzelne Stelle auswählen, auf die man sich hätte konzentrieren können und die allein man hätte bewachen müssen. Zudem führten gerade in dieser Jahreszeit alle indischen Flüsse gewaltige Wassermassen, die trübe sind und eine reißende Strömung aufweisen. Es war nämlich gerade Sommer, und zwar um die Zeit der Sonnenwende. Zu dieser Jahreszeit stürzen in Indien enorme Wassermassen vom Himmel auf das Land herab[87], und die Schneemengen des Kaukasus, in dem die meisten Flüsse ihre Quellen haben, schmelzen dann und lassen den Wasserstand der Flüsse noch erheblich ansteigen. Im Winter dagegen gehen die Flüsse zurück, ihr Wasser wird klar, und an manchen Stellen werden sie passierbar, abgesehen natürlich vom Indus und vom Ganges und vielleicht noch anderen. Auch der Hydaspes läßt sich dann überschreiten.

Diese Jahreszeit wollte Alexander, wie er öffentlich kundtat, abwarten, sollte seine Absicht sich nicht unmittelbar verwirklichen lassen. Poros blieb dennoch auf der Hut für den Fall, daß Alexander heimlich doch eine sich bietende Gelegenheit für den Übergang nutzen wollte. Dort allerdings, wo Poros selbst am Hydaspes sein Lager aufgeschlagen hatte –

---

87 Die ersten Monsunregen hatten bereits beim Aufenthalt des Alexanderheeres in Taxila, zu Beginn des Frühjahrs, eingesetzt und sich während des weiteren Vormarsches zum Hydaspes verstärkt. Die von Arrian hier unterstellte Annahme, daß der Übergang über den Hydaspes (den er unten auf April/Mai datiert) auf dem Höhepunkt des Monsunregens erfolgte, beruht allerdings auf einem Mißverständnis seiner Vorlagen. Dieser erreicht im Panjab, wie er selbst zutreffend bemerkt, erst zur Sommersonnenwende, im Juni/Juli, seinen Höhepunkt, um dann Anfang Oktober auszuklingen.

dies sah Alexander ein –, war es ausgeschlossen, einen Übergang zu versuchen, schon aufgrund der Menge der Elefanten und des großen, gutgeordneten und vorzüglich bewaffneten Heeres, das bei einer Landung sich auf sie werfen würde. So wäre es zu erwarten, daß die Pferde das Betreten des gegenüberliegenden Ufers verweigern würden, wo die Elefanten sie sofort angreifen und ihnen schon wegen ihres furchtbaren Anblicks und ihres Trompetens Schrecken einflößen würden. Bereits zuvor, während des Übergangs, würden sie wohl nicht auf den Flößen bleiben, sondern schon beim Anblick der Kolosse ins Wasser springen und den Kopf verlieren.

34. Absichten und Vorbereitungen Alexanders

So faßte er den Plan, den Übergang heimlich zu erzwingen, und ging dabei in folgender Weise vor. Er ließ nachts die Masse seiner Reiter bald hierhin, bald dorthin am Ufer entlangziehen und ein Geschrei veranstalten: Dabei wurde Schlachtgebrüll angestimmt, Lärm und Getöse jeder Art verursacht, wie es bei einem Flußübergang eben zu geschehen pflegt. Poros zog nun auf diesen Lärm zu und führte die Elefanten herbei; Alexander brachte ihn so dazu, in der üblichen Weise seine Auffangstellung zu formieren. Nachdem dies sich nun aber mehrfach abspielte und nicht mehr als Geschrei und Kriegsgebrüll zur Folge hatte, unternahm Poros zu den Manövern der makedonischen Kavallerie bald keine Gegenbewegungen mehr, sondern verblieb in seinem Lager im Wissen, daß jegliche Befürchtungen gegenstandslos waren. Er hatte ja allenthalben Wachposten am Ufer verteilt.

Nachdem Alexander es solchermaßen erreicht hatte, daß Poros gegenüber den nächtlichen Unternehmungen keine Befürchtungen mehr hegte, entwickelte er folgende List. Vom Ufer des Hydaspes sprang an einer Stelle, wo der Fluß eine starke Biegung nahm, eine Erhebung weit vor, die mit Bäumen verschiedener Arten dicht bewachsen war. Ihr gegenüber lag im Strom eine Insel, gleichfalls mit dichtem Baumbestand, die infolge ihrer Einsamkeit unberührt war. Als Alexander diese Insel gegenüber dem Ufervorsprung bemerkte und sah, daß beide dicht bewaldet waren, so daß sie den Versuch einer Flußüberschreitung verdecken könnten, entschied er sich, das Heer an dieser Stelle übersetzen zu lassen. Die Erhebung und die Insel befanden sich etwa 150 Stadien vom großen Lagerplatz entfernt. Er hatte längs des gesamten Ufers Wachen postiert, die gleichmäßig so verteilt waren, daß sie einander ohne weiteres in Blick- und Rufweite hatten, so daß sie leicht Befehle von allen Seiten her aufnehmen und weiterleiten konnten. So wurde nächtelang in alle Richtungen lautes Geschrei veranstaltet, und es wurden Wachfeuer unterhalten.

Als er beschlossen hatte, den Übergang zu wagen, ließ er im Lager offen die Vorbereitungen für das Unternehmen treffen. Zurück blieb Krateros mit der von ihm kommandierten Reitereinheit sowie den arachotischen und parapamisodischen Reitern, weiterhin mit den Abteilungen des Alketas und Polyperchon aus der makedonischen Phalanx, dazu den indischen Fürsten des diesseitigen Indien und ihren 5000 Mann[88]. Krateros hatte Anweisung, den Übergang nicht früher zu beginnen, als bis Poros mit seiner Streitmacht gegen ihn, Alexander, aufgebrochen wäre oder aber er Nachricht erhalten hätte, daß Poros geflohen sei und sie selbst gesiegt hätten. »Wenn aber Poros einen Teil seines Heeres mit sich nimmt und gegen mich führt, einen Teil aber mit den Elefanten im Lager zurückläßt, dann bleibst du gleichfalls auf deinem Platz stehen. Wenn er aber alle seine Elefanten gegen mich führt, jedoch einen Teil seines Heeres im Lager beläßt, machst du dich eilends an den Flußübergang! Denn allein die Elefanten sind ein unüberwindliches Hindernis für die an Land gehenden Pferde; das übrige Heer ist hingegen leicht zu überwinden.«

---

88 Die Krateros unterstellten Verbände waren damit nahezu so stark wie diejenigen, mit denen Alexander den Fluß überqueren und die Entscheidungsschlacht mit Poros suchen wollte.

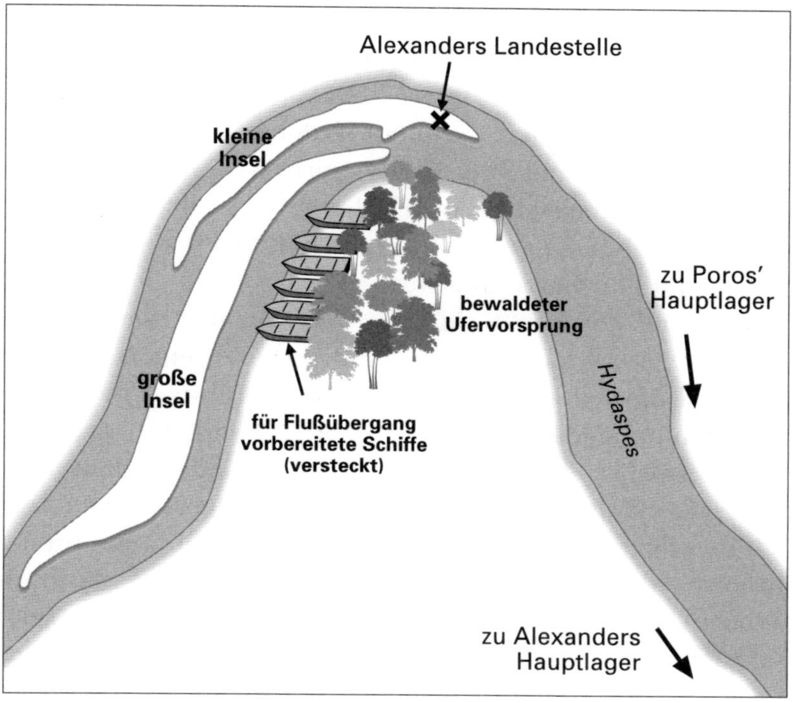

Abb. 28: Alexanders Übergang über den Hydaspes

Dies befahl er dem Krateros. In der Mitte zwischen der Insel und dem Hauptlager, in dem Krateros zurückblieb, waren Meleager, Attalos und Gorgias mit der Reiterei und dem Fußvolk der Söldner in Stellung gegangen. Sie hatten den Auftrag, nach Aufteilung ihres Heeres in Einheiten einzeln mit diesen über den Fluß zu gehen, sobald sie beobachten konnten, daß die Inder schon in die Schlacht verwickelt seien.

35. Die nächtliche Überschreitung des Hydaspes

Alexander selbst wählte die Garde der Gefährten und die Reiterabteilungen des Hephaistion, des Perdikkas und des Demetrios, weiterhin die Reiterverbände aus Baktrern, Sogdianern und Skythen, die daischen berittenen Bogenschützen und aus der Phalanx die Hypaspisten und die Abteilungen des Kleitos und Koinos und die Bogenschützen wie auch die Agrianen[89] und führte sie heimlich in weitem Abstand vom Flußufer, um nicht gesehen werden zu können, wenn er sie zu der Insel und dem Ufervorsprung führte, von wo er den Übergang beabsichtigte. Dort wurden nachts die Ledersäcke, die schon lange zuvor hingeschafft worden waren, mit Stroh gefüllt und sorgfältig vernäht.

Während der Nacht ging ein wolkenbruchartiger Regen nieder. Dadurch entzogen sich die Vorbereitungen und das ganze Unternehmen der Flußüberschreitung jeglicher Wahrnehmung, da das Klirren der Waffen und der Lärm der Befehlsrufe durch das Rollen des Donners und das Rauschen des Platzregens übertönt wurden. Auch hatte man von den Schiffen den größten Teil zerlegt und zu dieser Stelle transportiert, unbeobachtet wieder zusammengebaut und im Gehölz versteckt, so auch die Dreißigruderer. Gegen Tagesanbruch legte sich der Wind, und der Regen hörte auf. Jetzt gingen die Reiterei auf Flößen und so viel des Fußvolks, wie die Boote fassen konnten, in der Nähe der Insel hinüber, damit sie nicht eher von den Wachen des Poros entdeckt werden konnten, als bis sie an der Insel vorbei und nur noch wenig vom anderen Ufer entfernt wären.

Alexander selbst bestieg einen Dreißigruderer, und mit ihm waren Ptolemaios und auch Perdikkas und Lysimachos, die Leibwächter, sowie von den Gefährten Seleukos, der spätere König[90], und die Hälfte der Hypaspisten. Die übrigen

---

89 Damit umfaßte sein Heeresverband neben hochmobilen Infanterieeinheiten nahezu die gesamte makedonische Reiterei. Diese hatte sich auch zuvor, unter Alexanders persönlicher Führung, immer wieder als die kampfentscheidende Waffengattung erwiesen – wie erstmals 338 v. Chr. in der Schlacht von Chaironeia, als der 16jährige Alexander an der Spitze der Reiterei den makedonischen Sieg über die Koalition der Griechen herbeiführte.

90 Diese Zusammenstellung von Offizieren ist nicht zufällig; sie geht auf Arrian selbst zurück, nicht auf seine Vorlage: Denn die vier genannten Personen sollten nach dem Tod Alexanders 323 v. Chr. allesamt als Diadochen in den Kämpfen um das Erbe Alexanders führen-

Hypaspisten nahmen andere Dreißigruderer an Bord. Als das Heer die Insel passiert hatte, hielt man endlich offen auf das jenseitige Ufer zu; sobald die feindlichen Posten diese Bewegung in den Blick bekamen, jagte jeder für sich, so schnell die Pferde es erlaubten, zu Poros. Derweil war Alexander als erster vom Schiff gesprungen, hatte von den anderen Dreißigruderern die Reiter ihrerseits an Land gehen lassen und stellte sie, sobald sie ankamen, zum Kampf geordnet auf. Die Reiter hatten nämlich seinem Befehl gemäß als erste auszuschiffen. Diese führte er nun an und rückte in Schlachtordnung vor.

In Unkenntnis des Geländes war ihm allerdings nicht klar, daß er nicht bereits auf dem festen Ufer gelandet war, sondern ebenfalls auf einer Insel, die sich gleichfalls weit dahinstreckte – gerade deshalb war sie nicht als Insel erkennbar gewesen –, aber nur noch durch einen unbedeutenden Arm des Flusses von der anderen Landseite getrennt war. Gleichzeitig hatte nun der Wolkenbruch, der einen großen Teil der Nacht angehalten hatte, diese Flußrinne stark ansteigen lassen. Alexanders Reiter vermochten so zunächst keine Furt zu finden, so daß schon die Sorge aufkam, man müsse, um den Fluß zu überschreiten, neuerlich solche Anstrengungen unternehmen wie beim ersten Mal. Als aber dann doch eine Furt gefunden war, ließ sich diese auch nur mit Mühe durchwaten; denn an der tiefsten Stelle reichte das Wasser den

---

de Rollen spielen. Ptolemaios, enger Vertrauter seit 336 v. Chr. und einer der Leibwächter (*somatophylakes;* Ehrentitel einiger hoher Offiziere) Alexanders, sicherte sich hierbei Ägypten und begründete dort die Dynastie der Ptolemäer (bis 30 v. Chr.); Perdikkas erhielt 323 v. Chr. vom sterbenden Alexander den Siegelring und vertrat in den folgenden Auseinandersetzungen vergeblich das Prinzip der Reichseinheit (er fiel 321 v. Chr.); Lysimachos – an dieser Stelle erstmals erwähnt – erhielt 323 v. Chr. Thrakien und sicherte sich in den folgenden Jahrzehnten mit wechselndem Erfolg weitere Gebiete; Seleukos – gleichfalls hier erstmals von Arrian genannt – erhielt 321 v. Chr. die Satrapie Babylonien und eroberte bis 304 v. Chr. ganz Vorderasien sowie 301 v. Chr. auch Syrien, nachdem er Indien 303 v. Chr. an den Maurya Chandragupta (Sandrokottos) abgetreten hatte.

Fußsoldaten bis über die Brust, und von den Pferden ragten nur noch die Köpfe aus dem Wasser hervor.

36. Am anderen Ufer

Als er aber auch diesen Flußarm überschritten hatte, stellte Alexander auf dem rechten Flügel die Garde der Gefährten und die besten Männer der übrigen Reitereinheiten auf; vor die gesamte Reiterei plazierte er die berittenen Bogenschützen. Im Anschluß an die Reiter kamen zuerst die Fußtruppen, die königlichen Hypaspisten unter dem Kommando des Seleukos, zu stehen; ihnen folgte die Königliche Garde, darauf die anderen Hypaspisten ganz nach der Reihenfolge, wie sie an diesem Tag den Kommandeuren der Einheiten zufiel[91]. Auf die beiden Flügel der Phalanx hatte Alexander die Bogenschützen, die Agrianen und die Speerschützen gestellt.

Nachdem er so seine Aufstellung abgeschlossen hatte, ließ er das Fußvolk, das beinahe 6000 Mann zählte, wohlgeordnet langsamen Schrittes nachfolgen. Weil er aber an Reiterei überlegen zu sein meinte, nahm er selbst nur die Reiter, etwa 5000 Mann, unter sein Kommando und rückte rasch vor. Dem Kommandeur der Bogenschützen, Tauron[92], erteilte Alexander den Befehl, mit seinen Leuten möglichst schnell den Reitern nachzufolgen. Er hatte nämlich den Plan, bei einem Zusammentreffen mit den Truppen des Poros in ihrer ganzen Stärke entweder diese durch eine Reiterattacke

---

91 Gemeint ist wohl kein von Tag zu Tag wechselndes Kommando, sondern eine durch die Reihenfolge der Anlandung der Truppenteile bedingte Aufstellung, die ja wegen drohenden Feindangriffes unverzüglich in Kampfformation zu erfolgen hatte.

92 Tauron, Sohn des Machatas aus makedonischem Adel, nahm am Perserfeldzug von Beginn an als Offizier teil. Nach ersten anderen Verwendungen erhielt er das Kommando über die Bogenschützen übertragen. In der Schlacht gegen Poros war er zudem einer der drei Führer der Phalanx.

mühelos zu werfen oder aber doch so lange abzuwehren, bis das Fußvolk in den Kampf eingreifen konnte. Sollten die Inder aber, durch die außerordentliche Verwegenheit des Flußüberganges entsetzt, sich zur Flucht wenden, so wollte er sich an ihre Fersen heften, um so bei ihrem Rückzug ein um so größeres Gemetzel entstehen zu lassen, damit ihm nur noch wenig Arbeit verbliebe.

37. Das Gefecht mit dem Sohn des Poros

Aristobul nun berichtet, der Sohn des Poros sei, bevor Alexander die letzten Truppenteile von der großen Insel aus hatte übersetzen können, eingetroffen und hätte, da der Übergang auch ohne Gegenwehr schon schwer genug war, wohl die Möglichkeit gehabt, Alexander an der Landung zu hindern, wenn nämlich die Inder von ihren Streitwagen[93] abgesprungen wären und die ersten an Land gehenden Makedonen angegriffen hätten. Stattdessen wären sie mit ihren Wagen vorbeigefahren und hätten Alexander den Übergang ohne jede Gefährdung durchführen lassen. Gegen sie habe Alexander seine berittenen Schützen vorgeschickt und sie so mühelos und unter schweren Verlusten in die Flucht geschlagen. Andere Gewährsleute wiederum überliefern, es habe bei der Landung der Makedonen eine Schlacht zwischen den Indern unter dem Porossohn und Alexander und seiner Reiterei gegeben. Auch sei der Sohn des Poros mit einer größeren Truppe angerückt, und er habe Alexander eine Verwundung beigebracht; sein Lieblingspferd Boukephalos sei getötet worden, und dieses habe der Porossohn vorher gleichfalls verwundet.

Aber Ptolemaios, der Sohn des Lagos, dem auch ich beistimme, berichtet es anders. Er erzählt nämlich gleichfalls, der Sohn sei von Poros ausgesandt worden, aber nicht mit

---

93 Der Gebrauch von Streitwagen ist bei den Indern sehr alt; er wird bereits in den Veden bezeugt. Ihr Einsatz in der Schlacht am Hydas-

Abb. 29: Streitwagen, zylindrisches Siegel Dareios' I. (5. Jh. v. Chr.)

nur 60 Streitwagen. Es ist ja überhaupt ganz unwahrscheinlich, daß Poros, nachdem er von seinen Spähern informiert worden war, Alexander selbst oder auch nur ein Teil seiner Streitmacht habe den Hydaspes überschritten, seinen Sohn mit gerade einmal 60 Wagen ausgesandt hätte. Für ein Aufklärungsunternehmen seien diese zuviel und nicht beweglich genug für einen schnellen Rückzug gewesen; dagegen waren sie viel zu schwach, um die noch nicht übergesetzten Feinde zu hindern und die bereits gelandeten anzugreifen. Ptolemaios zufolge sei der Sohn des Poros vielmehr mit 2000 Reitern sowie 120 Streitwagen zur Stelle gewesen; Alexander sei ihm aber zuvorgekommen und habe auch das letzte Stück von der Insel aus bereits überschritten.

Derselbe Autor berichtet weiter, Alexander habe gegen diese die berittenen Bogenschützen gesandt, selbst aber die

---

pes wird bei Curtius Rufus näher beschrieben (8, 14, 5). Jeder Streitwagen verfügte über eine Besatzung von zwei oder gar sechs Mann, von denen zwei mit Schilden bewaffnet waren, zwei als Bogenschützen kämpften, zwei den Streitwagen lenkten und bei Bedarf mit Speeren in den Kampf eingriffen.

Reiter geführt. Denn er war der Meinung, daß Poros mit seinem ganzen Heer im Anrücken sei; die Reiterei aber, von diesem vor das übrige Heer gestellt, rücke nur als Vorhut vor. Als er aber die genaue Zahl der Inder erkannte, habe er sie mit seiner Reiterei stürmisch angegriffen. Diese seien zurückgewichen, als sie Alexander mit der Masse seiner Reiterei erblickten, die nicht in geschlossener Front, sondern in Schwadronen attackierte. Dabei seien gegen 400 der feindlichen Reiter gefallen, darunter auch der Porossohn. Die Streitwagen mitsamt der Pferde habe man erbeutet; für den Rückzug erwiesen sie sich nämlich als zu schwer beweglich und waren während des Treffens selbst infolge des Schlammes unbrauchbar geworden.

38. Der Aufmarsch der Heere

Als die auf der Flucht heil davongekommenen Reiter dem Poros meldeten, Alexander selbst habe mit seiner Hauptstreitmacht den Strom überschritten, sein Sohn hingegen sei in der Schlacht gefallen, geriet er dennoch in Zweifel über sein weiteres Vorgehen. Denn auch die Truppen des Krateros im Hauptlager auf der gegenüberliegenden Uferseite schickten sich offensichtlich an, über den Fluß zu gehen. Er entschloß sich dann aber doch, sich mit seinem gesamten Heer gegen Alexander zu wenden, um die Entscheidungsschlacht gegen die Hauptmacht der Makedonen und den König selbst zu erzwingen. Einige seiner Elefanten ließ er aber mit einer kleinen Heeresabteilung bei dem Lager zurück, um die Reiter des Krateros von einer Landung am Ufer abzuschrecken. Er selbst rückte mit seiner gesamten Reiterei, um die 4000 Mann, weiterhin sämtlichen Streitwagen, 300 an der Zahl, 200 Elefanten und allem Fußvolk, das kampfkräftig war, etwa 30 000 Mann, gegen Alexander vor[94].

---

94 Die übrige Überlieferung (Diodor 17, 87, 2; Curtius Rufus 8, 13f.; Plutarch, Alexander 62,1) gibt teils abweichende Zahlen: Die Zahl

Als er nun in Gelände kam, das ihm nicht schlammig zu sein schien, sondern aufgrund seines Sandbodens eben und zugleich fest genug für Attacken und Schwenkmanöver der Reiterei, stellte er dort sein Heer auf: An vorderster Front die Elefanten, wobei sie einen Abstand von nicht weniger als einem Plethron voneinander hielten, so daß vor der ganzen Phalanx des Fußvolkes die Elefanten eine langgezogene Kampflinie bildeten und den Reitern des Alexander überall Schrecken einjagen sollten. Im übrigen glaubte er, daß keiner der Feinde es wagen würde, in die Lücken zwischen den Elefanten vorzustoßen, und zwar weder Reiter – wegen der Furchtsamkeit der Pferde – noch erst recht Fußsoldaten, die bei einem Frontalangriff durch den Gegenstoß des eigenen schweren Fußvolkes zum Stehen gebracht und dann von den gegen sie einschwenkenden Elefanten niedergestampft würden. Nächst den Elefanten hatte er die Infanterie aufgestellt, doch nicht so, daß diese eine Front mit den Elefanten bildete, sondern in einer zweiten Front hinter den Tieren in der Weise, daß die Abteilungen des Fußvolkes jeweils hinter den Zwischenräumen der Elefanten standen und in diese vorgeschoben werden konnten. Auch an den Flügeln hatte er Fußtruppen aufgestellt, die über die Front der Elefanten noch hinausragten, und außerhalb des Fußvolkes die Reiterei, vor dieser wiederum zu beiden Seiten die Streitwagen.

Dies war die Schlachtordnung des Poros[95]. Als Alexander nun die Inder sah, wie sie in Schlachtordnung heranrückten,

---

der Elefanten wird dort mit 85 bzw. 130 beziffert, die Stärke der Kavallerie mit 2000 bzw. 3000 Reitern, die Zahl der Streitwagen mit 300 (Diodor allerdings: über 1000), die Infanterie mit zwischen 20000 und 50000 Mann. Klar ist, daß Alexander in der für seine Taktik entscheidenden Waffengattung, der Reiterei, deutlich überlegen war, da die Truppenstärke des Poros sicherlich nicht untertrieben wurde. Angesichts der außerordentlichen Kampferfahrung der Truppen Alexanders konnte Poros sein Glück nur in einem schlachtentscheidenden Einsatz seiner Kampfelefanten suchen.

95 Die Aufstellung verdeutlicht, daß Poros – wohl in richtiger Einschätzung seiner Unterlegenheit, die ihn ja primär auch eine Unterbindung des Flußüberganges Alexanders hatte anstreben lassen – eine

Abb. 30: Zeichnerische Rekonstruktion der makedonischen Phalanx

ließ er seine Reiter innehalten, um die nach und nach anmarschierenden Fußtruppen aufrücken zu lassen. Nachdem seine Phalanx, die im Laufschritt herankam, den Anschluß erreicht hatte, führte er sie nicht sofort in Schlachtordnung vor, um die Soldaten nicht erschöpft und ganz außer Atem den noch frischen Barbaren auszusetzen. Vielmehr ließ er seine Reiter erst einige Schwenkungen ausführen, um dem Fußvolk eine Pause zu verschaffen, es wieder Atem holen und frischen Kampfesmut schöpfen zu lassen. Sobald er die Schlachtaufstellung der Inder erfaßt hatte, entschied er, nicht im Zentrum anzugreifen, wo die Elefanten vorgezogen waren und hinter diesen die Masse des Fußvolkes dicht ge-

rein defensive Taktik verfolgte. Es ist nicht auszuschließen, daß die makedonischen Berichte die numerische Stärke des indischen Heeres im nachhinein deutlich übertrieben, um den Sieg Alexanders um so glänzender hervortreten zu lassen. Denn es fällt zumindest schwer, sich eine zahlenmäßig so weit überlegene indische Infanterie in einer solch geringen Auffächerung (ca. 700 m) – die diejenige der 6000 Mann starken Phalanx Alexanders angeblich nicht überflügelte! – zwischen den Elefanten entwickelt vorzustellen, die voneinander einen Abstand von einem Plethron (ca. 30–35 m) gehalten haben sollen. Die indischen Streitwagen finden in Arrians Schilderung des Schlachtverlaufes übrigens keine weitere Erwähnung mehr; nach Diodor (17, 88, 1) gelang es der makedonischen Kavallerie bereits in der ersten Phase der Schlacht, sie auszuschalten.

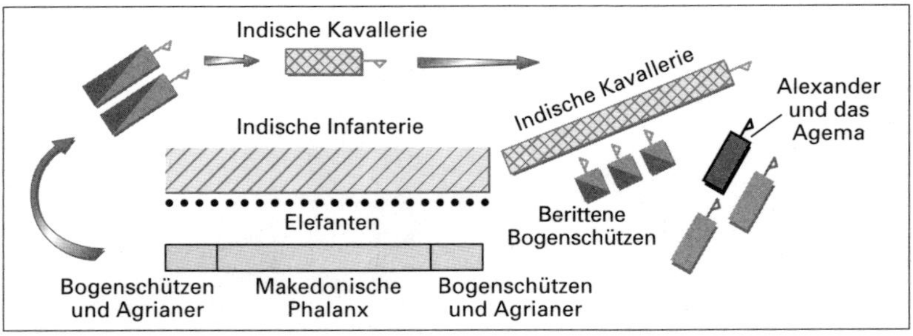

Abb. 31: Die Schlacht am Hydaspes: Ausgangsstellung

drängt auf die Zwischenräume verteilt stand; er hatte nämlich Bedenken, sich auf das einzulassen, was Poros mit seiner Aufstellung beabsichtigte.

Angesichts der Überlegenheit seiner Reiterei nahm er vielmehr die Hauptmasse seiner Reiter unter sein persönliches Kommando[96], zog sie auf dem linken Flügel des Gegners zusammen, um dort den Angriff zu führen. Koinos hingegen schickte er mit der Reiterschwadron des Demetrios und seiner eigenen auf den rechten Flügel mit dem Auftrag, die Barbaren, sobald sie die Konzentration der Reiter auf der anderen Seite erkannt hätten und zum Angriff anträten, in ihrem Rücken zu umfassen. Das Kommando über die Phalanx der Fußtruppen übertrug er Seleukos, Antigonos und Tauron: Sie sollten nicht eher in den Kampf eingreifen, als bis sie beobachten konnten, daß die Phalanx des feindlichen Fußvolkes und ihre Reiter durch den Angriff der Reiterei unter seiner Führung bereits in Verwirrung geraten wären.

96 Wie in allen großen Schlachten übernimmt Alexander persönlich die Führung der makedonischen Reiterei, mit deren Einsatz er bereits die beiden großen Schlachten gegen Dareios bei Issos 333 v. Chr. und bei Gaugamela 331 v. Chr. entscheiden konnte. Vgl. auch oben Anmerkung 89.

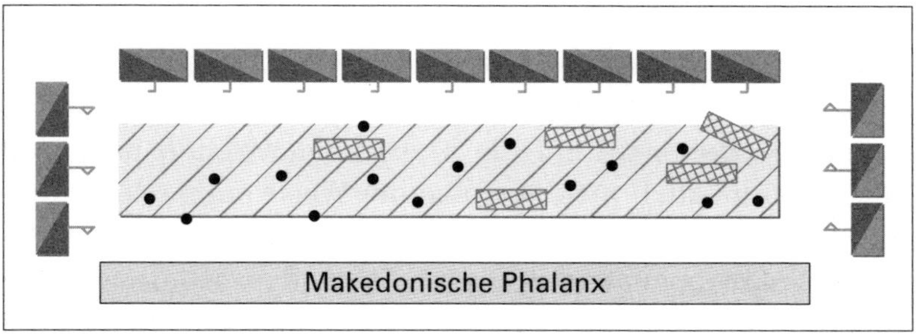

Abb. 32: Die Schlacht am Hydaspes: Schlachtverlauf

39. Die Elefantenschlacht

Schon war man in Schußweite gelangt. Alexander schickte gegen den linken Flügel der Inder seine Schützen zu Pferde, etwa 1000 Mann, um die dort aufgestellten Feinde durch einen Geschoßhagel und den Ansturm der Pferde in Verwirrung zu bringen. Er selber stürmte an der Spitze der Gefährten zu Pferde mit Macht gegen den linken Flügel der Barbaren, entschlossen, sich in geschlossener Formation auf den Feind noch in seiner Verwirrung zu stürzen, bevor sich dessen Reiterei zu einer Kampflinie entfalten konnte.

Inzwischen schwenkten die Inder, die ihre Reiter von allen Seiten zusammengezogen hatten, herum, um Alexander zu attackieren – da erschienen auch schon die Truppen des Koinos auftragsgemäß in ihrem Rücken. Als sie dies wahrnahmen, sahen sich die Inder gezwungen, nach zwei Seiten hin eine Front ihrer Reiter zu bilden, den größten und stärksten Teil gegen Alexander, die anderen gegen Koinos und seine Männer. Dies führte aber sofort zu einer Verwirrung sowohl der Aufstellung wie auch der Absichten der Inder. Alexander dagegen erfaßte bei der Wendung der Reiter nach der anderen Seite die sich ihm bietende Gelegenheit und attackierte die ihm unmittelbar Gegenüberstehenden. Die Inder vermochten dem Ungestüm von Alexanders Reitern nicht zu widerstehen, sondern wandten sich den Elefanten wie einem schützenden Bollwerk zu. In diesem Augenblick lenkten die Führer der Elefanten ihre Tiere gegen die feindliche Reiterei, die makedonische Phalanx ihrerseits trat aber zum Angriff auf die Kolosse an, wobei sie sie umstellte, Speere gegen die Besatzungen schleuderte und von allen Seiten einen Geschoßhagel auf die Tiere niederregnen ließ. Und dieser Kampf glich wirklich in keiner Weise einem der früheren: Diese Tiere stürmten gegen die Glieder der makedonischen Fußtruppen und zertrampelten alles, wohin sie sich auch immer wandten, obgleich die Phalanx der Makedonen dicht massiert war. Auch die indischen Reiter, die das Fußvolk im Kampfgetümmel erblickten, machten nun wieder kehrt und griffen erneut die feindliche Kavallerie an.

Erneut gewannen aber die Reiter Alexanders aufgrund ihrer weit überlegenen Stärke und Kampferfahrung die Oberhand; die Reiter der Inder wurden so wieder auf die Elefanten zurückgedrängt. In dieser Lage formierte sich die gesamte Kavallerie Alexanders in einer einzigen geschlossenen Schwadron, ohne daß hierzu ein Befehl erteilt worden wäre, sondern eigenständig aus dem Kampfgeschehen heraus, und setzte, wo immer sie auf Abteilungen der Inder stieß, zu einem gewaltigen Gemetzel an. Die Elefanten, die sich auf engstem Raum zusammengedrängt fanden, fügten nun Freund wie Feind unterschiedslos Schaden zu, indem sie bei ihren Schwenkungen und Attacken alles niedertrampelten. Unter den indischen Reitern, die in der Umgebung der Elefanten in die Enge getrieben wurden, wurde ein furchtbares Blutbad veranstaltet. Die Mahouts der Elefanten waren größtenteils mit Lanzen niedergestochen worden[97], und die Tiere selbst,

97 Der zuvor erwähnte Geschoßhagel auf die Elefanten und ihre Besatzungen – neben ihrem Mahout, der sie im Nacken sitzend steuerte, trugen die Kriegselefanten auch einige Bogenschützen – kann aufgrund der Aufstellung und Taktik Alexanders nur auf die an den Flügeln der weit auseinandergezogenen Linie positionierten Tiere niedergegangen sein. Im Zentrum der Front mußte die schwere makedonische Infanterie selbst dieser Bedrohung Herr werden; hierzu blieb den Phalangiten nur die Möglichkeit, mit ihren überlangen Stoßlanzen (der Sarissa von mindestens 6 m Länge) die Führer und Besatzung niederzustechen (vgl. das Motiv auf der Poros-Dekadrachme S. 128), sofern sie daneben nicht zusätzlich Wurfspeere

teils verwundet, teils von den Strapazen erschöpft und führerlos, waren nicht mehr kontrolliert im Kampf zu führen. Durch all das, was ihnen im Kampfgetümmel an Schlimmem widerfahren war, rasend geworden, stürmten sie über Freund und Feind gleichermaßen her, suchten sich mit allen Mitteln ihren Weg zu bahnen, zertrampelten und töteten alles.

Die Makedonen hingegen, die die Tiefe des Raums besaßen und ganz nach ihrem Gutdünken sich den Tieren entgegenstellen konnten, wichen aus, wenn diese heranstürmten, setzten aber nach, wenn sie umkehrten, und schossen ihre Speere dabei auf sie ab. Die Inder dagegen, die sich unter den Kolossen bewegten, erlitten nun gerade von den Tieren das größte Unheil. Als aber die Tiere ermatteten und ihre Angriffe an Ungestüm nachließen und sie nur noch unter lautem Trompeten sich Schritt um Schritt zurückbewegten, wie Schiffe, die rückwärts gerudert werden, da umzingelte Alexander selbst mit seiner ganzen Reiterei die gesamte feindliche Front und gab zugleich den Fußtruppen das Signal, Schild an Schild so dicht wie irgend möglich zu einer Angriffslinie zusammengeschlossen als Phalanx vorzugehen. In dem Gemetzel wurden so die indischen Reiter fast allesamt niedergemacht. Niedergehauen wurden nun auch die indischen Fußtruppen; von allen Seiten drangen die Makedonen auf sie ein. Und bald wandten sich alle jeweils dorthin, wo Alexanders Reiter eine Lücke ließen, zur Flucht.

Währenddessen begannen Krateros und die anderen Heerführer, die jenen Teil von Alexanders Truppen befehligten, der am anderen Ufer des Flusses zurückgeblieben war, und nun den glänzenden Sieg Alexanders wahrnehmen konnten, ihrerseits über den Fluß zu gehen. Sie richteten unter den weichenden Indern ein nicht geringeres Blutbad an, kamen sie doch anstelle der nun erschöpften Männer Alexanders frisch zur Verfolgung des geschlagenen Feindes.

---

mitführten, wie es Diodor (17, 100, 6) und Curtius Rufus (9, 7, 19–21) nahelegen. Curtius (8, 14, 28f.) erklärt daneben, daß man auch sichelförmige Messer gegen die Rüssel der Elefanten einsetzte.

Abb. 33: Grabstele eines makedonischen Fußsoldaten (um 425 v. Chr.)

Von den Indern waren nicht viel weniger als 20 000 Fußsoldaten gefallen und etwa 3000 Reiter; die Streitwagen wurden allesamt erbeutet. Zudem fielen zwei Söhne des Poros und Spitakes, der Fürst der Inder in dieser Gegend, dazu die Lenker von Elefanten und Streitwagen, die Befehlshaber der Reiterei und sämtliche Kommandeure im Heere des Poros. Die Elefanten, sofern sie nicht im Kampf getötet worden waren, fielen in die Hände Alexanders. Von den Fußtruppen Alexanders fielen von den 6000, die ja beim ersten Aufeinandertreffen beteiligt waren, nicht mehr als 80, von den berittenen Bogenschützen, die gleichfalls am ersten Kampf beteiligt waren, 10, von der Reiterei der Gefährten gegen 20, von den übrigen Reitern gegen 200[98].

98 Die Verlustziffern im Heer Alexanders sind angesichts der Härte des Kampfes, der einer anderen Überlieferung zufolge acht Stunden dauerte, viel zu niedrig, um glaubwürdig sein zu können. Dies gilt erst recht vor dem Hintergrund der völlig überhöhten Zahl an Opfern beim Gegner. Diodor 17, 89, 1f. nennt denn auch ganz andere Zahlen: 12 000 Gefallene, 9000 Gefangene und 80 eingefangene Elefanten – allerdings auch ein Mehrfaches an makedonischen Verlusten. Möglicherweise führt Arrian nur Zahlen einzelner Truppenteile auf.

40. Die Begegnung von Alexander und Poros

Poros hatte in der Schlacht nicht nur als Feldherr große Taten vollbracht, sondern auch als tapferer Kämpfer. Auch als er das Gemetzel an seiner Reiterei mitanzusehen hatte und erleben mußte, wie seine Elefanten teils auf dem Schlachtfeld gefällt waren, teils führerlos und verstört umherirrten, von seinem Fußvolk aber die Mehrzahl getötet war, selbst da leitete er nicht wie der Großkönig Dareios die Flucht seiner Umgebung ein und verließ das Schlachtfeld[99], sondern hielt solange kämpfend aus, wie Inder noch in der Schlacht irgendwo Widerstand leisteten, obwohl er an der linken Schulter verwundet worden war, der einzigen Stelle seines Körpers, die ungedeckt geblieben war, solange er in der Schlacht stand. Von den übrigen Körperpartien hielt nämlich sein Panzer die Geschosse ab, der, wie man später durch Augenschein feststellen konnte, mit seiner Zähigkeit und Form ausgezeichneten Schutz bot. Dann aber wendete schließlich auch er seinen Elefanten und räumte das Schlachtfeld.

Alexander aber war, nachdem er diesen eindrucksvollen und tapferen Mann in der Schlacht beobachtet hatte, vom Wunsch beseelt, ihn zu verschonen. Er schickte ihm daher zuerst den Inder Taxiles nach. Dieser sprengte zu Pferde so weit zu dem Elefanten, der Poros trug, heran, wie es ihm noch gefahrlos möglich zu sein schien, und forderte ihn auf, das Tier anzuhalten. Es mache keinen Sinn mehr zu fliehen, und er solle sich anhören, was Alexander ihm mitzuteilen habe. Als Poros aber Taxiles erkannte, einen Mann, der ihm schon lange verhaßt war, machte er kehrt und griff ihn an, um gegen ihn einen Speer schleudern zu können. Und er hätte ihn bestimmt auch getötet, wenn Taxiles ihm nicht zuvorgekommen wäre und sein Pferd schnell von Poros weggetrieben hätte.

---

99 Der persische Großkönig Dareios III. hatte in den großen Schlachten gegen Alexander bei Issos 333 v. Chr. und Gaugamela 331 v. Chr. seine Niederlage eingeleitet, als er vor Alexanders unmittelbar auf seine Person geführter Reiterattacke die Flucht ergriff.

Alexander aber brachte auch dies nicht gegen Poros auf, sondern er schickte nacheinander andere Männer zu ihm, schließlich auch Meroës, einen Inder, von dem er wußte, daß seit langem ein Freundschaftsverhältnis zwischen ihm und Poros bestand[100]. Auf dessen Worte hin und zugleich auch, weil er von Durst überwältigt war, brachte Poros seinen Elefanten endlich zum Stehen und stieg von dem Tier herunter. Als er getrunken und sich etwas erholt hatte, befahl er, ihn unverzüglich zu Alexander zu bringen.

Abb. 33a: Alexander auf Boukephalos attackiert den fliehenden Poros auf seinem Elephanten (Dekadrachme, ca. 323 v. Chr.)

So geschah es. Als Alexander erfuhr, daß Poros auf dem Weg zu ihm sei, ritt er ihm vor der Linie des Heeres mit einigen der Gefährten entgegen, zügelte sein Pferd vor Poros und staunte über die Körpergröße des Mannes, der über fünf Ellen maß[101], über seine männliche Erscheinung und über den Umstand, daß er in seiner Haltung keinerlei Unterwürfigkeit zeigte, sondern wie ein edler Mann einem edlen Manne ge-

---

100 Möglicherweise befand sich Meroës – angesichts seiner Freundschaftsbeziehung mit Poros zweifellos ein indischer Fürst – bereits als Gefangener bei Alexander. Von der hiesigen Episode abgesehen ist nichts weiteres über ihn bekannt.

101 Übereinstimmend wird in den Quellen festgestellt, daß Poros eine selbst für einen Inder ganz ungewöhnliche Körpergröße besaß. Von diesen behauptet Arrian an anderer Stelle (oben S. 53), daß sie größer als andere Völker seien und bis fünf Ellen mäßen. Legt man die sonst von Arrian verwendete attische Elle (44,4 cm) zugrunde, ergäbe sich eine Körpergröße von 222 cm: eine absurde Feststellung. W. W. Tarn äußerte die Hypothese, daß Arrian an dieser Stelle von einer makedonischen Elle von nur ca. 33–35 cm ausgeht.

genübertrat, der für seine Königsherrschaft gegen einen anderen König ruhmvoll gekämpft hat[102]. Darauf sprach ihn Alexander zuerst an und forderte ihn auf zu sagen, wie er behandelt zu werden wünsche. Hierauf soll Poros geantwortet haben: »Königlich behandele mich, Alexander!« Alexander freute sich über dieses Wort und erwiderte: »Den Wunsch erfülle ich Dir, Poros, um meiner selbst willen. Du aber verlange etwas für Dich, was Dir lieb ist.« Der aber erklärte, daß in seinem Wort alles enthalten sei. Alexander freute sich über diese Antwort noch mehr und gab Poros die Herrschaft über seine Inder zurück und fügte seiner bisherigen Herrschaft noch weiteres Land hinzu, mehr als er bislang besessen hatte. Auf diese Weise behandelte er seinen Gegner königlich und besaß von nun an in ihm einen in jeder Hinsicht treuen Freund. Dies war das Ergebnis der Schlacht gegen Poros und die Inder jenseits des Hydaspes im Monat Munychion, als Hegemon Archon in Athen war[103].

41. Der Tod des Boukephalos, des Pferdes Alexanders

Dort, wo die Schlacht stattgefunden hatte, und an der Stelle, von der Alexander aus den Hydaspes überquert hatte, gründete Alexander Städte. Die eine benannte er Nikaia, »Siegesstadt«, um des Sieges über die Inder willen, die andere Boukephala[104], zur Erinnerung an sein Pferd Boukephalos, das

---

102 Die Begegnung stellt ein prägnantes Beispiel der in der antiken Literatur überaus beliebten moralisierenden Ausgestaltung historischer Auseinandersetzungen dar und ist schwerlich authentisch. Die weitere Alexandertradition befaßte sich mit besonderer Vorliebe mit der Begegnung der beiden Herrscher und gestaltete sie in verschiedenster Form weiter aus.

103 Mai 326 v. Chr. Arrian datiert hier aus nicht gänzlich nachvollziehbaren Gründen nach dem attischen, nicht nach dem makedonischen Kalender, wie dies in den von ihm benutzten Vorlagen der Fall war.

104 Die Städte wurden auf gegenüberliegenden Flußufern gegründet, wobei unklar bleibt, welche auf welcher Uferseite. Ihre Lage ist

Abb. 34: Sterbender Boukephalos (ital. Buchillustr.)

hier gestorben war, und zwar nicht, weil es von jemandem getroffen worden wäre, sondern infolge von Erschöpfung und Altersschwäche. Es war nämlich an die 30 Jahre alt und müde geworden, nachdem es zuvor so viele Anstrengungen und Gefahren mit Alexander durchgestanden hatte. Dieses Pferd ließ sich nur von Alexander besteigen; allen anderen Reitern verweigerte es sich. Es war von mächtiger Größe und hatte ein wildes Temperament. Als Zeichen war ihm der Kopf eines Rindes eingebrannt, von dem es auch seinen Namen gehabt haben soll. Andere wiederum erklären, daß es einen weißen Fleck auf der Stirn gehabt habe, am übrigen Körper aber völlig schwarz gewesen sei – und dieser Fleck habe am ehesten einem Rindskopf geglichen.

Dieses Pferd kam einmal, im Land der Ubier, Alexander abhanden. Er ließ daraufhin im ganzen Land verkünden, daß er alle Bewohner werde töten lassen, falls man ihm das Tier nicht zurückbrächte. Und auf diese Drohung hin wurde ihm Boukephalos unverzüglich nach seiner Bekanntmachung

---

ebensowenig wie der genaue Ort der Schlacht am Jhelum präzise bestimmbar. Die häufiger vertretene Gleichsetzung des modernen Jalalpur (wo griechische Münzen gefunden wurden) mit dem Ort des Flußüberganges und daraufhin mit Boukephala scheitert an dem für die geschilderten Operationen völlig ungeeigneten Terrain.

wieder übergeben. Solche Zuneigung empfand Alexander für dieses Pferd, und solche Angst vor Alexander herrschte bei den Barbaren. So viel sei von mir zu Ehren dieses Boukephalos gesagt, um Alexanders willen.

42. Alexander dringt zum Akesines vor

Nachdem die Gefallenen der Schlacht in gebührender Weise bestattet waren, brachte Alexander den Göttern die üblichen Siegesopfer dar und veranstaltete einen sportlichen Wettkampf und ein Wagenrennen am Ufer des Hydaspes an der Stelle, wo er zuerst mit seinem Heer hinübergegangen war. Krateros ließ er mit einem Teil des Heeres zurück, um die Städte, deren Gründung er dort verfügt hatte, anzulegen und zu befestigen. Er selbst zog gegen die dem Reich des Poros benachbarten Inder. Dieses Volk trug, wie Aristobul berichtet, den Namen Glaukaniten, Ptolemaios zufolge aber Glauser; doch mag es offenbleiben, was es mit dem Namen auf sich hat. Ihr Land griff Alexander an und führte dabei die Hälfte der Reiterei der Gefährten mit sich, auserlesene Mannschaften des Fußvolkes aus den Gliederungen der Phalanx, weiterhin alle Bogenschützen zu Pferde, die Agrianen und die Bogenschützen zu Fuß. Und alle unterwarfen sich ihm freiwillig. Er nahm an die 37 Städte ein, deren kleinste nicht weniger als 5000 Einwohner zählten, viele aber auch über 10000, dazu eine Menge Dörfer, von denen viele nicht weniger bevölkert als die Städte waren[105]. Und den gesamten Landstrich übergab er Poros zur Herrschaft. Auch versöhnte er Poros mit Taxiles und sandte diesen in sein Reich zurück.

---

105 Die außerordentliche Fruchtbarkeit (siehe unten S. 133ff.) und der darauf beruhende Bevölkerungsreichtum der Flußebenen Indiens mit ihrer großen Zahl von Städten beeindruckten die Teilnehmer des Feldzuges Alexanders ungemein. Megasthenes sollte bei seiner diplomatischen Mission nach Zentralindien später ähnliche Feststellungen treffen. Vgl. auch den Bericht des Phegeus über die enormen Ressourcen von Ganges-Indien und seine Wirkung auf die Soldaten Alexanders (unten S. 147f.).

Abb. 35: Alexander werden Elefanten zugeführt (ital. Buchillustr.)

Zu dieser Zeit trafen Gesandte von Abisares ein, um Alexander die Unterwerfung des Abisares selbst und die seines Reiches zu überbringen. Vor der Entscheidungsschlacht zwischen Poros und Alexander hatte dieser Abisares noch die Absicht gehegt, sich auf die Seite des Poros zu schlagen; nun aber schickte er seinen eigenen Bruder mit den anderen Gesandten zu Alexander, die Geldzahlungen und 40 Elefanten als Geschenk überbrachten. Auch von den freien Indern stellten sich Gesandte bei Alexander ein sowie von einem anderen Poros, einem weiteren indischen Herrscher. Alexander aber befahl, Abisares solle sofort selbst vor ihm erscheinen, und drohte, sollte er dies nicht tun, daß er ihn selbst mit seinem gesamten Heer sehen werde, und zwar dort, wo es ihm keine Freude bereiten werde. (...)

Er selbst drang weiter zum Akesines vor[106]. Dieser ist der einzige unter den Strömen Indiens, dessen Größe Ptolemaios, Sohn des Lagos, überliefert. An der Stelle nämlich, wo Alexander mit seinem Heer auf Booten und Flößen ihn überschritt, sei die Strömung des Akesines infolge mächtiger und steil abfallender Felsen, durch die das Wasser mit Gewalt unter Tosen und Schäumen herabstürzt, sehr wild und heftig;

106 Der heutige Chenab.

die Breite betrage hier aber 15 Stadien. Den Männern, die auf Flößen hinübergingen, sei die Überfahrt leicht gefallen. Dagegen seien nicht wenige von denen in Booten im Wasser umgekommen, als diese auf Felsen schlugen und scheiterten. Sofern nun die Angaben aus diesem Bericht zutreffen, so läßt sich schließen, daß diejenigen die Größe des Indus annähernd richtig angeben, die der Auffassung sind, daß die Breite des Indus 40 Stadien betrage, wo dieser seine mittlere Breite aufweist; daß sich diese aber an seiner engsten und deshalb tiefsten Stelle auf 15 Stadien verringere. Dies ist beim Indus häufiger der Fall.

43. Merkwürdige Bäume und Pflanzen Indiens

Indien bringt nun viele und sehr merkwürdige Bäume hervor. Unter ihnen ist auch jener, dessen Zweige sich nach unten neigen, wobei die Blätter aber nicht kleiner als ein Kampfschild sind. Onesikritos, der in eher weitschweifiger Weise das Reich des Mousikanos im einzelnen behandelt, das seiner Schilderung nach das südlichste in Indien ist, berichtet, daß es einige große Bäume besitze, deren Zweige zunächst zwölf Ellen hoch wachsen, dann aber beim weiteren Wachstum sich nach unten entwickeln, als ob sie niedergebogen würden, bis sie schließlich die Erde berühren. Dann treiben sie, nachdem sie sich über den Boden verbreitet haben, Wurzeln wie Ableger, worauf sie dann wieder sprießen und neue Stämme ausbilden. Die Zweige dieser Stämme bilden beim weiteren Wachstum wieder durch Niederbiegen Ableger, dann wieder einen anderen und so weiter, so daß von einem einzigen Baum ein gewaltiges Schattendach entstehen kann, ähnlich einem auf vielen Säulen ruhenden Zelt. Er erwähnt auch die Größe der Bäume, daß nämlich fünf Männer ihren Stamm kaum umfassen können[107].

---

107 Der indische Feigenbaum oder Banyan (*ficus indica* bzw. *bengalensis*). Aus seinen zunächst Luft-, dann Stützwurzeln, die aus den

Am Akesines und an dessen Zusammenfluß mit dem Hyarotis[108] spricht auch Aristobul von Bäumen mit abwärts wachsenden Zweigen und von ihrer Größe, daß unter dem Schatten eines einzigen Baumes 50 Reiter Mittagsruhe halten könnten; Onesikritos behauptet sogar 400.

Aristobul berichtet aber auch von einem nicht großen Baum, der Schoten trage wie die Bohne, von 10 Fingern Länge und voller Honig. Diejenigen, die davon essen, seien aber nicht leicht zu retten. Die Berichte aller, die über die Größe von Bäumen handeln, werden aber von denen übertroffen, die behaupten, sie hätten jenseits des Hyarotis einen Baum gesehen, der einen Schatten von fünf Stadien Durchmesser zur Mittagszeit warf. Bezüglich der Wolle tragenden Bäume[109] sagt Onesikritos, daß die Blüte einen Kern enthalte. Dieser werde herausgenommen, das übrige aber gekämmt, ähnlich wie Wolle.

Auch wüchsen in Indien viele Früchte auf den Bäumen und Wurzeln von Pflanzen, insbesondere Schilfrohr, die von Natur und aufgrund des Kochens süß seien, da sowohl das Regenwasser wie auch das Flußwasser durch die Strahlen der Sonne erhitzt werden. Eratosthenes will gewissermaßen sagen, daß das, was bei anderen Menschen ›das Reifen‹ genannt werde, ob von Früchten oder von Saft, bei den Indern ein ›Erhitzen‹ ist, und dies ebensosehr zum Wohlgeschmack beitrage wie das Erhitzen durch Feuer. Deshalb, so sagt er, seien auch die Zweige der Bäume, aus denen Wagenräder hergestellt werden, so biegsam, und aus demselben Grunde blühe auch

---

Ästen entspringen, entwickeln sich neue Triebe, die sich um den ursprünglichen Hauptstamm so verbreiten, daß der Baum gewaltige Ausmaße entwickeln kann. Die größten bekannten Exemplare erreichen nahezu 500 m Kronenumfang und wirken in der Tat wie Säulenhallen. Eine ausführliche, morphologisch exakte Beschreibung findet sich bei Theophrast (4, 4, 4).

108 In den Quellen meist als Hydraotes bezeichnet; der heutige Ravi.

109 Da die Baumwoll-Pflanze *(gossypium)* eine Höhe von bis zu 2 m erreichen kann, bezeichnen antike Autoren diesen Strauch aus der Familie der Malvengewächse oft auch als Baum. Schon Herodot (3, 106) nannte Indien die Heimat der Baumwollpflanze.

Wolle auf einigen. Aus dieser Wolle, erklärt Nearch, weben sie feingesponnene Kleider. Die Makedonen benutzten sie statt dessen als Füllwolle und zum Ausstopfen der Sättel. Ähnlich seien auch die Serika, indem von einer Art Rinde Byssos gekämmt werde[110]. Er sagt auch über das Schilfrohr, daß es Honig erzeuge, ohne daß Bienen vorhanden wären[111]. Und tatsächlich gibt es einen fruchttragenden Baum, aus dessen Früchten Honig gewonnen wird; diejenigen aber, die von der Frucht kosten, würden in einen Rausch fallen.

44. Natur und Klima Indiens – Erklärungsversuche

Onesikritos erwähnt auch ein wildwachsendes Getreide im Land des Mousikanos, ähnlich wie Weizen, und eine Weinrebe; es gibt also Wein, auch wenn die anderen Indien als weinlos bezeichnen, so daß man, wie Anacharsis sagt, weder eine Flöte noch ein anderes Musikinstrument dort höre außer Becken, Pauken und Klappern, die die Gaukler besitzen. Das Land ist reich an Pflanzen und Wurzeln, teils heilwirksamen, teils schädlichen, sowie farbenreich, wie derselbe Gewährsmann und andere sagen. Er fügt hinzu, daß es ein Gesetz gebe, nachdem derjenige, der etwas Verderbenbringendes entdeckt, dem Tode verfalle, wenn er nicht zugleich das Gegengift dazu finde. Finde er es, belohnten ihn die Könige mit Ehren.

Zimt[112], Narde[113] und die anderen Aromata[114] besitzt das südliche Indien geradeso wie Arabien und Äthiopien, da es

---

110 Unter Byssos wird hier offenbar Seide verstanden. Serika = serische Stoffe (Serer: ›Seidenleute‹, Bewohner des Fernen Ostens; vgl. unten Anm. 141).

111 Hier wird Zuckerrohr gemeint sein.

112 Zimt, die aromatische Rinde der verschiedenen Arten *cinnamomum* – insbesondere *c. zeylanicum Br., cassia Bl., burmanni Bl.* – wurde in der Mittelmeerwelt wie im Orient als kostbarer Aromastoff bei Rauchopfern, als Parfum- und Salbenzusatz, vor allem aber als Arzneimittel verwendet. Es galt lange als Produkt Arabiens, dessen

jenen Ländern im Hinblick auf die Sonnenstrahlung ähnlich ist. Es unterscheidet sich aber hinsichtlich seines Überflusses an Wasser; deshalb sei auch die Luft feucht und aus diesem Grunde nahrreicher und zeugungskräftiger. Dies treffe auf den Boden wie auf das Wasser zu. Deshalb seien auch die Landtiere und die Wassertiere, die man in Indien finde, auch größer als anderswo. Auch der Nil ist zeugungsfähiger als andere Ströme und bringt große Tiere hervor, unter anderem besonders Amphibien. Die ägyptischen Frauen aber gebären zuweilen sogar Vierlinge. Aristoteles berichtet, daß eine selbst Siebenlinge zur Welt brachte. Und auch er bezeichnet den Nil als vielerzeugend und nährend eben wegen der gemäßigten Erhitzung durch die Sonne, die das Nährende zurück und das Überflüssige verdunsten lasse.

Dieser Ursache verdanke sich auch die Erscheinung, die Onesikritos erwähnt, daß nämlich Nilwasser im Vergleich zu anderem Wasser nur die halbe Hitze zum Kochen benötige. Weil aber das Wasser des Nils, wie er weiter sagt, in gerader Linie durch einen langgestreckten und schmalen Landstrich fließt und zahlreiche Klimata[115] und viele Luftstriche passiert, die indischen Ströme aber sich in größere und weitere Ebenen ergießen, also lange Zeit in denselben Klimata verweilen, so sind sie um so nährender als jener und deshalb auch die Flußtiere größer und zahlreicher. Außerdem komme das Wasser bereits gekocht aus den Wolken.

Zwischenhändler die wahre Herkunft des Produktes, Süd- und Südost-Asien, zu verbergen verstanden.

113 Indische Narde *(nardostachys jatamansi)*, im Himalaya-Gebiet wachsend – deutlich zu unterscheiden von zahlreichen unter der Bezeichnung Narde geläufigen und käuflichen aromatischen Gräserarten (vgl. Plinius, Naturgeschichte 13, 16 sowie unten S. 226 mit Anm. 224 über Narde in Gadrosien) –, lieferte aus ihrem Wurzelwerk das kostbare Duftöl, das in der Mittelmeerwelt als Speisewürze, für Kosmetika und vor allem als Bestandteil von Heilmitteln verwendet wurde.

114 Hierzu zählten vor allem Weihrauch, Myrrhe, Aloë, Sandelholz und Kostus sowie als Gewürze Pfeffer, Ingwer, Kardamomum, Malabathrum und manches mehr.

115 Gemeint sind Breitengrade.

Dieser Erklärung würden allerdings Aristobul und seine Gefolgsleute nicht zustimmen; die nämlich behaupten, daß die Ebenen nicht von Regen bewässert würden. Onesikritos hingegen vertritt die Auffassung, daß gerade dieses Wasser die Ursache für die Differenzierungen bei den Tieren sei, und als Beleg führt er an, daß die Hautfarbe von importiertem Vieh, das hier getränkt werde, zu der der einheimischen Tiere wechsele. Dies ist nun zwar richtig. Nicht allerdings dies, daß er die Ursache für die schwarze Hautfarbe und die Kraushaarigkeit der Äthiopier im bloßen Wasser erkennt und den Theodektes[116] tadelt, der die Ursache hierfür auf die Sonne selbst zurückführt:

> In deren Nähe Helios die lichte Bahn
> durchlaufend, mit des Rußes dunkelfarbgem Glanz
> der Menschen Leiber färbt, und ihre Haare kraust
> in wachstumlosen Formen durch des Feuers Glut
> sie sengend.

Dennoch hat die Erklärung wohl einigen Grund. Denn Onesikritos erklärt, daß die Sonne den Äthiopiern nicht näher kommt als den anderen Völkern; sie stehe nur steiler über ihnen und brenne deshalb stärker nieder, so daß es nicht richtig ist, zu sagen, »in deren Nähe Helios … durchlaufend …«, da doch die Sonne von allen gleich weit entfernt ist. Auch sei die Hitze nicht die Ursache für diese Erscheinung; denn dies treffe nicht auf die Kinder im Mutterleib zu, die von der Sonne ja nicht berührt würden. Besser liegen die, die die Ursa-

---

116 In Athen tätiger Rhetor und Tragiker des 4. Jhs. v. Chr., von dessen Werken – neun Stücke sind dem Namen nach bekannt – nur verschwindend geringe Reste als Zitate erhalten sind. Die Übersetzung des Zitats beruht auf K. Kercher.

che in der Sonne und dem von ihr verursachten Einsengen erblicken, bei starkem Mangel an äußerer Feuchtigkeit. Daher behaupte ich auch, daß die Inder nicht kraushaarig sind und auch ihre Haut nicht so stark verbrannt wirkt, da sie eben gemeinsam einer feuchten Luft ausgesetzt sind. Und bereits im Mutterleib wird gemäß der Beschaffenheit des Samens eine den Erzeugern gleichende Frucht ausgebildet, denn so erklären sich auch angeborene Krankheiten und andere Übereinstimmungen.

Zudem: Daß die Sonne von allen gleich weit entfernt ist, wird nur nach der Wahrnehmung behauptet, nicht aber aus Gründen entwickelt, und hier nicht einmal nach der Wahrnehmung im beliebigen Sinne, sondern so, wie wir sagen, daß die Erde zur Sonnenkugel sich nur wie ein Punkt verhält. Denn der Wahrnehmung nach, aufgrund derer wir Wärme empfinden – und zwar in der Nähe stärker, in der Ferne aber weniger –, ist die Sonne nicht gleich weit entfernt, und es ist in diesem Sinne zu verstehen, wenn von der Sonne gesagt wird, daß sie »in deren Nähe … durchlaufend« von den Äthiopiern sei, aber nicht, wie es Onesikritos versteht.

In einem Punkt besteht zwischen allen Autoren Übereinstimmung, die die Ähnlichkeit von Indien mit Ägypten und Äthiopien vertreten: daß nämlich alle Ebenen, die nicht überschwemmt werden, aufgrund des Wassermangels unfruchtbar sind. Nearch sagt, das alte Problem hinsichtlich des Nils, nämlich die Frage, woher seine Anschwellung stamme[117], werde durch die indischen Ströme beantwortet, weil

117 Das Problem der sommerlichen Nilüberschwemmung gehörte zu den ältesten naturwissenschaftlichen Problemen bei den Griechen. Seit den Vorsokratikern wurden verschiedene Theorien entwickelt und die Ursache für das jährliche Ansteigen des Nils bei den – etwa zeitgleichen – Etesien (den sommerlichen, kräftigen Nord- und Nordostwinden; so Thales), als Folge der Schneeschmelze in Äthiopien (Anaxagoras) und in Regengüssen im Bereich des unteren Nils (Demokrit) gesucht. Arrian schließt sich dieser letzten, korrekten Ansicht an, da er sie in Analogie zu den Beobachtungen des Monsuns in Indien für richtig hält.

Abb. 36: Nil-Landschaft mit Krokodil, Nilpferd und Barke; Detail aus dem Nil-Mosaik von Praeneste (1. Jh. v. Chr.)

es hier die Folge der Sommerregen ist. Alexander, der im Hydaspes Krokodile erblickt und am Akesines ägyptische Bohnen angetroffen hat, meinte die Quellen des Nils gefunden zu haben[118] und plante eine Flotte nach Ägypten auszurüsten, um auf diesem Fluß dorthin zu fahren. Wenig später lernte er allerdings, daß es unmöglich war, was er erhofft hatte, »denn riesige Ströme und schreckliche Fluten liegen dazwischen, zuerst der Okeanos«[119], in den sich alle indischen Flüsse ergießen, dann Ariana[120], der Persische und der Arabische Meerbusen und Arabien selbst sowie das Troglodytenland[121].

---

118 Siehe hierzu detailliert unten S. 179f.

119 Homer, Odyssee 11, 157.

120 Landschaft im östlichen iranischen Hochland.

121 Das Land der Troglodyten (›Höhlenbewohner‹) – eines sagenhaften Volkes, das sich angeblich von Reptilien ernährte (Herodot 4, 183), aber auch mit Pygmäen u. a. identifiziert wurde (Aristoteles, *Historia animalium* 597 a 9) – lokalisierte Herodot im Süden Libyens. Spätere Autoren versetzten es dann in verschiedene Randzonen der Oikumene, u. a. auch nach Indien.

Aristobul führt aus, daß es nur auf den Bergen und deren Ausläufern regne und schneie, die Ebenen dagegen ebenso ohne Regen blieben wie ohne Schnee; sie würden nur durch den Anstieg der Flüsse bewässert. Im Winter schneie es dabei in den Bergen, mit Beginn des Frühlings würden dann auch die Regenfälle einsetzen und an Stärke immer mehr zunehmen. Zur Zeit der Etesien ströme der Regen dann Tag und Nacht ohne Unterbrechung mit großer Heftigkeit herab bis zum Aufgang des Arktouros[122]. Von den Schneemassen und Regengüssen gefüllt, bewässerten die Flüsse dann die Ebenen.

Er erklärt, daß er selbst und auch andere dies beobachtet hätten, als sie nach dem Untergang der Plejaden[123] von den Parapamisaden her nach Indien gekommen seien und den Winter nahe des Berglandes im Land der Hypasier und des Assakenos verbracht hätten. Mit Beginn des Frühjahrs stiegen sie dann in die Ebenen herab und nach Taxila, eine große Stadt, von dort dann zum Hydaspes und zum Land des Poros. Während des Winters sei nun kein Wasser zu sehen gewesen, sondern nur Schnee. Das erste Mal regnete es bei den Taxilern und dann ununterbrochen, nachdem sie zum Hydaspes gelangt und Poros besiegt hatten, auf ihrem Weg ostwärts zum Hypanis und von da wieder zum Hydaspes zurück, insbesondere während der Etesien. Als der Arktouros wieder sichtbar wurde, hörte der Regen auf[124].

---

122 Die Etesien (hierzu eingehender unten Anm. 117) – gemeint ist der Südwest-Monsun – beginnen Mitte Juli, der Arktouros im Sternbild Boot geht am nördlichen Sternenhimmel zu Anfang Oktober auf.

123 Erste Novemberhälfte 327 v. Chr.

124 In Taxila setzten im Frühjahr 326 v. Chr. die Vorläufer des Monsuns mit seinen ersten Regenfällen ein. Diodor (17, 94; siehe unten S. 164f.) spricht dann von siebzig Tagen Dauerregen, denen die Soldaten (seit Mitte Juli) ausgesetzt waren, bis mit dem Aufgang des Arktouros, also Anfang Oktober, der Regen aufhörte.

Nachdem sie für den Bau von Schiffen am Hydaspes verweilt und wenige Tage vor Untergang der Plejaden die Fahrt flußabwärts begonnen hatten[125] und den ganzen Herbst und Winter sowie den darauffolgenden Frühling und Sommer mit der Fahrt flußabwärts befaßt waren, gelangten sie um den Aufgang des Hundssterns nach Patalene[126]. Obwohl die Flußfahrt zehn Monate gedauert hatte, bemerkten sie nirgendwo Regen; auch nicht zu dem Zeitpunkt, als die Etesien ihren Höhepunkt erreicht hatten. Die Ebenen allerdings wurden von den Flüssen, als diese gefüllt waren, überschwemmt, während das Meer nicht zu besegeln war, weil die Winde aus der Gegenrichtung wehten, sich von Land her aber kein Lüftchen regte.

Dies nun sagt genauso auch Nearch, der aber hinsichtlich der Sommerregen nicht zustimmt, sondern erklärt, daß auch die Ebenen im Sommer beregnet würden, im Winter hingegen ohne Regen wären. Beide Autoren sprechen von dem Anschwellen der Flüsse. Nearch berichtet, daß sie, als sie einmal nahe des Akesines ihr Lager aufgeschlagen hatten und der Fluß anschwoll, sich gezwungen sahen, auf einen anderen, höher gelegenen Ort zu wechseln, und daß sich dies zur Zeit der Sommersonnenwende ereignet habe. Aristobul nennt auch die Höhe des Anstiegs, und zwar 40 Ellen, wobei 20 Ellen über dem vorherigen Wasserspiegel das Flußbett bis zu seinem Rand anfüllten, die anderen 20 Ellen in die Ebenen überliefen.

---

125 Siehe hierzu die detaillierte Beschreibung der Flußfahrt unten S. 181ff.

126 Hundsstern: Sternbild Großer Hund (im südlichen Sternenhimmel) mit dem Sirius. Der Sirius, der hellste Fixstern, hat seinen Frühaufgang im Sommer (Mitte Juli). Er galt in der Antike allgemein als wichtige Marke des jahreszeitlichen Wetterumschwunges. In Ägypten wurde er, da man die Fruchtbarkeit bringende Nilschwelle mit ihm verknüpfte, sogar als lebenspendende Göttin verehrt.

Abb. 37: Swat-Flußtal, gesehen von Bir-kot, dem antiken Bazira (nordwestl. Pakistan)

46. Wasserreichtum und Fruchtbarkeit

Übereinstimmend wird auch berichtet, daß es geschehen könne, daß die auf aufgeschütteten Hügeln liegenden Städte zu Inseln werden, wie es auch in Ägypten und Äthiopien geschieht. Die Überschwemmungen gingen aber nach dem Aufgang des Arktouros zurück, wobei das Wasser ablaufe. Der Boden werde dann, erst halbtrocken, eingesät, nachdem er mit irgendeinem Grabgerät angeritzt worden sei: Dennoch wachse daraus eine vollendete und üppige Frucht. Aristobul zufolge steht der Reis[127] in eingefaßtem Wasser; Beete

---

127 Der Reis wurde der griechischen Welt erst durch den Alexanderzug bekannt (vgl. aber die Beschreibung des indischen Nahrungsmittels *kénchros* bei Herodot 3, 100). Mehrere Schilderungen der Pflanze

seien angelegt, die ihn enthielten. Die Pflanze habe eine Höhe von vier Ellen und besitze viele Ähren und Körner. Geerntet werde um die Zeit des Niedergangs der Plejaden, und die Pflanze werde geschrotet wie der Spelt. Reis wächst auch in der Baktriane, in Babylon und der Susis; auch das Untere Syrien bringt ihn hervor. Megillos[128] dagegen behauptet, der Reis werde vor den Sommerregen gesät, benötige aber

und ihrer Anbauweise, darunter die hier zitierte Aristobuls, sind überliefert; von diesen stammt die genaue Beschreibung bei Theophrast (4, 4, 16). In die im Text anschließend (von Strabon) als Anbauregionen genannten Länder (bis nach Syrien) gelangte der Reis erst in Folge des Alexanderzuges. In der griechisch-römischen Welt wurde Reis fast nur zu medizinischen Zwecken verwendet.

128 Megillos, ein sonst unbekannter Schriftsteller, der nur an dieser Stelle zitiert wird.

künstliche Bewässerung und Ernährung durch das eingefaßte Wasser. Vom Bosmorum sagt Onesikritos, daß es sich um eine kleinere Getreideart als Weizen handele; es gedeihe in Gegenden zwischen Flüssen, und man röste es nach dem Dreschen, nachdem man geschworen hat, es nicht ungeröstet von der Tenne abzutransportieren, damit kein Saatgut ausgeführt werde. (...)

Wie Eratosthenes erklärt, verdankt es sich den Verdunstungen dieser Flüsse und der Etesienwinde, daß Indien durch Sommerregen gewässert wird und die Ebenen sich in Sümpfe verwandeln. Während dieser Sommerregen wird Flachs gesät und Hirse, daneben auch Sesam, Reis und Bosmorum, zur Winterszeit dagegen Weizen, Gerste, Hülsenfrüchte und andere eßbare, bei uns aber unbekannte Feldfrüchte.

Megasthenes zeigt die Fruchtbarkeit Indiens mit dem Hinweis an, daß es zweimal Frucht trage und doppelten Ertrag bringe. Dasselbe sagt Eratosthenes, der die eine Aussaat Wintersaat, die andere aber Sommersaat nennt, und ebenso den Regen. Denn es gebe, so sagt er, kein Jahr, in dem zu beiden Jahreszeiten der Regen ausfalle, und daher komme die gesegnete Fruchtbarkeit, weil das Land niemals ohne Frucht sei.

Nach den Feststellungen des Aristobul ist es wahrscheinlich, daß in Indien das Land aufgrund der vielen Feuchtigkeit leicht von Erdbeben erschüttert wird und Risse bekommt, daß sogar Flußbetten sich verändern. Jedenfalls führt er Folgendes aus: Als er in einer Mission unterwegs war, habe er einen Landstrich mit mehr als 1000 Städten mitsamt Dörfern völlig verödet gesehen, nachdem der Indus sein eigentliches Bett verlassen und sich seitwärts in ein anderes zur Rechten verlagert hatte. Dieses lag wesentlich tiefer, und der Fluß stürzte in ihm mit stärkerem Gefälle hinab. Daher bewässerte er das Land zur Rechten nicht länger mit seinen Überschwemmungen, da es nun nicht nur höher als das Strombett, sondern auch als das Überschwemmungsniveau lag.

Mit den Angaben zu den Hochwassern der Flüsse und dem Fehlen von Landwinden stimmt auch das überein, was

Onesikritos berichtet: Er sagt nämlich, die Küste sei sumpfig und zwar besonders im Bereich der Flußmündungen wegen des Schlicks, der Gezeiten und der Macht der Seewinde.

47. Die Verfolgung des anderen Poros

Nach Überschreiten des Flusses ließ Alexander Koinos mit seiner Abteilung dort am Ufer zurück und gab ihm den Auftrag, den Übergang der zurückgebliebenen Truppen zu leiten, die ihm Getreide und allen sonstigen Nachschub aus dem Gebiet der bereits unterworfenen Inder nachbringen sollten. Poros sandte er zu seinen Völkern mit der Aufgabe zurück, die Kampfkräftigsten von den Indern auszuheben und, sofern er bei sich noch über Elefanten verfüge, diese zu sammeln und ihm zu bringen. Er selbst beschloß, mit den leichtesten Einheiten seines Heeres die Verfolgung des anderen Poros aufzunehmen, eines Mannes von üblem Charakter. Denn Meldungen besagten, dieser sei aus seinem Reich geflohen[129]. Dieser Poros nun hatte, solange Alexander mit seinem Namensvetter im Kampf lag, Gesandte zu Alexander geschickt und sich und sein Land übergeben – eher aus Haß auf Poros als aus freundschaftlichen Regungen gegenüber Alexander. Als er aber erfuhr, daß Alexander jenen wieder freigelassen habe und er wieder über sein Reich und viel anderes Land herrsche, da packte ihn die Angst, Angst nicht so sehr vor Alexander als vor seinem Namensvetter Poros, und so floh er. Dabei nahm er alle kampffähigen Männer mit sich, die er dazu überreden konnte, mit ihm zu fliehen.

---

129 Das Reich des anderen Poros grenzte östlich an das seines Namensvetters und ist somit im östlichen Panjab zu lokalisieren. Er flüchtete zweifellos nach Osten, wie Diodor (91, 1) erklärt, zu den Gandariden. Hierbei kann es sich nur um das Reich der Nanda-Herrscher im Ganges-Tal mit dem Zentrum Palibothra handeln. Poros suchte damit die Unterstützung der stärksten Macht Nordindiens.

Gegen diesen Poros zog Alexander und gelangte dabei zum Fluß Hydraotes[130], einem anderen indischen Strom, der nicht weniger breit als der Akesines ist, aber keine so starke Strömung aufweist. Im ganzen Gebiet, das Alexander bis zum Hydraotes durchzog, ließ er an den strategisch wichtigen Punkten Sicherungsposten zurück, so daß die Truppen des Krateros und des Koinos weite Strecken des Landes ungefährdet durchziehen und dabei furagieren konnten. Dann sandte er Hephaistion mit einem Teil des Heeres, nämlich zwei Abteilungen der Phalanx, seiner eigenen Reiterschwadron und dazu derjenigen des Demetrios sowie der Hälfte der Bogenschützen, in das Land des abtrünnigen Poros mit dem Auftrag, dieses dem anderen Poros zu übergeben. Sofern an den Ufern des Hydraotes aber noch irgendwelche freien indischen Stämme lebten, sollten auch diese unterworfen und der Herrschaft dieses Poros unterstellt werden. Er selbst überschritt den Hydraotes unter geringeren Schwierigkeiten als zuvor den Akesines. Bei seinem weiteren Vormarsch auf der anderen Uferseite gelang es ihm, die meisten dort wohnenden Stämme auf friedlichem Wege zur Unterwerfung zu veranlassen. Einige, die bewaffneten Widerstand zu leisten oder sich durch Flucht zu entziehen versuchten, unterwarf er freilich mit Gewalt. (...)

Alexander rückte nun mit dem Heer gegen den Hyphasis[131] vor, um auch die jenseits dieses Flusses siedelnden Inder zu unterwerfen. Für ihn gab es offensichtlich kein Ende des Feldzuges, solange noch irgendwo ein Feind zu erkennen war.

---

130 Der heutige Ravi (oder Iroti).

131 Der Hyphasis (Sanskrit: Vipasa; in den griechischen Quellen auch als Hypanis und Bipasis bezeichnet) ist der moderne Beas, ein Nebenfluß des Sutlaj (der von Arrian nicht erwähnt, vielleicht von diesem nicht unterschieden wird). Der Verlauf dieser beiden Flüsse unterlag seit der Antike wiederholt Veränderungen; so ist es ausgeschlossen, festzustellen, an welchem Punkt Alexander auf seinem Weg nach Osten zum Halten kam.

48. Der Bericht des Phegeus über Ganges-Indien[132]

Phegeus war der Herrscher des nächstgelegenen Volkes. Er gab seinen Untertanen Befehl, wie gewohnt die Felder zu bearbeiten, begab sich selbst mit Geschenken zu Alexander und unterstellte sich ganz dessen Befehlsgewalt. Der Makedonenkönig verbrachte zwei Tage bei ihm. Am dritten Tag war die Entscheidung gefällt, den Fluß zu überqueren. Der Übergang war nicht leicht zu bewältigen, nicht nur der Breite des Stromes wegen, sondern auch aufgrund der Felsen in ihm. Als er Phegeus befragte, welche relevanten Informationen es gebe, erfuhr Alexander, daß jenseits des Flusses eine Wegstrecke von 12 Tagen durch wüste Einöden liege, und daß man dann an den Ganges gelange, den größten der Flüsse Indiens, auf dessen jenseitigem Ufer die Völker der Gangariden und Prasier lebten[133].

Deren König sei Aggrammes. Er kontrolliere die Straßen mit 20000 Reitern. Neben diesen führe er 2000 vierspännige Streitwagen und – besonders schreckenerregend – Elefanten, von denen er, wie Phegeus erklärte, 3000 besitze. All dies erschien dem König unglaubwürdig; deshalb fragte er den

---

132 Die folgende Episode um König Phegeus und seinen Bericht über Ganges-Indien findet keinerlei Widerhall in der Alexandergeschichte Arrians, doch berichten alle Autoren der Vulgatatradition – Diodor, Curtius Rufus (hier zitiert: 9, 1, 36–2, 6), Plutarch – mit nur geringen Abweichungen von dieser Begegnung und den hier Alexander zugetragenen Informationen über Ganges-Indien. Die grundlegende Frage, ob Alexander von seinen indischen Informanten tatsächlich von der Existenz des Stromes und des mächtigen Nanda-Reiches um Pataliputra erfahren hat (wofür manches spricht), ist nicht mit letzter Sicherheit zu entscheiden.

133 Die angebliche zwölftägige Wüstenstrecke ist eine Fehlinformation; die Wüste Thar, in der Tat eine kaum zu überwindende natürliche Barriere von bis zu 360 km Breite zwischen Panjab und dem südlichen (heutigen) Nordwestindien, liegt viel weiter südlich. Vom Beas (Hyphasis) aus war der Jamuna im Flußsystem des oberen Ganges dagegen ohne größere klimatische oder natürliche Hindernisse nach 250 km zu erreichen. Die Prasier werden auch von Megasthenes als um Pataliputra lebend geschildert; unabhängig davon sind die Gangariden für die Ganges-Ebene bezeugt.

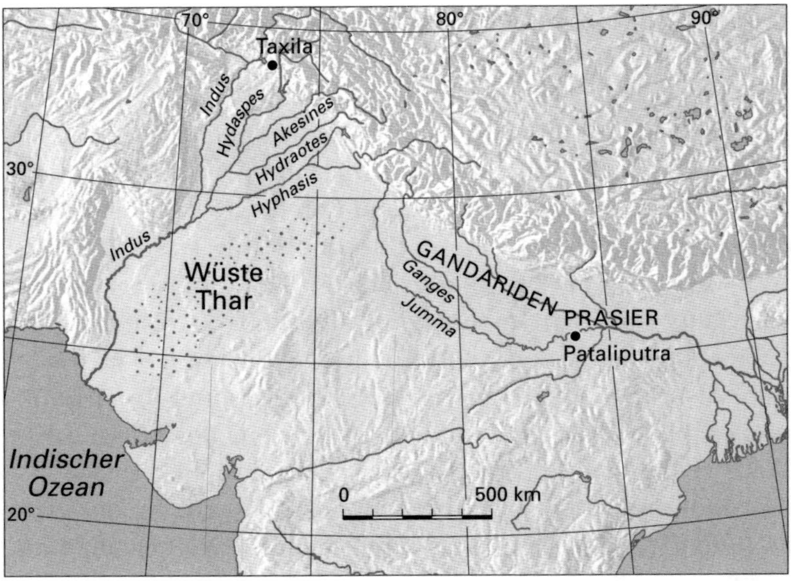

Abb. 38: Indien östlich des Hyphasis

Poros – denn diesen hatte er bei sich –, ob das, was ihm gesagt worden war, wahr sei. Der bestätigte ihm, daß die Stärke des Volkes und des Königreichs nicht übertrieben worden waren[134].

49. Alexander am Ganges?

Dies berichten die Teilnehmer am Feldzug Alexanders. Allerdings findet sich auch ein Brief des Krateros an seine Mutter Aristopatra veröffentlicht[135], der neben vielen anderen Selt-

---

134 Die Zahl der Elefanten erscheint realistisch; der Maurya-Herrscher Chandragupta (der Bezwinger des Nanda-Reiches) war später mühelos in der Lage, dem Diadochen Seleukos 500 Kriegselefanten zu stellen. Megasthenes wiederum bezifferte die Zahl der Personen im Heerlager Chandraguptas (siehe unten S. 158) mit 400 000 – wenn auch diese Zahl wohl nicht nur Soldaten, sondern auch den Troß eingeschlossen haben dürfte.

135 Bei dem Brief handelt es sich zweifellos, wie auch Strabon argwöhnt, um eine Fälschung. Die Einfügung von – auch frei kompo-

samkeiten, die mit keinem Bericht eines anderen Gewährsmannes übereinstimmen, zudem behauptet, daß Alexander bis zum Ganges vorgedrungen sei. Und der Verfasser erklärt, auch selbst diesen Strom gesehen und Flußungeheuer auf seinen Uferbänken erblickt zu haben; und seine Größe, sowohl hinsichtlich der Breite wie der Tiefe, grenze ans Unglaubliche. Tatsächlich herrscht Übereinstimmung, daß der Ganges der größte der Ströme auf den drei Kontinenten ist, und nach ihm kommt der Indus, an dritter und vierter Stelle aber die Donau und der Nil[136]. Hinsichtlich der jeweiligen Einzelheiten berichten allerdings verschiedene Autoren Unterschiedliches: Die einen geben seine geringste Breite mit 30 Stadien an, andere gar mit nur 3 Stadien, Megasthenes aber erklärt, er weite sich, wo er seine mittlere Breite habe, auf 100 Stadien, seine Tiefe aber betrage mindestens 20 Klafter[137].

50. Spätere Berichte über Ganges-Indien

Es heißt, daß Palibothra am Zusammenfluß des Ganges mit einem anderen Fluß liegt, eine Stadt von 80 Stadien Länge und 15 Stadien Breite in der Gestalt eines Parallelogramms, von einer Palisadenmauer mit Scharten umgeben, so daß

---

nierten – Briefen (und ebenso Reden) galt in der antiken Literatur und Historiographie als legitimes Stilmittel. Das hier zitierte Schreiben wird erst lange nach dem Alexanderzug, als die Kenntnis des Ganges bereits geographisches Allgemeinwissen darstellte (und man Alexander den Vorstoß auch in diese Region zuschreiben wollte), entstanden und vermutlich in eine der populären Briefsammlungen der Alexanderüberlieferung gelangt sein.

136 Die Aussage trifft hinsichtlich des Wasseraufkommens zu, nicht aber hinsichtlich der Länge der Flüsse: Der Ganges erstreckt sich über ca. 3000 km, der Indus über 3180 km; der Nil mißt 5760 km und die Donau 2850 km.

137 Die Angaben des Megasthenes sind stark übertrieben. Der Ganges erreicht heute bei Benares bei normalem Pegelstand eine Breite von etwa 430 m, bei Hochwasser während des Monsuns kaum über 1000 m. Seine Tiefe beträgt 10–12 m bzw. 16 m.

durch die Öffnungen Pfeile hindurchgeschossen werden können; vor der Holzmauer aber liege ein Graben, der sowohl zu Verteidigungszwecken wie zur Aufnahme der Abwässer aus der Stadt diene[138]. Das Volk, in dessen Territorium diese Stadt liege, heiße Prasier, von allen Völkern das bedeutendste. Der König müsse aber den Namen der Stadt als Beinamen führen, Palibothros, zusätzlich zu dem eigenen Geburtsnamen, wie etwa auch König Sandrokottos, zu dem Megasthenes als Gesandter kam[139]. (...)

Die Autoren stimmen darin überein, daß das Land jenseits des Hypanis[140] das beste ist. Allerdings wird dies nicht im einzelnen dargelegt, vielmehr wird aufgrund von Unwissenheit und räumlicher Entlegenheit Sämtliches ins Gewaltige oder gar Wunderbare übertrieben. So haben etwa die Erzählungen von den goldgrabenden Ameisen und von anderen Lebewesen, Tieren wie Menschen, eigentümlichen Aussehens oder besonderer Fähigkeiten mancherlei Wandlungen erfahren. Zum Beispiel erzählen sie über die Serer, sie seien langlebig und vermögen ihre Lebensspanne über die 200 Jahre hinaus auszudehnen[141].

---

138 Die gewaltigen Ausmaße von Pali(m)bothra (oder Pataliputra; heute bei Patna) – nach den Angaben des Megasthenes besaß die Stadt ein ummauertes Areal von über 25 km² und damit fast das Doppelte des kaiserzeitlichen Rom innerhalb der Aurelianischen Mauern (13,7 km²) – galten wie weitere Details (570 Türme, 64 Stadttore) lange als aus der Luft gegriffen, werden aber durch andere, auch indische Quellen (Staatslehrbuch des Kautilya, 1. Jh. n. Chr.?) bestätigt und sind vor allem zuletzt durch Ausgrabungen eindrucksvoll nachgewiesen worden.

139 Sandrokottos (ind. Chandragupta) begründete das Maurya-Reich (324–163 v. Chr.), das sich im nördlichen Zentralindien (Ganges-Ebene) mit der Hauptstadt Palibothra etablierte, dann die von Alexander eroberten Teile Nordwest-Indiens unter seine Kontrolle brachte und auch über den Hindukusch nach Westen ausgriff. Diplomatische Beziehungen mit Seleukos Nikator, der um 301 v. Chr. Sandrokottos die Ostprovinzen offiziell abtrat, führten auch zur Gesandtschaftsreise des Megasthenes ca. 300/290 v. Chr.

140 In der antiken Überlieferung meist als Hyphasis bezeichnet (vgl. Anm. 131).

141 Serer = ›Seidenleute‹ (von chin. si, die Seide). Der Hinweis ist ein Zusatz des augusteischen Geographen Strabon. In seiner Zeit ge-

Man erzählt dort auch von einer Art aristokratischer Staatsverfassung, die auf 5000 Ratsherren beruhe, die jeder dem Gemeinwesen einen Elefanten stellten. Und Megasthenes erklärt, daß es bei den Prasiern die größten Tiger gebe, nahezu doppelt so groß wie Löwen und von einer solchen Stärke, daß ein zahmes Tier, das von vier Männern gehalten wurde, ein Maultier, das es an einem Hinterlauf packen konnte, überwältigte und zu sich heranzog. Weiterhin gebe es langschwänzige Affen, die größer als die größten Hunde seien und ganz weiß außer im Gesicht, welches schwarz sei (bei anderen aber auch umgekehrt), ihre Schwänze seien aber zwei Ellen lang, sie selbst außerordentlich zahm und nicht bösartig, was Aggressivität oder Diebereien anginge[142].

Auch würden hier Steine von weihrauchähnlicher Farbe und süßer als Feigen oder Honig ergraben. Andernorts lebten Schlangen von zwei Ellen Größe mit Flughäuten, ähnlich wie Fledermäuse, und diese flögen gleichfalls bei Nacht, wobei sie Urintropfen oder auch Schweißperlen absonderten, welche die Haut von jedem, der nicht auf der Hut ist, durchätzten[143]. Auch fänden sich geflügelte Skorpione von enor-

---

langten erstmals deutlichere Hinweise über die Produzenten des begehrten Gewebes nach Westen, allerdings verknüpft mit zahlreichen völlig irrigen – exotischen oder idealisierenden – Informationen wie über das außerordentliche Alter der Serer, das typischerweise mit Völkern am äußersten Rand der bekannten Oikumene verbunden wurde.

142 Zwar fehlt die Nennung näherer Merkmale, doch handelt es sich bei der hier geschilderten, in Bergregionen lebenden großen Affenart mit langem Schwanz zweifellos um den indischen Affen Humman oder Hulman (*semnopithecus entellus* oder *presbyter entellus*); vgl. auch oben Anm. 71.

143 Diese Behauptungen entziehen sich der Verifikation. Unklar bleibt, ob es sich um grob übertreibende Schilderungen realer Tiere handelt – so wurde vorgeschlagen, die fliegenden, aber ungeflügelten Schlangen als an Zimmerdecken spazierende Eidechsen (Geckos) zu deuten – oder um neue Beispiele indischer Wunder, wie sie Megasthenes später etwa auch für fremdartige Menschenrassen zu berichten weiß (offenbar aus indischen Quellen).

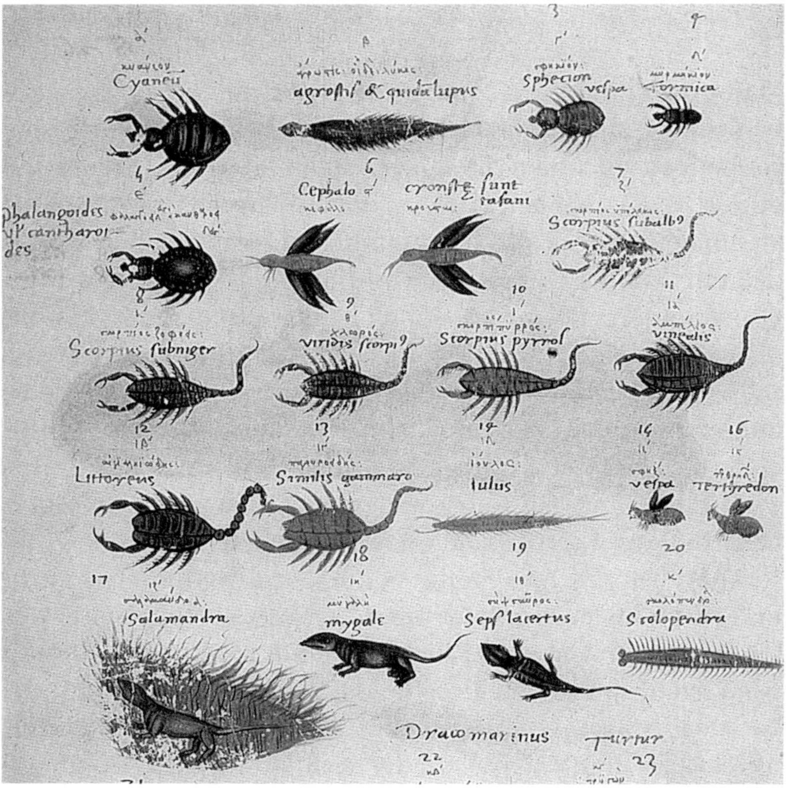

Abb. 39: Skorpione und andere giftige Tiere (spätantike Buchillustr.)

mer Größe. Weiterhin wachse dort Ebenholz, und es gebe tapfere Hunde, die nicht eher von ihrer einmal gepackten Beute abließen, als bis man ihnen Wasser in die Nüstern gegossen habe. Einige von ihnen verbissen sich mit solcher Leidenschaft, daß ihre Augen sich verdrehten, zuweilen sogar ihnen ausfielen. Sogar einen Löwen habe ein solches Tier schon angefallen und einen Stier, wobei der Stier, an der Schnauze gepackt, tatsächlich verendete, bevor er befreit werden konnte[144].

144 Zur Tapferkeit indischer Hunde siehe ausführlicher unten S. 176ff.

Dem Bericht des Megasthenes zufolge gibt es im Gebirge einen Fluß namens Silas, auf dem nichts schwimme[145]. Demokrit allerdings glaubt dies nicht, wo er doch einen solch großen Teil Asiens durchwandert hat[146]. Auch Aristoteles bezweifelt dies, obwohl es Luftschichten gibt, die so dünn sind, daß kein geflügeltes Wesen darin fliegen kann. Außerdem, gewisse aufsteigende Dünste haben die Eigenschaft, Dinge an sich zu ziehen und über ihnen Schwebendes gewissermaßen einzuschlürfen, so wie es der Bernstein mit der Spreu oder der Magnet mit Eisen zu tun vermag. Und so mögen wohl auch entsprechende Kräfte im Wasser vorhanden sein.

52. Die Kastenordnung der Inder nach dem Bericht des Megasthenes

Megasthenes sagt auch, daß die Bevölkerung der Inder in sieben Kasten geteilt ist[147]. Der Wertschätzung nach stehen an erster Stelle die Philosophen[148], die zahlenmäßig am we-

---

145 Eine entsprechende Überlieferung bietet bereits Ktesias, dem Megasthenes trotz kritischer Distanz zuweilen folgte. Doch auch altindische Legenden wissen von einem solchen Fluß zu erzählen.

146 Ein ironischer Seitenhieb gegen den rein theoretischen, nicht empirisch fundierten Ansatz des angeblich weitgereisten großen Naturphilosophen aus Abdera (5./4. Jh. v. Chr.).

147 Es ist umstritten, ob Megasthenes hier tatsächlich ein Bild der indischen Kasten skizziert. Die alte indische Gesellschaft kannte eine Vierteilung: Brahmanen, Krieger, Bauern und Kaufleute, Knechte. Das System der Kasten *(jati)* entwickelte sich erst allmählich, vielleicht erst nach der Zeit des Megasthenes. Eine Einteilung in sieben Kasten in der von Megasthenes skizzierten Weise (vgl. übernächste Anm.) läßt sich weder in das alte System noch in spätere Entwicklungsstufen, so weit bekannt, einordnen.

148 Gemeint sind die Brahmanen, die Angehörigen der Priesterkaste. Die für sie von den Teilnehmern des Alexanderzuges gebrauchte Bezeichnung ›Philosophen‹ artikulierte geradezu das Mißverständnis der Eroberer, die jene Personen ausschließlich als durch besondere Weisheit und asketische Lebensführung ausgezeichnete Individuen ansahen. Demgegenüber zeigt die Beschreibung des Megasthenes, der dieselbe Benennung verwendet, daß er die

nigsten sind. Ihrer bedient man sich, und zwar jeder eines einzelnen, für die Darbringung von Opfern an die Götter oder solcher für die Toten; alle Philosophen gemeinsam zieht der König bei der sogenannten Großen Synode heran, zu der sich am Beginn des neuen Jahres die Weisen allesamt an den Toren der Residenz einfinden. Und jeder von ihnen, der etwas Nützliches niedergeschrieben oder beobachtet hat, das das Gedeihen der Feldfrüchte oder der Tiere oder der Staatsverfassung berührt, bringt dies an die Öffentlichkeit. Wer nun drei Mal der Unwahrheit überführt worden ist, muß, so lautet das Gesetz, bis zu seinem Lebensende schweigen. Derjenige, der hingegen etwas Rechtes geäußert hat, dem wird Befreiung von Lasten und Steuern gewährt.

Die zweite Kaste ist die der Bauern. Sie sind am zahlreichsten und anständigsten, befreit vom Kriegsdienst und freigestellt für die Feldarbeit. Sie suchen keine Stadt auf, weder in anderen Angelegenheiten noch für öffentliche Geschäfte. So geschehe es oft, daß zur selben Zeit und am selben Ort die einen in Schlachtordnung stehen und Leib und Leben im Kampf gegen die Feinde aufs Spiel setzen, während die Bauern gefahrlos pflügen oder hacken, wobei sie die Soldaten als ihre Vorstreiter haben. Der gesamte Boden ist aber Königsland; ihn bearbeiten sie als Pächter für ein Viertel des Fruchtertrags.

Die dritte Kaste ist die der Hirten und Jäger; ihnen allein ist die Jagd und die Viehzucht gestattet, darüber hinaus der Verkauf und die Vermietung von Zugvieh. Dafür, daß sie das Land von wilden Tieren und saatfressenden Vögeln verschont halten, bekommen sie vom König Getreide zugeteilt. Sie führen ein Wanderdasein und leben in Zelten. (...)

Nach den Jägern und Hirten nennt Megasthenes als vierte Kaste die der Künstler, der Einzelhändler und all derer, die körperliche Arbeit leisten oder ein Handwerk ausüben. Die meisten von ihnen zahlen Abgaben und übernehmen

---

Zugehörigkeit der Brahmanen zu einer eigenen Kaste – erstmals – erkannte.

zwangsweise öffentliche Aufgaben. Andere, wie die Waffenschmiede und Schiffszimmerleute, erhalten Löhne und Lebensmittelzuteilungen vom König. Denn sie arbeiten ausschließlich für diesen. Der Heermeister gibt den Soldaten die Waffen aus, die Schiffe vermietet der Flottenkommandeur an die Seeleute und Händler.

Die fünfte Kaste ist die der Krieger, die ihr Leben die übrige Zeit in Muße und bei Trinkgelagen verbringen und aus der königlichen Schatulle besoldet werden, damit sie bei Bedarf unverzüglich zu Feldzügen antreten können, da sie nichts mitzunehmen haben außer ihrem Körper. Die sechste Kaste ist die der Aufseher. Diesen obliegt die Aufsicht von allem, was geschieht, und sie erstatten heimlich dem König Meldung. Zu ihren Komplizen machen sie die Prostituierten, wobei die Aufseher in der Stadt die städtischen Prostituierten heranziehen, die im Militärlager die dortigen. Die besten und vertrauenswürdigsten Männer werden mit dieser Aufgabe betraut. Die siebte Kaste ist die der Räte und Beisitzer des Königs; aus ihrem Kreis werden die obersten Staatsämter, die Richterämter und die Verwaltungsposten des gesamten Gemeinwesens besetzt.

Weder ist es erlaubt, aus einer Kaste in eine andere zu heiraten, noch sein Geschäft oder Gewerbe gegen ein anderes zu vertauschen; auch darf niemand mehreren Tätigkeiten nachgehen, außer er wäre einer der Philosophen. Diesen ist solches nämlich aufgrund ihrer Tüchtigkeit gestattet[149].

---

149 Die starke Betonung einer strengen Arbeitsteilung in der indischen Gesellschaft – im folgenden noch am Beispiel der öffentlichen Verwaltung herausgearbeitet – bei gleichzeitiger Sonderstellung der Philosophen (Brahmanen) verrät unverkennbar platonische Züge: Der platonische Idealstaat, von dessen theoretischen Prämissen sich weitere hier nachweisen lassen, beruhte geradezu auf dem Prinzip der Arbeitsteilung (Platon, Politeia II 369d–370a; III 397e; IV 434a. b; VIII 551–552a). Insofern wird in der Schilderung des Megasthenes mit der indischen zugleich auch eine utopische Gesellschaft skizziert.

Von den Beamten sind die einen Marktaufseher, andere Stadtaufseher, andere schließlich verantwortlich für die Soldaten. Von diesen sind nun die ersteren auch zuständig für die Regulierung der Flüsse und die Vermessung des Landes, wie in Ägypten, und sie beaufsichtigen die geschlossenen Kanäle, von denen aus das Wasser in die Leitungen verteilt wird, so daß allen die Nutzung des Wassers in gleichem Maße gesichert ist. Dieselben Beamten führen auch die Aufsicht über die Jäger und haben Vollmacht, Auszeichnungen und Bestrafungen derer vorzunehmen, die es verdienen. Sie ziehen auch die Steuern ein und beaufsichtigen die Gewerbe auf dem Land, wie die der Baumfäller, Zimmerleute, Schmiede und Bergleute. Zudem besorgen sie den Bau von Überlandstraßen, und alle 10 Stadien errichten sie Säulen, welche die Abzweige und die Entfernungen verzeichnen.

Die Stadtaufseher sind in sechs Abteilungen von je fünf Beamten gegliedert. Die einen führen die Aufsicht über die Handwerke, die anderen besorgen die Aufnahme der Fremden, denn sie weisen ihnen Unterkünfte zu, kontrollieren genau ihren Lebenswandel, besorgen ihnen Begleiter, geleiten sie selbst oder aber das Eigentum derer, die verstorben sind, kümmern sich um die Kranken und beerdigen die Toten. Die Dritten sind diejenigen, die Geburts- und Todesfälle überprüfen, wann und wie sie erfolgt sind, einmal der Abgaben wegen, aber auch damit nicht die Geburten oder Todesfälle, sei es die besseren oder die schlechteren, unbekannt bleiben.

Die vierte Abteilung ist zuständig für den Kleinhandel und den Warenumschlag. Jene Aufseher kümmern sich um Gewichte und um Ernteerträge, daß nämlich diese entsprechend gekennzeichnet und verkauft werden. Man darf aber nicht mit mehr als einer Ware handeln, außer wenn doppelte Abgaben entrichtet werden. Die Fünften beaufsichtigen die Produktion der Handwerker und verkaufen diese nach Kennzeichnung, neue Waren getrennt von den alten, und derjenige, der beide vermischt, zahlt Bußgeld. Die der sechsten Abteilung schließlich erheben von allen verkauften Waren den Zehnten. Mit dem Tode wird aber derjenige bestraft, der die Steuer hinterzieht. Dies sind soweit die besonderen Aufgaben der Abteilungen. Sie alle sind aber gemeinsam verantwortlich für Privatangelegenheiten und öffentliche Belange und für die Beaufsichtigung der öffentlichen Bauten, der Preise, des Marktplatzes sowie der Häfen und der Heiligtümer.

Abb. 40: Kriegselefant mit Jungem, Vasenbild (3. Jh. v. Chr.)

Nach den Stadtaufsehern ist die dritte gemeinsame Behörde die der Militärangelegenheiten, die gleichfalls in sechs Abteilungen zu je fünf Beamten gegliedert ist. Die eine von ihnen ist dem Flottenbefehlshaber beigegeben, die nächste dem Verantwortlichen für die Ochsengespanne, mit denen Kriegsgerät, Verpflegung für Soldaten und Tiere und alle sonstigen für das Heer wichtigen Versorgungsgüter transportiert werden. Sie rekrutieren auch das Hilfspersonal, nämlich Paukenschläger, Schellenträger, weiterhin Pferdeknechte, Maschinenbauer und deren Helfer. Auch senden sie auf Glockenzeichen Futtersammler aus und sorgen über Belohnung und Strafe für Schnelligkeit und Sicherheit.

Die der dritten Abteilung sind verantwortlich für die Infanterie, die der vierten für die Pferde, die aus der fünften für die Streitwagen und die letzten schließlich für die Elefanten. Die Ställe für Pferde und Elefanten gehören dem König. Königlich ist auch das Waffenarsenal, denn jeder Soldat gibt seine Rüstung im Arsenal zurück, sein Pferd im Marstall und ebenso den Elefanten. Und sie bedienen sich ihrer ohne Zaumzeug. Die Streitwagen werden auf dem Marsch von Ochsen gezogen, die Pferde werden dabei aber am Halfter geführt, damit ihnen die Beine nicht vom Geschirr wundgescheuert werden und auch ihr Mut nicht vom Ziehen der Wagen vorzeitig abstumpft. Auf den Streitwagen befinden sich zusätzlich zum Lenker zwei Bewaffnete. Der Mahout des Elefanten ist hingegen der vierte Mann; hier befinden sich drei Bogenschützen und schießen vom Tier herab.

54. Lebensweise und Bräuche der Inder im Reich des Sandrokottos

Alle Inder leben ein einfaches Leben[150], besonders aber auf Feldzügen. Sie können sich nicht mit überflüssigen Massenunruhen anfreunden, und deshalb benehmen sie sich nach guter Sitte. Am weitesten geht ihre Selbstbeherrschung in Hinsicht auf Diebstähle. Megasthenes berichtet jedenfalls, daß er im Heerlager des Sandrokottos, obwohl sich 400 000 Mann darin aufhielten, an keinem Tag Diebstähle angezeigt gefunden habe, die Gegenstände in einem Wert von mehr als 200 Drachmen betroffen hätten – und das bei Menschen, die sich ungeschriebener Gesetze bedienen. Denn, so führt er aus, sie kennen keine Schrift, sondern regeln alles nach dem Gedächtnis[151]. Und dennoch leben sie glücklich wegen ihrer Einfachheit und Mäßigung.

Tatsächlich trinken sie keinen Wein, außer bei Opfern, sondern ein Getränk, das sie aus Reis statt aus Gerste gewinnen. Zudem besteht ihre Nahrung überwiegend aus Reisbrei. Auch in ihren Gesetzen und ihren Geschäftsbeziehungen erweist sich ihre Einfachheit darin, daß sie nicht prozessierfreudig sind. So gibt es bei ihnen keine gerichtlichen Auseinandersetzungen über Versprechungen oder über Sicherhei-

---

150 Auch in der Darstellung der Lebensweise der Inder sind die idealisierenden Züge offensichtlich; mit der Beschreibung der sozialen Verhältnisse wird zugleich den griechischen Lesern eine soziale Utopie vor Augen geführt.

151 Dieser Behauptung widersprechen weitere Aussagen des Megasthenes selbst und das Zeugnis anderer Autoren.

ten, und sie benötigen weder Zeugen noch Siegel, sondern setzen Vertrauen in Menschen, mit denen sie Geschäfte eingehen. Und ihren Besitz lassen sie meist unbewacht zu Hause.

Diese Dinge mögen vernünftig sein, aber niemand könnte ihre sonstigen Gebräuche billigen. So essen sie immer alleine, und es gibt keine einzige Stunde, zu der alle gemeinsam ein Mahl oder Frühstück einnehmen, sondern sie essen, wann es dem einzelnen beliebt. Doch für das gesellschaftliche und politische Leben ist es besser nach jener Art.

Die Massage schätzen sie unter den körperlichen Übungen am meisten; und ihre Körper glätten sie unter anderem mittels glatter Striegel aus Ebenholz. Die Begräbnisse und auch die Gräber sind bei ihnen bescheiden. Im Gegensatz zu ihrer sonstigen Einfachheit schmücken sie sich gerne. Denn sie tragen Gold und verwenden mit Edelsteinen besetztes Geschmeide und tragen bunte Leinenstoffe; auch lassen sie sich Sonnenschirme nachtragen[152]. Denn da sie Schönheit über alles schätzen, bemühen sie sich um alles, was ihren Anblick verschönert.

Wahrhaftigkeit und Tugend ehren sie gleichermaßen; deshalb räumen sie auch dem Alter der Greise keinerlei Vorrecht ein, wenn sie sich nicht durch überlegene Klugheit auszeichnen. Sie heiraten viele Frauen, welche sie von den Eltern durch Kauf erwerben; dabei erhalten sie sie durch die Gegengabe eines Ochsengespannes. Einige der Frauen erwerben sie für gehorsame Dienste, andere zur Freude und um zahlreicher Kinder willen. Wenn sie sie aber nicht zur Keuschheit zwingen, dürfen sie sich prostituieren.

Niemand bekränzt sich beim Opfer oder verbrennt Räucherwerk oder gießt Trankspenden aus. Auch schlachten sie das Opfertier nicht, sondern ersticken es, damit es der Gottheit nicht in verstümmeltem Zustand, sondern unversehrt gegeben wird. Jedem, der falsches Zeugnis ablegt und dabei ertappt wird, werden Hände und Füße abgeschlagen, wer

---

152 Ein Zeremonialschirm *(chattra)* stand nur Königen und Vornehmen zu.

aber jemanden verstümmelt, erleidet nicht nur dasselbe als Vergeltung, sondern bekommt auch die Hände abgehackt. Wenn aber jemand einen Handwerker seiner Hand oder seines Auges beraubt, verfällt er der Todesstrafe. Megasthenes behauptet, daß kein Inder Sklaven hält, Onesikritos erklärt, daß die Sklaverei eine den Indern im Reich des Mousikanos eigentümliche Sitte und eine heilsame Sache sei – wie er auch viele andere Dinge als wohlgeordnete Einrichtungen in diesem Lande bezeichnet[153].

55. Betreuung und öffentliches Auftreten des Herrschers

Die Person des Königs wird durch Frauen gepflegt, die gleichfalls ihren Vätern abgekauft worden sind. Außerhalb der Tore befinden sich die Leibwächter und die übrige militärische Bedeckung. Eine Frau, die einen betrunkenen Herrscher tötet, wird zur Belohnung mit seinem Nachfolger verheiratet. Als Nachfolger treten dabei die Söhne ein. Tagsüber ruht der König nicht, und selbst nachts ist er gezwungen, von Stunde zu Stunde sein Bett zu wechseln, wegen der Gefahr von Anschlägen.

Von den Ausfahrten, die nicht aufgrund militärischer Erfordernisse stattfinden, gilt eine den Gerichtsverhandlungen, bei denen er den ganzen Tag über zuhört, selbst wenn die Zeit anbricht, zu der seine Körperpflege ansteht. Diese besteht aus Massage mit hölzernen Striegeln – und selbst wenn er Verfahren lauscht, wird er gleichzeitig von vier um ihn stehenden Männern massiert. Eine weitere Ausfahrt gilt der Darbringung von Opfern. Ein dritter Auszug zur Jagd ist ge-

---

153 Beide Aussagen sind falsch; diejenige des Onesikritos ist dabei nur bedingt aussagekräftig, da dieser Autor dem Land des Mousikanos offen utopische Züge verleiht. Die Institution der Sklaverei spielte allerdings gegenüber der strengen Kastengliederung der indischen Gesellschaft (die ja zudem auch die kastenlosen ›Unberührbaren‹, *candalas*, kannte) keine so prägnante Rolle. Möglicherweise waren Sklaven als solche auch äußerlich nicht leicht erkennbar.

wissermaßen ein bakchantischer Zug, denn der König ist dabei im Kreis von Frauen umgeben, Speerträger bilden dagegen den äußeren Ring. Der Weg ist dabei mit Seilen abgespannt, und jeder, der bis zu den Frauen vordringt, ist des Todes. Vor ihm ziehen Pauken und Beckenschläger. Der König jagt in umzäunten Gehegen; von einer Bühne, auf der zwei oder drei Frauen in Rüstungen neben ihm stehen, schießt er Pfeile. Bei Jagden auf freiem Feld hingegen schießt er von einem Elefanten herab. Die Frauen begleiten ihn teils auf Wagen, teils auf Pferden, andere auch auf Elefanten, wie sie – geübt im Umgang mit jeglichen Waffen – im übrigen ihn auch im Kampf begleiten.

56. Merkwürdigkeiten und wunderhafte Menschenwesen

Alle diese Sitten haben nun, gemessen an den unserigen, etwas sehr Ungewohntes; weit mehr trifft dies aber noch auf das Folgende zu: Denn Megasthenes berichtet, daß die Bewohner des Kaukasus mit ihren Frauen in aller Öffentlichkeit Verkehr haben und daß sie das Fleisch von den Leibern ihrer Verwandten verzehren. Auch gebe es dort Steine schleudernde geschwänzte Affen, die Abhänge hinaufklettern und Steine auf ihre Verfolger herabwälzen. Die Tiere, die bei uns zahm sind, seien bei ihnen meistenteils wild. Er erwähnt Pferde mit einem Horn und dem Kopf eines Hirsches. Es gebe Schilfrohr, das, wenn es aufrecht steht, 30 Klafter hoch sei, anderes, flachliegendes aber 50 Klafter messe, seine Dicke bei manchen aber 3 Ellen Durchmesser betrage, bei anderen gar das Doppelte.

Ganz ins Fabelhafte verfällt er aber[154], wenn er Menschen von fünf und von drei Spannen Größe erwähnt und unter ih-

---

154 Mit der Schilderung von angeblich in Indien beheimateten Wunderwesen reiht sich Megasthenes in die Tradition der Berichte des Skylax (Ende 6. Jh. v. Chr.) und des Ktesias (ca. 400 v. Chr.) ein. Vgl. Einleitung S. 11ff.

Abb. 41: Alexanders Heer kämpft gegen Fabelwesen (ital. Buchillustr.)

nen solche ohne Nasen, die zum Atmen nur zwei Löcher über dem Mund besäßen, und diese dreispannigen Menschen seien es, die gegen die Kraniche kämpften (was auch Homer erwähnt) und gegen Rebhühner, welche die Größe von Gänsen haben sollen[155]. Diese Menschen suchten nun die Gelege jener Vögel auf und zerschlügen die Eier, denn die Kraniche brüteten eben dort. Deshalb könne man auch nirgendwo sonst Kranicheier oder junge Kraniche finden. Oft entkomme ein Kranich, der von den dortigen Kämpfen noch eine Eisenspitze im Leib trage.

Ganz ähnlich sind die Geschichten über die Menschen, die in ihren eigenen Ohren schlafen, oder über die wilden Menschen und andere Wunderwesen. Diese wilden Menschen, so berichtet Megasthenes weiter, hätten nicht zu Sandrokottos gebracht werden können, denn sie hätten sich zu Tode gehungert. Sie hätten aber die Fersen vorne an den Füßen, die Sohlen und Zehen dagegen hinten. Dafür habe

155 Die Sage vom Pygmäenvolk in Innerafrika, das alljährlich mit den Kranichen Kämpfe zu bestehen hat, findet sich in der griechischen Literatur erstmals bei Homer, Ilias 3, 6f., ist aber orientalischen Ursprungs. Auch indische Parallelen sind bekannt.

man einige mundlose Menschen vor den Herrscher gebracht, umgängliche Wesen, die ihre Wohnsitze im Quellbereich des Ganges haben; sie sollen sich ausschließlich vom Geruch gebratenen Fleisches und von den Düften der Früchte und Blumen ernähren, denn statt Mündern besäßen sie nur Öffnungen zum Atmen. Sie litten aber beim Auftreten schlechter Gerüche, und deshalb blieben sie selten am Leben, erst recht nicht in Militärlagern.

Abb. 42: Indische Wundermenschen (Sebastian Münster, 1544)

Megasthenes erklärt, auch von anderen Menschen hätten ihm die Weisheitslehrer erzählt[156], so von den Schnellfüßlern, die geschwinder als Pferde laufen könnten, von den Schlappohrigen, deren Ohren die Füße berührten, so daß sie darin schlafen könnten, die aber auch so stark seien, daß sie Bäume ausreißen und eine Bogensehne zerreißen könnten, von den Einäugigen, die Hundeohren und in der Mitte des Gesichtes ihr Auge besäßen, mit aufrecht stehendem Haar und zottiger Brust. Die Nasenlosen wiederum seien Allesfresser, verzehrten rohes Fleisch, lebten aber nur kurz und verstürben vor Erreichen des Greisenalters. Die Oberlippe des Mundes springe bei ihnen auch weit vor. Von den tausendjährigen Hyperboreern sagt er dasselbe wie Simonides, Pindar und die anderen Mythendichter[157]. Um eine Fabel

---

156 Für die Darstellung der folgenden Wesen beruft sich Megasthenes – anders als Ktesias, der ausdrücklich Autopsie für die Beschreibung einiger von ihnen beanspruchte – also auf mündliche Überlieferung: Seine Gewährsleute werden ihm dabei Völker der indischen mythischen Tradition geschildert haben.

157 Die Hyperboreer galten als Bewohner eines paradiesischen, am Rand der Erde gedachten Landes, wo sie glücklich, ohne Krankheit,

handelt es sich auch bei der Behauptung des Timagenes, daß Erz in ehernen Tropfen vom Himmel regne und davongeschwemmt werde. Näher der Wahrheit kommt Megasthenes, der sagt, daß die Flüsse Goldsand mit sich führen und hiervon dem König eine Abgabe entrichtet werde. Dieses ist nämlich auch in Iberien der Fall[158].

57. Berichte über Zentralindien im Alexanderheer

Diese Berichte weckten in Alexander die Begierde, noch weiter vorzudringen. Die Makedonen hatten ihren Mut dagegen bereits verloren; sie hatten erfahren müssen, wie ihr König Strapazen auf Strapazen und Gefahren auf Gefahren häufte. So fanden im Lager Versammlungen statt; diejenigen, die noch die Aufrechtesten waren, jammerten über ihre Lage, die anderen verkündeten, sie würden nicht mehr weiterziehen, auch nicht unter der Führung Alexanders.

Alexander sah nun, daß seine Soldaten von den unaufhörlichen Feldzügen erschöpft waren: Sie hatten nahezu acht Jahre unter Anstrengungen und Gefahren verbracht, und es war notwendig, ihren Mut mit einer wirkungsmächtigen Rede wiederaufzurichten, sollten sie noch auf einen Feldzug gegen die Gandariden ziehen. Unter den Soldaten hatte es schwere Verluste gegeben, und sie konnten auf keine Erlösung von den Kämpfen hoffen. Die Hufe der Pferde waren durch das stete Marschieren dünn geworden, die Waffen und Panzer waren abgenutzt und die griechische Kleidung in Fetzen gegangen. So waren die Soldaten gezwungen, sich in barbarische Stoffe zu kleiden, wobei sie indische Gewänder zerschnitten. Auch war dies, wie das Schicksal es wollte, die Zeit der heftigen Re-

---

Leid und Tod lebten und selbst von den Göttern besucht wurden. Zahlreiche Autoren behandelten die selige Existenz der Hyperboreer, so auch in archaischer Zeit die Dichter Pindar (Oden 3, 14ff.) und Simonides.

158 Vgl. oben Anm. 13.

genfälle: Diese hielten nunmehr bereits 70 Tage an und wurden von ständigem Donner und Blitzen begleitet[159].

58. Die Rede Alexanders am Hyphasis

Daher rief Alexander, bevor der Aufruhr und die Mutlosigkeit unter den Soldaten weiter um sich greifen konnten, die Kommandeure der verschiedenen Abteilungen zusammen und hielt vor ihnen folgende Ansprache[160]:

»Makedonen und Verbündete! Ich erkenne, daß ihr mir nicht mehr mit derselben Gesinnung wie bisher in die Gefahr folgen wollt. Deshalb habe ich euch hierher gerufen, um euch zu überzeugen und weiterzuführen oder aber mich von euch überzeugen zu lassen und umzukehren. Sofern euch die bislang bewältigten Anstrengungen und ich selber als euer Führer kritikwürdig erscheinen, erübrigt es sich, daß ich noch ein weiteres Wort verliere. Sofern aber durch eben diese Anstrengungen Ionien in eure Hand gelangt ist, der Hellespont, die beiden Phrygien, Kappadokien, Paphlagonien, Lydien, Karien, Lykien, Pamphylien, Phönikien, Ägypten

---

159 Dieser Abschnitt mit seiner deprimierenden Bestandsaufnahme der Ausstattung und Moral der makedonischen Truppen ist der Schilderung des Alexanderzuges bei Diodor (17, 94) entnommen und hier eingefügt. Er gibt die verheerende Wirkung des indischen Dauerregens – der von Arrian verschwiegen wird – zu erkennen: Der indische Sommer-Monsun und seine unaufhörlichen Regengüsse, den Griechen zuvor unbekannt, lassen sich nur in dieser Schilderung fassen, ebenso das Problem, daß die Ausrüstung des Heeres im Verlauf der fortgesetzten Feldzüge verschlissen wurde.

160 Die Rede beleuchtet einen entscheidenden Moment des Alexander-Zuges, nämlich den Zeitpunkt der Umkehr nach jahrelangem Vormarsch. Sie folgt nach Plazierung und Inhalt den Konventionen antiker Historiographie, bietet aber mit ihrer simplen Aufzählung bislang eroberter geographischer Räume, der allgemeinen, populärphilosophisch verbrämten Propagierung eines Kriegerideals und der unbestimmten Darlegung der weiteren Ziele des Zuges nichts Neues. Möglicherweise enthielt bereits die Vorlage Arrians (Ptolemaios) nur eine literarische Fiktion.

Abb. 43: Alexander spricht zu seinen Soldaten (fläm. Buchillustration)

mit den griechischen Teilen Libyens[161], ferner Teile Arabiens, Koilesyrien, das mesopotamische Syrien, Babylon in eurem Besitz ist, das Volk der Susier, die Perser und die Meder, die Gebiete, die Perser und Meder unter ihrer Gewalt hatten, aber auch die Völker, die jene nicht beherrschten, die Völker jenseits der Kaspischen Tore, jenseits des Kaukasus, am Tanais und noch die Länder jenseits desselben, die Baktrier, Hyrkaner, das Hyrkanische Meer, und nachdem wir die Sky-

161 Die Kyrenaika. Allerdings ist es unzutreffend, sie in die Liste der Eroberungen Alexanders einzuordnen: Er war nur bis Ägypten und der Oase Siwah gelangt und hatte eine Gesandtschaft der Bevölkerung Kyrenes erhalten, worauf ein Freundschafts- und Bündnisvertrag abgeschlossen, die Region aber nicht in das Herrschaftsgebiet Alexanders eingegliedert wurde.

then bis in die Wüste zurückgetrieben haben, und außerdem auch noch der Indus durch ein Land fließt, das in unserem Besitz ist, ebenso der Hydaspes, der Akesines, der Hydraotes – was zaudert ihr da, auch den Hyphasis und die Völker jenseits des Hyphasis noch unserem makedonischen Herrschaftsbereich hinzuzufügen? Fürchtet ihr vielleicht, andere Barbaren könnten eurem Angriff noch widerstehen? Wie dies, wo von diesen sich einige bereits freiwillig unterwerfen, diejenigen aber, die sich zu flüchten versuchen, von uns doch ergriffen werden, andere, die geflohen sind, ihr Land uns menschenleer überlassen, das wir dann unseren Verbündeten und denen, die sich freiwillig ergaben, hinzugeben!

Das Ende der Anstrengungen besteht für einen vorzüglichen Mann, dies ist meine Überzeugung, in nichts anderem als den Anstrengungen selbst, die ihm zu großen Taten Gelegenheiten bieten. Wenn aber einer zu hören wünscht, was für diese kriegerische Unternehmung das Ende darstellt, so soll er wissen, daß uns nicht mehr viel Land zu erobern bleibt, bis wir den Ganges und das östliche Meer schließlich erreichen[162]. Dort aber wird sich erweisen, das sage ich euch, daß mit diesem Meer das Hyrkanische Meer in Verbindung steht. Denn das große Weltmeer umfaßt ja alles Land[163]. Und ich werde den Makedonen und den Verbünde-

---

162 Im Feldzugsbericht Arrians findet sich zuvor keine Erwähnung des Ganges oder des östlichen Meeres. Zudem enthält die Rede teilweise anachronistische geographische Vorstellungen: Die hier zugrundegelegte geographische Konzeption ist erst im Lichte der ein Jahrhundert später gewonnenen geographischen Synthese des Eratosthenes (bedingt) möglich.

163 Kurz vor seinem Tod gab Alexander noch Befehl, zur Erkundung des Hyrkanischen oder Kaspischen Meeres eine Flotte zu bauen, die unter Führung eines gewissen Herakleides klären sollte, ob das Gewässer eine Verbindung zum großen Weltmeer, das nach allgemeiner geographischer Überzeugung die Erdscheibe umfloß, besitze (also von diesem einen Meerbusen darstelle) und so auch eine direkte Seeverbindung zu Indien gestatte (Arrian 7, 16, 1–3). Mit dieser Auffassung, die sich als Folge des Alexanderzuges durchsetzte,

ten zeigen, daß der Indische Meerbusen mit dem Persischen zusammenfließt, der Hyrkanische Meerbusen aber mit dem Indischen. Vom Persischen Golf aus wird unsere Flotte die libysche Küste bis zu den Säulen des Herakles[164] umsegeln. Das gesamte diesseits der Säulen liegende Afrika wird aber, wie auch das ganze Asien, unser sein. Dann werden die Grenzen dieses Reiches mit denen identisch sein, welche die Gottheit der Erde gesetzt hat[165].

Wenn wir aber jetzt umkehren, bleiben viele kriegstüchtige Völker jenseits des Hyphasis bis hin zum östlichen Meer übrig, viele von diesen auch in nördlicher Richtung bis zum Hyrkanischen Meer, dazu noch die skythischen Stämme nicht fern von diesem, so daß man befürchten muß, wenn wir umkehren, werden auch die jetzt von uns unterworfenen Gebiete, die aber noch nicht wirklich gesichert sind, zum Abfall durch die noch nicht bezwungenen Völker verleitet werden. Und dann werden alle unsere Anstrengungen vergeblich gewesen sein, oder aber wir werden erneut, dann aber ganz andere Strapazen und Gefahren auf uns nehmen müssen. Aber bleibt unerschüttert, Makedonen und Verbündete! Durch Anstrengungen und Gefahren gelingen erst große Taten, und ein Leben in Tapferkeit ist süß, und hierfür zu sterben bedeutet Ruhm bei der Nachwelt. Oder wißt ihr nicht, daß unser Vorfahre[166], wenn er in Tiryns oder Argos oder auch auf der Peloponnes oder in Theben geblieben wäre, niemals solchen Ruhm erlangt hätte, so daß er von einem Menschen zu einem Gott wurde oder doch so angesehen

---

verlor die frühere, zutreffende Meinung Herodots vom Kaspischen Meer als einem Binnenmeer ihre Geltung.

164 Säulen des Herakles: die Meerenge von Gibraltar.

165 Ein Vorgriff Arrians auf die sogenannten ›letzten Pläne‹ Alexanders, die populäre (aber nicht gesicherte) Tradition über weitere geplante Unternehmungen im Westen nach Abschluß der Eroberungen im Osten.

166 Gemeint ist Herakles, den Alexander über die väterliche Familienlinie, das Geschlecht der Argeaden, als Vorfahren beanspruchte. Seine zwölf Taten führten ihn über die genannten Orte und Räume hinaus in die Fremde.

wurde? Und sogar Dionysos, der doch unstreitig ein weichlicherer Gott als Herakles war, hatte nicht weniger Anstrengungen zu überwinden. Wir hingegen sind noch weiter als Nysa gekommen und haben sogar den Aornos-Felsen, der sich für Herakles als unbezwingbar erwies, im Handstreich genommen.

Abb. 44: Herakles-Statuette, aus Bleibronze (westl. Afghanistan, 1. Jh. v. Chr.)

Ihr aber fügt nun die verbliebenen Teile Asiens dem schon Gewonnenen hinzu und verbindet den kleinen Rest mit dem großen Ganzen! Was wäre denn auch von uns selber Großes und Rühmliches geleistet worden, wenn wir uns damit zufrieden gegeben hätten, in Makedonien sitzen zu bleiben und ohne Mühe unsere Heimat zu behalten und allein die benachbarten Thraker, Illyrier, Triballer[167] oder auch Griechen, die uns nicht wohlgesonnen waren, zurückzuweisen versuchten?

Wenn ihr nun Strapazen hättet auf euch nehmen und Gefahren bestehen müssen, während ich als euer Führer von jeglicher Not und Gefährdung ausgeschlossen gewesen wäre, so wäre euch der Mut nun ganz zurecht gesunken, insofern ihr nämlich allein die Anstrengungen auf euch hättet nehmen müssen, die Siegespreise aber anderen hättet errin-

---

167 Die Stammesverbände der Thraker, Illyrier und Triballer waren als unmittelbare Nachbarn der Makedonen in Nordgriechenland deren traditionelle Feinde. Im Vorfeld des Persienfeldzuges, im Jahr 335 v. Chr., hatte Alexander die drei Stammesgruppen das letzte Mal besiegt.

gen müssen. Tatsächlich aber haben wir sämtliche Entbehrungen gemeinsam und ebenso auch alle Gefahren vereint bestanden, und die Siegespreise kommen uns allen gleichermaßen zugute. Denn euer ist das Land, und ihr seid seine Herren! Und von den Reichtümern fällt euch bereits jetzt der überwiegende Teil zu. Und wenn wir schließlich ganz Asien durchzogen haben werden, dann werde ich, bei Zeus!, euch nicht nur zufriedenstellen, sondern werde die kühnsten materiellen Hoffnungen jedes einzelnen Mannes noch übertreffen und so die nach Hause entlassen, die dies wünschen, oder sie gar selbst dorthin zurückführen – die aber, die dann hier bleiben, werde ich zum Gegenstand des Neides für die machen, die heimkehren.«

59. Die Antwort des Koinos

Nach diesen und anderen Worten Alexanders herrschte lange Zeit ein tiefes Schweigen. Denn weder wagte jemand, wider den König offen das Wort zu erheben, noch wollte einer seine Zustimmung äußern. Daher forderte Alexander wiederholt jeden, der es wünschte, zu sprechen auf, wenn er entgegengesetzter Auffassung zu den eben geäußerten Worten sei. Doch selbst da hielt das Schweigen lange weiter an. Erst spät faßte Koinos, der Sohn des Polemokrates, Mut zu der folgenden Erklärung: »König, nachdem du erklärst, daß du die Makedonen nicht aufgrund deiner Befehlsgewalt führen willst, sondern beanspruchst, sie nur weiterzuführen, wenn es dir gelungen ist, sie zu überzeugen; in dem Fall aber, daß du überzeugt würdest, sie nicht dazu zwingen wirst, so will ich jetzt sprechen, dies tue ich aber nicht für die Gruppe der unsrigen, die wir ja vor den anderen in Ehren gehalten werden und meist schon mit Kampfpreisen für die Strapazen ausgezeichnet worden sind; auch sind wir schon aufgrund unserer führenden Stellung weit mehr als die anderen motiviert, alles für dich zu unternehmen – ich will vielmehr für die Masse des Heeres sprechen.

Dabei will ich nicht ihnen zu Gefallen sprechen, sondern ich will darlegen, was meines Erachtens in der gegebenen Situation für dich von Vorteil ist und für die Zukunft größtmögliche Sicherheit gibt. Daß gerade ich nicht meine Auffassung, was das Beste ist, verschweige, dazu fühle ich mich aufgrund meines Alters verpflichtet und ebenso aufgrund der Ehre, die mir von dir auch bei anderen erwiesen wird, schließlich wegen des Wagemutes, den ich in all den bislang zu bewältigenden Strapazen und Gefahren unter Beweis gestellt habe, ohne auch nur einen Augenblick zu zögern[168]. Unzählige und größte Taten sind von dir und denjenigen vollbracht worden, die unter deiner Führung von zu Hause aufbrachen, doch um so mehr scheint es mir nun aber geboten, diesen Anstrengungen und Gefahren ein Ende zu setzen.

Du siehst ja selbst, wie viele von den Makedonen und Griechen, die damals mit dir ausgezogen waren, noch übriggeblieben sind. Von diesen wurden die Thessaler von Baktra aus sofort nach Hause geschickt, als du erkennen mußtest, daß sie nicht länger mehr das Herz hatten, Strapazen auf sich zu nehmen – und du hast gut daran getan. Von den übrigen Griechen sind die einen in den von dir gegründeten Städten angesiedelt und bleiben dort, im übrigen durchaus nicht immer freiwillig[169]. Die anderen hingegen, die noch mit dir die

168 Koinos, einer der ältesten Kommandeure Alexanders, hatte bei allen großen Auseinandersetzungen des Feldzuges von Beginn an eine hervorragende Rolle gespielt und wurde auch schwer verwundet. Auf dem Indien-Feldzug hatte er diverse Sonderaufträge übernommen (insbesondere die Zerlegung und den Transport der Indusflotte zum Hydaspes) und auch in Abwesenheit Alexanders das Hauptheer geführt (Curtius Rufus 8, 12, 1).

169 Dies zeigte sich in aller Deutlichkeit erstmals 326/25 v. Chr., als in Baktrien und Sogdien angesiedelte griechische Söldner auf die falsche Nachricht vom Tode Alexanders hin revoltierten und in einer Stärke von 3000 Mann sich auf den Heimweg zum Mittelmeer machten (wo sie nach dem Bericht Diodors 17, 99, 5 von makedonischen Kontingenten niedergemacht wurden, während sie Curtius Rufus 9, 7 alle wohlbehalten zurückkehren läßt). Als Alexander dann 323 v. Chr. tatsächlich verstarb, nahmen dies über 20 000 im Osten angesiedelte Veteranen zum Anlaß, sich auf den langen

Strapazen teilen und die Gefahren bestehen, sie und auch das makedonische Aufgebot haben manche in den Kämpfen verloren, andere von ihnen, durch Verwundungen zu Invaliden geworden, sind über Asien hinweg verstreut zurückgeblieben. Die Mehrzahl ist aber durch Krankheiten umgekommen. Nur ganz wenige sind so von der großen Zahl übriggeblieben: Diese sind aber körperlich kaum noch wie vormals im Vollbesitz ihrer Kräfte, und ihre Motivation ist schon länger am Nachlassen. Und sie alle verzehren sich in Sehnsucht nach ihren Eltern, wenn sie solche noch haben, nach Gattin und Kindern, und sie verzehren sich nach ihrer Heimat. Daß sie sich danach sehnen, all diese wiederzusehen, zurückzukehren mit dem über dich gewonnenen Glanz, groß statt klein und reich statt arm, das kann man ihnen nicht verdenken.

Du darfst sie jetzt nicht gegen ihren Willen weiterführen. In künftigen Gefahren wirst du sie nämlich nicht geradeso wie bisher haben, da ihnen die Begeisterung aus eigenem Antrieb in den Kämpfen fehlen wird. Wenn es dir richtig scheint, nachdem du in die Heimat zurückgekehrt bist, die Mutter wiedergesehen, die Verhältnisse in Griechenland neu geordnet und das Maß deiner großartigen Siege ins väterliche Haus eingebracht hast, dann magst du einen von Grund auf anderen Heereszug unternehmen: Wenn du willst, gegen eben diese indischen Völker im fernen Osten oder, wenn das dein Wunsch ist, ans Schwarze Meer oder gegen Karthago und das jenseits Karthagos liegende Libyen[170]. Solches zu unternehmen steht dir frei. Es werden dir dann andere Makedonen folgen, andere Griechen, junge statt der grau gewordenen, kraftstrotzende statt verbrauchte, Männer, die den Krieg mangels eigener Erfahrung noch nicht kennen und so auch für die Gegenwart nicht fürchten, vielmehr voller Hoff-

---

Marsch zurück nach Westen zu begeben, »da sie sich nach der griechischen Lebensweise sehnten« (Diodor 18, 7, 1); ein Massaker von seiten makedonischer Truppen bei Babylon zwang sie dann, sich in ihr Schicksal als Neubürger fern der Heimat zu fügen.

170 Vgl. Anm. 165.

nung auf die Zukunft blicken und voller Begeisterung sein werden.

Diese werden dir sicher mit noch größerer Hingabe folgen, wenn sie sehen, wie deine früheren Gefährten in Mühsal und Gefahr zurückgekehrt sind: reich statt zuvor arme Kerle, ruhmbedeckt statt zuvor kleine Leute. Wenn überhaupt etwas, so ist etwas Schönes, König, das Maßhalten im Glücke. Du an der Spitze eines solchen Heeres, wie du es gerade führst, brauchst keinen Feind zu fürchten – was freilich von der Gottheit kommen kann, ist für die Menschen auch in diesem Fall unberechenbar und nicht zu verhindern.«

Als Koinos diese Worte gesprochen hatte, brandete unter den Anwesenden lautstarke Zustimmung auf; vielen standen aber auch die Tränen im Gesicht, das noch offensichtlichere Zeichen dafür, wie gering die Zustimmung zu weiteren Gefahren und wie stark das Gefühl für eine Rückkehr war. Alexander dagegen war über den Freimut des Koinos und die Unlust der anderen Kommandeure entrüstet und entließ die Versammlung.

60. Die Umkehr am Hyphasis

Am folgenden Tag rief er dieselben Männer noch einmal zusammen und erklärte voller Zorn, er selbst werde weitermarschieren, doch werde er keinen der Makedonen zwingen, gegen seinen Willen ihm zu folgen. Es würden sich schon genug Männer freiwillig dazu erklären, ihrem König zu folgen. Diejenigen, die aber nach Hause gehen wollten, sollten dies tun – aber auch ihren Verwandten erzählen, daß sie zurückkämen, ihren König indes inmitten von Feinden im Stich gelassen hätten.

Nach diesen Worten sei er in sein Zelt gegangen, habe nicht einem seiner Gefährten an jenem Tag den Zutritt zu sich gestattet und dies genauso die folgenden drei Tage. Er wartete ab, daß sich die Meinung der Makedonen und der Verbündeten noch ändern würde, wie dies in einem Heeresaufgebot oft zu geschehen pflegt, und sie seinen Vorstellungen zugänglicher würden. Als aber das tiefe Schweigen im Lager anhielt und die Soldaten über seinen Wutausbruch offensichtlich verstimmt waren, sich jedoch kein Gesinnungswandel bei ihnen abzeichnete, da brachte Alexander, so berichtet Ptolemaios, Sohn des Lagos, trotzdem die Opfer für die Überquerung des Flusses dar, doch hätten sich diese ihm nicht als günstig erwiesen. Darauf versammelte er die Ältesten der Gefährten und seine engsten Vertrauten bei sich, als ihm alle Vorzeichen für einen Rückzug ausfielen, und ließ dem Heer verkünden, daß er sich entschlossen habe, umzukehren.

Da erhoben die Männer ein Geschrei, wie dies nur eine zusammengewürfelte Menschenmenge im Freudentaumel tun kann, und die meisten von ihnen brachen in Tränen aus. Dann eilten sie zum Zelt des Königs und beglückwünschten Alexander überschwenglich, daß er sich allein von ihnen habe besiegen lassen. Daraufhin befahl dieser dem Heer, nach Abteilungen geordnet, zwölf Altäre zu errichten, von einer Höhe wie die höchsten Türme, der Breite nach aber noch größer als solche, als Dankesopfer für die Götter, die ihn so weit als Sieger geführt hatten, und zudem als Denkmale seiner Anstrengungen[171]. Als die Altäre für ihn vorbereitet waren, opferte er auf ihnen dem Brauch nach und hielt einen Sportwettkampf und einen Reiterwettbewerb ab. Das Land bis zum Hydaspes übertrug er Poros zur Herrschaft.

Er selbst kehrte zum Hydraotes zurück, überquerte diesen und zog weiter zum Akesines. Dort traf er die Stadt an, die er gegründet hatte und die mit einem Mauerring zu versehen Hephaistion aufgetragen worden war. Er siedelte in ihr Freiwillige aus den umwohnenden Einheimischen sowie alle

---

171 Die Zwölfzahl entspricht der der olympischen Götter, die enorme Größe der Altäre verweist auf die heroische Leistung Alexanders. Möglicherweise wurden die Altäre in symbolischer Absicht am Ostufer des Hydaspes errichtet, doch äußert sich die Überlieferung zum präzisen Ort nicht (der negative Ausgang der Opfer Alexanders für eine Überquerung des Flusses spricht eher gegen diesen Ort).

Söldner, die kampfunfähig geworden waren, an. Daraufhin traf er selbst die Vorbereitungen zu der Fahrt flußabwärts zum Großen Meer. (...) Nach der Regelung verschiedener Angelegenheiten vollzog er auch am Akesines ein Opfer, überschritt den Fluß dann zum zweiten Mal und marschierte zum Hydaspes. Dort ließ er auch in den Städten Nikaia und Boukephala Schäden, die durch den Dauerregen entstanden waren, durch das Heer reparieren und ordnete zudem verschiedene Dinge im Land.

61. Das Land Kathaia und das Land des Sopeithes

Das Land Kathaia und das Land des Sopeithes, eines lokalen Fürsten, setzen einige ebenfalls zwischen Hydaspes und Akesines. Andere lokalisieren es jenseits des Akesines und des Hyarotis, in Nachbarschaft des zweiten Poros, der der Neffe des von Alexander gefangengenommenen Poros war. Das Land unter diesem Poros nennt man Gandaris.

Das Ungewöhnlichste, was für Kathaia berichtet wird, ist, daß hier die Schönheit in außerordentlicher Weise geschätzt wird, so auch an Pferden und Hunden. Denn zum König wählt man, so berichtet Onesikritos, den Schönsten, und ein Kind werde dort, nachdem es zwei Monate alt geworden ist, in der Öffentlichkeit beurteilt, ob es die vom Gesetz vorgeschriebene und eines Lebens würdige körperliche Gestalt hat oder nicht. Nach der Entscheidung des zuständigen Beamten bleibt es dann am Leben oder wird getötet.

Auch sollen hier die Männer aus demselben Grund mit den buntesten Farben ihre Bärte färben, um sich herauszuputzen. Dies täten aber auch zahlreiche andere Inder mit großer Sorgfalt und zwar sowohl hinsichtlich ihrer Haare wie ihrer Kleider; das Land bringt nämlich, wie er sagt, wunderbare Farben hervor[172]. Die Menschen seien zwar sonst recht schlicht, aber eben putzsüchtig.

---

172 Siehe oben S. 52ff.

Auch der folgende eigentümliche Brauch wird von den Kathaiern berichtet: Braut und Bräutigam suchen einander selbst aus, und Frauen werden mit ihren verstorbenen Männern gemeinsam verbrannt, und zwar aus folgendem Grund: Früher hätten Ehefrauen sich manchmal in junge Männer verliebt, ihre Gatten verlassen oder ihnen Gift gegeben. Man habe deshalb dieses Gesetz erlassen, um den Giftmorden Einhalt zu gebieten. Allerdings ist dieses Gesetz nicht überzeugend dargestellt und ebensowenig seine Begründung[173].

Onesikritos überliefert, daß im Land des Sopeithes sich ein Berg von mineralischem Salz befindet, der ausreiche, um ganz Indien zu versorgen. Nicht weit davon gebe es schöne Gold- und Silbervorkommen in anderen Bergen, wie der Bergbaufachmann Gorgos herausgefunden habe[174]. Doch da die Inder des Bergbaus und des Hüttenwesens unkundig sind, so wissen sie selbst nichts von ihrem Reichtum und betreiben das Geschäft recht einfältig.

62. Die indischen Hunde des Sopeithes

Sopeithes machte dem Alexander zahlreiche und große Geschenke, darunter 150 Hunde, die von staunenswerter Größe, Mut und anderen vorzüglichen Eigenschaften waren. Es hieß von ihnen, sie hätten einen Schuß Tigerblut in ihren Adern[175]. Sopeithes, der wünschte, daß Alexander das Wesen dieser Hunde durch Anschauung, und zwar in entsprechen-

173 Die Witwenverbrennung wird in der altindischen Literatur nur gelegentlich erwähnt; Verbreitung fand sie erst in Adelskreisen des hinduistischen Mittelalters.

174 Seine Aufgabe war offensichtlich die Prüfung und Kartierung wirtschaftlicher Möglichkeiten in den eroberten Territorien.

175 Indische Hunde wurden aufgrund ihrer Größe und Tapferkeit, wie spätestens seit dem 5. Jh. v. Chr. auch in Griechenland bekannt war, am persischen Hof als Symbole herrscherlicher Macht gehalten und sogar auf Reisen und Feldzügen mitgeführt. Sie dürften als Tribute aus der Satrapie (Nord-)Indien nach Babylonien gelangt sein (vgl. Herodot 1, 92 und 7, 187 sowie Xenophon, *Cynegeticus* 9, 1). Beliebt waren sie später auch an hellenistischen Herrscherhöfen.

Abb. 45: Indischer Hund, Kalksteinstatue (Persepolis, 6./5. Jh. v. Chr.)

der Situation, erfahre, ließ einen ausgewachsenen Löwen hineinführen und zwei der Hunde, die er als Geschenk gegeben hatte, – und zwar die beiden am wenigsten wertvollen – auf diesen los[176]. Als der Löwe sich ihrer nach Kräften er-

176 Es handelt sich hier um eine traditionelle altorientalische Unterhaltung; der persische Herrscher Kambyses (529–522 v. Chr.) delektier-

Abb. 46: Indischer Hund kämpft mit Löwen (ital. Buchillustr.)

wehren konnte, ließ er zwei andere los. Die vier Hunde gewannen nun die Oberhand über das Tier. Da schickte Sopeithes einen seiner Leute mit einem Schlachtmesser hinein, der den rechten Lauf eines der Hunde abschneiden sollte. Bei diesem Anblick schrie Alexander auf, seine Leibwächter eilten herzu und packten den Arm des Inders. Doch Sopeithes ließ ihn wissen, er würde ihm drei andere Hunde für diesen einen geben. Und so schnitt der Mann, der das Bein gepackt hielt, das Glied in Ruhe allmählich herunter: Der Hund ließ aber weder ein Jaulen noch ein Stöhnen hören, sondern hielt seine Fänge in seinem Opfer verbissen, bis er verblutete, und so verendete er auf dem Löwen.

---

te sich Herodot zufolge (3,32) am Kampf eines jungen Löwen mit einem jungen Hund, ältere Beispiele solcher Tierkämpfe sind gleichfalls belegt.

63. Alexander und die Quellen des Nils

Alexander hatte bereits an den Ufern des Hydaspes zahlreiche Dreißigruderer und kleinere Ruderboote fertigstellen lassen, dazu viele Transportschiffe für die Pferde und andere Fahrzeuge, die zur Beförderung des Heeres auf dem Fluß geeignet waren. Nun beschloß er, den Hydaspes stromabwärts zum großen Weltmeer zu fahren. Bereits früher hatte er im Indus Krokodile gesehen, dem einzigen Strom außer dem Nil, in dem sie lebten[177]. Als er dann noch entdeckte, daß an den Ufern des Akesines Bohnen gerade der Art wuchsen, die die ägyptische Erde hervorbringt[178], und weiterhin hörte, daß der Akesines in den Indus münde, war er vollends überzeugt, die Quellen des Nils entdeckt zu haben[179]. So nahm er an, daß der Nil von irgendwoher aus Indien komme, über weite Strecken durch Wüsten fließe, wobei er seinen Namen Indus verliere, und daß er von dort an, wo er wieder durch besiedelte Landstriche fließe, von den dort lebenden Äthiopiern und Ägyptern Nil genannt werde oder – wie Homer behauptet – mit dem Namen Ägyptens ›Ägypten‹ benannt sei, um sich unter diesem Namen in das Innere Meer[180] zu ergießen.

---

177 Siehe hierzu Anm. 74.

178 Die von den Griechen als ägyptische Bohne bezeichnete, über 2 m hohe Flußpflanze mit meist rosafarbenen Blüten, deren eßbare Samen nach Aussehen und Geschmack der herkömmlichen Bohne gleichen (*nelumbium speciosum;* eine eingehende Beschreibung bietet Theophrast 4, 8, 8), ist tatsächlich indischer Lotus, der gegen 500 v. Chr. unter persischer Herrschaft an den Nil gelangt zu sein scheint. Dort erblickten Alexander und seine Begleiter große Bestände, ohne die indische Herkunft zu kennen. Kultivierungsversuche außerhalb Ägyptens schlugen wiederholt fehl.

179 Das Problem der Nilquellen hatte bereits früher Spekulationen angeregt – und auch denselben Gedankengang wie Alexander verfolgen lassen. Herodot erzählt (4, 44, 1f.), daß Dareios I. (521–486 v. Chr.) gleichfalls aufgrund von Berichten über das Vorkommen von Krokodilen im Indus eine Expedition habe ausrüsten und unter Leitung des Skylax flußabwärts den Fortgang des Stromes erkunden lassen. Skylax gelangte zum Ozean und widerlegte so Vermutungen von einer Verbindung von Indus und Nil.

180 Das Mittelmeer.

So habe Alexander in seinem Brief an Olympias über das Land der Inder neben anderem auch geschrieben[181], daß er glaube, ihm sei die Entdeckung der Nilquellen gelungen, wobei er allerdings aus einigen unbedeutenden und irrigen Argumenten über so Bedeutendes einen fragwürdigen Schluß zog. Später aber habe er sich über die Tatsachen um den Indus bessere Informationen verschafft, so auch von den Einwohnern des Landes in Erfahrung gebracht, daß der Hydaspes sich mit dem Akesines, dieser aber mit dem Indus vereine, wobei erstere ihren Namen verlören, der Indus aber sich schließlich in das Große Meer ergieße, wobei er dies in zwei Armen tue, also nichts mit dem Land Ägypten zu tun habe. Daraufhin habe er das, was er in dem Brief an seine Mutter über den Nil geschrieben hatte, wieder gelöscht. Und da er plante, die Stromfahrt die Flüsse hinab bis zum Großen Meer zu unternehmen, erteilte er zu diesem Zweck den Befehl, Schiffe zu bauen. Die Bemannung der Schiffe wurde aus der Schar der Phönizier, Kyprer, Karer und Ägypter, die seinem Heer folgten, rekrutiert[182].

---

181 Es existieren in der Überlieferung zahlreiche Briefe von und an Alexander. Ihre Echtheit ist allerdings umstritten; unstrittig ist, daß eine Vielzahl von ihnen erst in der Zeit der Diadochen oder noch später entstanden ist. Die Frage, ob es sich bei einzelnen Briefen um authentische Schreiben handelt, ist nur im Einzelfall zu entscheiden: Der hier zitierte Brief wird häufig als echt betrachtet.

182 Zweifellos handelte es sich hierbei um berufsmäßige Seeleute, die sonst im östlichen Mittelmeer als Besatzungen zuvor der persischen, dann der makedonischen Flotte dienten. Ihre Anwesenheit im Troß läßt auf langfristige Planungen Alexanders schließen und verweist, wie zuvor der Bau und Transport umfangreicher Bootskapazitäten für die Überquerung der indischen Ströme und ihre Nutzung zur Versorgung des Heeres, auf das gewaltige logistische Potential, auf das sich Alexanders Unternehmen stützten konnte.

64. Die Vorbereitungen der Fahrt zum Großen Meer

Um diese Zeit starb Koinos, einer der engsten Vertrauten Alexanders aus dem Kreis der Gefährten, an einer Krankheit. Man bestattete ihn, soweit es die gegebenen Verhältnisse erlaubten, unter großem Aufwand. Alexander selbst versammelte die Gefährten und die indischen Gesandten, die sich bei ihm eingefunden hatten, und belehnte Poros mit der Herrschaft über das bislang bereits eroberte indische Territorium und damit über zusammen sieben Völker mit über 2000 Städten.

Das Heer gliederte er nun auf folgende Weise: Er selber ließ sämtliche Hypaspisten unter seiner Führung an Bord der Schiffe gehen sowie die Bogenschützen, die Agrianen und die Gardereiterei. Krateros und mit ihm ein Teil der Fußsoldaten und der Reiter hatten den Zug entlang des rechten Hydaspesufers zu führen; auf dem anderen Ufer gingen die Hauptmasse und die schlagkräftigsten Truppen des Heeres wie auch die Elefanten, bereits gegen 200, unter dem Kommando des Hephaistion vor. Sie hatten den Auftrag, so schnell wie möglich auf die Residenz des Königs Sopeithes zuzumarschieren. Philipp, der Satrap des Gebietes jenseits vom Indus bis nach Baktrien hin, sollte in einem Abstand von drei Tagesmärschen mit seinen Soldaten folgen. Die nysaischen Reiter schickte Alexander nach Nysa zurück.

Nearch erhielt das Oberkommando über die Flotte. Befehlshaber seines eigenen Schiffes hingegen war Onesikritos, der in seiner Darstellung über Alexander behauptet – auch dies ist gelogen – er sei der Admiral gewesen, wiewohl er doch nur Schiffskommandant war[183]. Die ganze Flotte be-

---

183 Onesikritos war Steuermann des Königsschiffes auf der Stromfahrt indusabwärts, zudem auch nach einigen Quellen Obersteuermann der Flottenexpedition (unter Nearchs Kommando) vom Indus zum Persischen Golf. Seine Behauptung, auf dieser Fahrt Admiral der Flotte gewesen zu sein, war dagegen Hochstapelei, da dieser Posten von Nearch eingenommen wurde. Versuche (nach Curtius Rufus

stand, wie Ptolemaios, Sohn des Lagos, sagt, dem ich vor allem folge, aus 80 Dreißigruderern, die übrigen Fahrzeuge – eingerechnet die Pferdetransporter, Kutter und Boote, die zuvor schon auf den Flüssen im Einsatz gewesen oder zu diesem Zweck erst gebaut worden waren – zählten nicht viel weniger als 2000 Einheiten[184].

65. Die Stromfahrt des Heeres

Nach Abschluß aller seiner Vorbereitungen ging bei einem Sonnenaufgang das Heer schließlich auf die Schiffe[185]. Alexander selbst opferte dem Brauch gemäß den Göttern und auf Geheiß der Seher auch dem Fluß Hydaspes, bestieg dann das Schiff und entbot vom Bug herab aus goldener Schale ein Trinkopfer in den Strom. Dabei rief er den Akesines zusammen mit dem Hydaspes an, hatte er doch erfahren, daß jener als größter der übrigen Flüsse sich in den Hydaspes ergieße und nicht weit von hier ihr Zusammenfluß erfolge. Angerufen wurde ebenso der Indus, in den der Akesines zusammen mit dem Hydaspes sich ergießt. Darüber hinaus brachte er

9, 10, 3), Onesikritos ein gleichberechtigtes Kommando zuzuschreiben, sind fragwürdig.

184 Hierzu zählten auch einheimische Bootstypen, die zuvor schon bei den Überschreitungen des Indus, Hydaspes und Akesines zum Einsatz gekommen waren; sie waren teilweise als Tributleistungen unterworfener Völker zur Alexander-Flotte gelangt. Möglicherweise wurden diese Fahrzeuge von indischen Besatzungen geführt.

185 Der Rückmarsch und die Vorbereitung der Flußfahrt fallen in den Spätsommer, der hier geschilderte Aufbruch in die erste Novemberhälfte 326, wie sich aus Strabon (15, 1, 17) ergibt. Die Fahrt selbst bis zum Eintreffen der Flotte in Patala im Indusdelta beanspruchte sieben Monate, nach einer anderen Angabe fünf Monate. Die durchschnittliche Tagesleistung der Flotte betrug Curtius Rufus (9, 3, 24) zufolge 40 Stadien (7,4 km), nach Plinius (Naturgeschichte 6, 17) dagegen 60 Stadien (11,1 km). Dabei sind die zahlreichen Aufenthalte für militärische Operationen, Rast und Siedlungsbau eingerechnet.

Abb. 47: Die Alexander-Flotte beim Ablegen (dt. Ms)

seinem Vorfahren Herakles und dem Ammon[186] Trankopfer dar sowie den übrigen Göttern, denen zu opfern er es sich zur Gewohnheit gemacht hatte. Dann gab er Befehl, daß der Trompeter das Signal zum Ablegen blase. Im selben Augenblick nahmen die Schiffe in genauer Ordnung Fahrt auf. Es war nämlich im einzelnen festgelegt worden, in welchen Gruppen die Transportschiffe zu fahren hatten und ebenso die Pferdetransporter und die Kriegsschiffe, um so Kollisionen während der Fahrt zu vermeiden, wie sie bei blindem

---

186 Ammon(-Re), eine altägyptische Gottheit, deren Orakel in der Oase Siwah seit dem 6. Jh. v. Chr. auch in der griechischen Welt Verehrung genoß. Ammon wurde hierüber auch bald mit dem griechischen Göttervater Zeus identifiziert und in griechische Mythen integriert. Alexander suchte das Orakel des Zeus-Ammon 331 v. Chr. in Siwah eigens auf; von den Priestern als »Sohn des Ammon-Re« angesprochen, stellte er dem Orakel Fragen unbekannten Inhalts, die möglicherweise mit seinen (bereits feststehenden?) Welteroberungsplänen zusammenhingen. Seine Opfer an Ammon am Hydaspes und später auf dem Okeanos bezeichnete er jedenfalls als ihm von Ammon befohlen (vgl. unten S. 219).

Drauflosfahren unausweichlich geschehen. So war es auch den Schnellruderern untersagt, aus der Reihe zu steuern, um andere zu überholen.

Das Donnern der Ruderschläge war mit keinem anderen Laut vergleichbar, so viele Schiffe wurden im selben Moment bewegt, so gellten die Rufe der Taktgeber, die Aufnahme und Innehalten der Ruderbewegungen signalisierten, Lärm auch der Ruderer selbst, wenn sie alle gemeinsam das Eintauchen ihrer Riemen mit lauten Schreien begleiteten. Die Ufer, die vielfach höher als die Schiffe waren, drängten den Schall zusammen und verstärkten ihn dadurch noch weiter. Waldrücken auf beiden Seiten des Flusses, verlassen und so zum Zurückwerfen eines Echos geeignet, vervielfachten ihrerseits den Lärm. Die Pferde, die auf den Transportschiffen allenthalben zu erblicken waren, machten auf die Barbaren – denn niemals zuvor hatte man auf indischem Boden Pferde auf Schiffen gesehen, und auch beim Zug des Dionysos zu den Indern entsann man sich nicht der Benutzung einer Flotte – beim Anblick einen gewaltigen Eindruck, so daß manche bereits beim Ablegen der Flotte zusammengelaufen waren und sie eine längere Zeit am Ufer begleiteten. Zu welchen der von Alexander bereits unterworfenen Inder auch immer das Geschrei der Ruderer oder das Klatschen der Riemen drang, rannten auch diese zum Ufer herab und geleiteten die Flotte mit ihren barbarischen Gesängen. Sind doch, wenn überhaupt jemand, dann die Inder dem Gesang und Tanz zugewandt, seitdem Dionysos und seine Begleiter im bakchantischen Zug Indien durchzogen hatten[187].

187 Siehe hierzu oben S. 82f. mit Anm. 47. An anderer Stelle legt Arrian dar (Indike 7, 8f.), daß Dionysos die Inder, als er ihnen die grundlegenden kulturellen Techniken vermittelte, insbesondere auch das Schlagen von Becken, Schellen und Pauken und das Tanzen nach der Weise von Satyrn gelehrt hätte, also eben das eigentümliche Verhalten von Kultanhängern bei einer dionysischen Prozession.

Abb. 48: Indische Tänzerinnen, Relief vom Stupa bei Bharhut (ca. 80 v. Chr.)

So fuhr man stromabwärts. Am dritten Tag legte man an der Stelle an, wo auftragsgemäß Hephaistion und Krateros an den einander gegenüberliegenden Ufern ihren Lagerplatz aufgeschlagen hatten. Dort blieb man zwei Tage, bis auch Philipp mit dem übrigen Heer eintraf. Diesen schickte Alexander mit seinen Männern zum Akesines und gab ihm den Auftrag, an dessen Ufer entlangzumarschieren. Auch die Truppen unter Krateros und Hephaistion wurden wieder mit entsprechenden Instruktionen in Marsch gesetzt. Alexander selbst fuhr weiter stromabwärts auf dem Hydaspes, der hier an keiner Stelle eine Breite von mehr als 20 Stadien besaß. Zuweilen warf er, wo es ihm gefiel, an den Ufern Anker und unterwarf von den dort lebenden Indern die einen, die sich freiwillig ergaben, in friedlicher Übereinkunft, die anderen, die Widerstand zu leisten versuchten, mit Waffengewalt.

Es drängte Alexander aber, rasch zum Land der Maller und Oxydraker zu fahren; von diesen hatte er in Erfahrung gebracht, daß sie die zahlreichsten und kriegstüchtigsten Inder dieser Gegend waren. Auch war ihm gemeldet worden, daß sie Kinder und Frauen in die festesten Plätze unter ihren Städten in Sicherheit gebracht hatten, selbst aber dazu fest entschlossen seien, sich zu einer Schlacht zu stellen. Aus diesem Grund setzte er alles daran, schneller voranzukommen, um mit ihnen nicht erst zusammenzutreffen, wenn sie fertig gerüstet waren, sondern noch in ihren Vorbereitungen begriffen und in ein organisatorisches Durcheinander verwickelt waren.

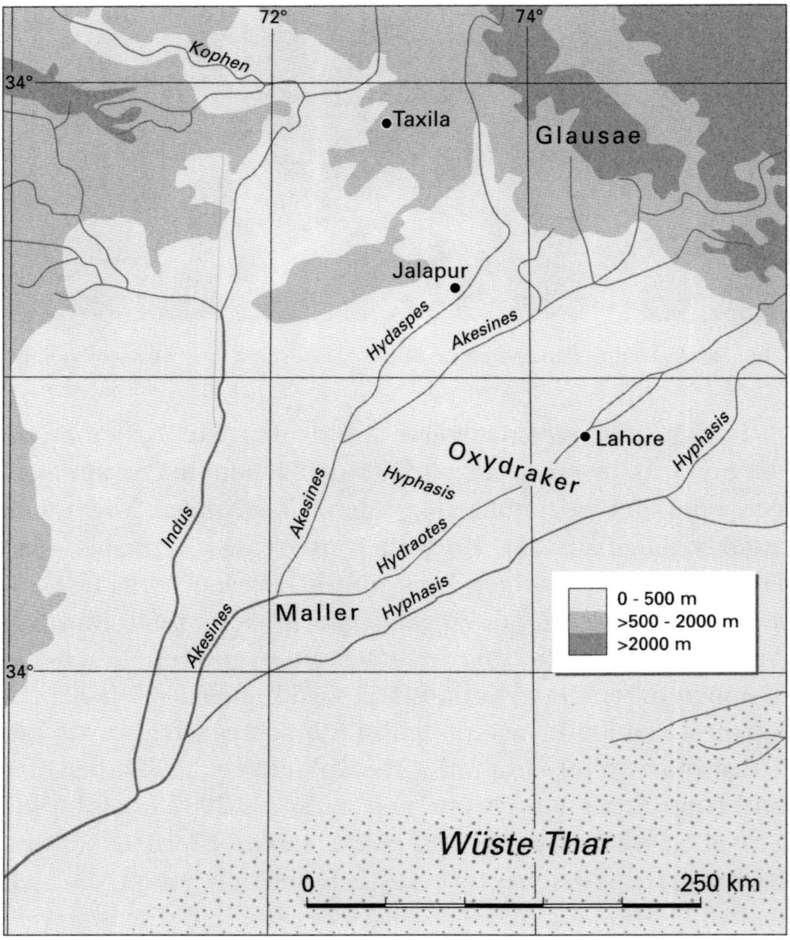

Abb. 49: Der Panjab in der Antike (wegen Flußverlagerungen teilweise hypothetisch)

66. Die Flotte gerät in gefährliche Stromschnellen

Von dem Punkt, wo er zum zweiten Mal aufgebrochen war, kam Alexander in fünf Tagen zu der Stelle, wo Hydaspes und Akesines zusammenfließen. Dort, wo sich diese beiden Flüsse vereinen, wird aus den beiden ein ungemein schmaler, einziger Strom, die Strömung wird durch die Verengung reißend, es bilden sich tückische Strudel aufgrund der zurückbrandenden Wassermassen, das Wasser schäumt und donnert gewaltig, so daß man schon von weitem das Tosen der Brandung hört[188]. Diese Verhältnisse waren Alexander schon von Einheimischen vorher berichtet worden, und er hatte das Heer entsprechend instruiert. Als man sich aber dann dem Zusammenfluß näherte, wurde das Getöse infolge der Strömung so gewaltig, daß die Mannschaften aufhörten zu rudern, nicht etwa auf ein Kommando hin, sondern weil die Taktgeber vor Staunen unversehens verstummten und ihrerseits ebenfalls gebannt dem Lärm lauschten.

Als man nicht mehr weit vom Zusammenfluß entfernt war, erteilten die Steuerleute Befehl, mit äußerster Kraft zu rudern, um aus der Enge herauszugelangen, damit die Schiffe nicht in die Strudel gerieten und herumgewirbelt würden. So hoffte man, mit Ruderkraft der Strudel Herr zu werden. Die rundgebauten Fahrzeuge, soweit sie von der Strömung herumgeschleudert wurden, nahmen hierbei keinen Schaden, und die Besatzungen kamen mit dem Schrecken davon. Von der Strömung wurden sie auch wieder in die ursprüngliche Fahrtrichtung ausgerichtet und auf die rechte Bahn gelenkt. Weniger glimpflich erging es den großen Schiffen in dem Strudel, da sie sich nicht ebenso oben auf den brausenden Wogen halten konnten, erst recht nicht die von ihnen mit doppelten Ruderreihen, da die unteren Ruder nur knapp über der Wasseroberfläche lagen. Bei denen, die vom Strudel erfaßt wurden und sich in der Strömung querlegten, brachen die Ruder weg, wenn es nicht schnell genug gelang, sie aus dem Wasser zu heben. Viele dieser Schiffe wurden daher stark in Mitleidenschaft gezogen, zwei von ihnen kollidierten gar miteinander und gingen mitsamt eines großen Teils ihrer

188 Am heutigen Zusammenfluß von Jhelum und Chenab ist dies alles nicht mehr nachzuvollziehen: Die Verschiebungen der Flußläufe haben eine völlig veränderte Topographie und Strömung geschaffen.

Besatzung unter[189]. Sobald aber der Strom wieder an Breite gewann, ließ auch die Strömung deutlich nach, und auch die Wirbel hatten nicht mehr die gleiche Gewalt.

Alexander ließ nun das Heer am rechten Ufer an einem Platz vor Anker gehen, der Schutz vor der Strömung und Anlegemöglichkeiten für die Schiffe bot. Ein Vorsprung des Flußufers erwies sich zudem als günstig zum Abfangen der Wracks. Wer auf diesen noch lebend angetrieben wurde, konnte gerettet werden. Die beschädigten Schiffe wurden repariert, und Nearch erhielt den Auftrag, weiter stromabwärts bis zu den Grenzen des Mallerlandes zu fahren, während Alexander selbst einen Streifzug durch das Land jener Barbaren unternahm, die sich nicht unterworfen hatten, und sie daran hinderte, den Mallern zur Hilfe zu kommen. Dann vereinigte er sich wieder mit der Flotte.

67. Neue militärische Pläne

Dort waren zwischenzeitlich auch Hephaistion, Krateros und Philipp mit ihren Truppen eingetroffen. Die Elefanten, die Abteilung des Polyperchon, die berittenen Bogenschützen und die Heeresabteilung des Philipp ließ Alexander über den Hydaspes setzen und unterstellte diesen Verband dem Krateros. Nearch und die Flotte schickte er dagegen mit dem Auftrag los, drei Tagesmärsche weit dem Heer vorauszufahren. Das übrige Heer teilte er in drei Verbände: Hephaistion hieß er, fünf Tagesmärsche vorauszueilen, so daß sie, wenn Feinde auf der Flucht vor seinen Truppen in Eile vor ihm auswichen, Hephaistion mit seinen Leuten in die Hände liefen und überwältigt würden. Ptolemaios, Sohn des Lagos, dem gleichfalls ein Teil des Heeres unterstellt wurde, erhielt den Auftrag, im Abstand von drei Tagesmärschen zu folgen

189 Einer anderen Überlieferung zufolge (Curtius Rufus 9, 4, 11; Diodor 17, 92, 2) stürzte Alexander sogar selbst in die Fluten und mußte – er konnte angeblich nicht schwimmen (Plutarch, Alexander 58) – von seiner Begleitung gerettet werden.

für den Fall, daß einige versuchen würden, in umgekehrter Richtung zu entkommen, so daß sie den Truppen des Ptolemaios in die Arme liefen. Sobald man aber die Zusammenflüsse von Akesines und Hydaspes erreicht habe, sollten die zuerst Eingetroffenen, so lautete der Befehl, dort warten, bis er selbst ankäme und Krateros und Ptolemaios sich wieder mit ihm vereinigten.

Alexander selbst zog mit den Hypaspisten, den Bogenschützen, den Agrianen und den sogenannten Pezhetairen aus der Abteilung des Peithon sowie sämtlichen Bogenschützen zu Pferd und der Hälfte der Gefährten zu Pferd durch wasserloses Gebiet gegen die Maller, ein Volk der unabhän-

Abb. 50: Makedonischer Reiter mit breitrandigem Hut; silberne Tetradrachme Philipps II., des Vaters Alexanders

gigen Inder. Am ersten Tag lagerte er an einem kleinen Gewässer, gegen 100 Stadien vom Akesines entfernt. Dort ließ er das Heer Verpflegung zu sich nehmen und kurze Zeit ruhen; dann gab er Befehl, daß jeder ein Gefäß, sofern vorhanden, mit Wasser fülle. Den Rest des Tages und die ganze Nacht hindurch marschierte man dann an die 400 Stadien[190]

---

190 Das Heer mitsamt Troß bewältigte unter normalen Bedingungen auf dem Marsch täglich etwa 18 bis 24 km. Bei Bedarf waren aber ausgewählte Truppen mit reduziertem oder auch ohne jedes Gepäck

und erreichte bei Tagesanbruch eine Stadt, in die sich zahlreiche Maller geflüchtet hatten. Diese hatten fest geglaubt, daß Alexander unmöglich durch diese Wüste gegen sie ziehen könne; sie hielten sich deshalb überwiegend außerhalb der Stadt auf und waren gänzlich unbewaffnet.

68. Operationen gegen die Maller

Nun wurde auch offenkundig, warum Alexander diesen Anmarschweg gewählt hatte, der zwar äußerst beschwerlich war, aber von den Feinden gerade deshalb als ungangbar angesehen worden war. So überfiel Alexander die ahnungslose Bevölkerung, tötete viele, die gar keine Gegenwehr leisten konnten, ohne Waffen, wie sie waren. Die anderen drängten sich in der Stadt zusammen. Alexander ließ die Stadtbefestigung daher durch seine Reiter ringsum umzingeln, da die Phalanx der Fußsoldaten noch nicht herangeführt war, wobei er die Pferde statt eines Einschließungswalles einsetzte. Sobald aber die Infanterie eingetroffen war, sandte er den Perdikkas mit seiner Reiterabteilung sowie der des Kleitos und mit den Agrianen gegen eine andere Stadt der Maller, wohin sich gleichfalls zahlreiche Inder dieser Gegend geflüchtet hatten. Er trug ihm auf, die Feinde in der Stadt nur zu beobachten, bis zu seinem Erscheinen Kampfhandlungen aber zu vermeiden, so daß nicht einzelne Flüchtlinge aus dieser Stadt den anderen Barbaren Mitteilung machen könnten, Alexander sei bereits im Anmarsch.

Er selbst attackierte die Mauern. Die Barbaren gaben diese preis, denn sie hätten sie gar nicht länger halten können,

---

unter Führung Alexanders zu wesentlich höheren Marschleistungen fähig – ein taktisches Mittel, das Alexander immer wieder, auch zur Überwindung großer Strecken über Tage hinweg, militärisch wirkungsvoll einzusetzen verstand. Der hier beschriebene Nachtmarsch über ca. 74 km durch wasserloses Gelände mit seinem doppelten Überraschungseffekt ließ eine zeit- und kräfteraubende Belagerung der Mallerstadt überflüssig werden.

nachdem schon so viele bei dem Überfall ums Leben gekommen, viele auch durch Verwundungen einsatzunfähig geworden waren. Sie flohen daher auf die Burg und wehrten sich eine Zeitlang aus dieser höhergelegenen Stellung, die nur schwer anzugreifen war. Als die Makedonen aber von allen Seiten her mit Macht anstürmten, Alexander selbst auch bald hier, bald dort auf dem Schauplatz erschien, wurde die Burg schließlich im Sturm genommen und wurden alle, die sich in ihren Schutz geflüchtet hatten, erschlagen. Es waren gegen 2000 Menschen.

Perdikkas dagegen traf die Stadt, gegen die er ausgesandt worden war, menschenleer an. Als er aber erfuhr, daß die Bewohner erst kurz zuvor geflüchtet waren, folgte er im Eilmarsch ihrem Weg. Seine Leichtbewaffneten eilten, so schnell ihre Füße sie tragen konnten, hinter ihm her. Wen man von den Fliehenden erreichen konnte, metzelte man nieder, sofern jene sich nicht rechtzeitig in die Sümpfe hatten retten können.

Alexander ließ Essen fassen und eine Ruhepause einlegen, dann zog er um die erste Nachtwache mit seinen Männern weiter. Während der Nacht legten sie ein großes Stück Wegs zurück und erreichten mit Tagesanbruch den Hydraotes. Dort erfuhr er, daß viele der Maller den Fluß bereits überschritten hatten; die übrigen, die noch beim Übergang waren, stellte er unmittelbar an der Furt und vermochte eine große Zahl niedermachen zu lassen. Er selbst ging sofort über die Furt und setzte die Verfolgung derer fort, die bereits den Fluß überschritten hatten. Viele von ihnen ließ er niedermetzeln, andere gerieten lebend in seine Hände, der Mehrzahl gelang aber die Flucht zu einem günstig gelegenen befestigten Platz. Gegen diese entsandte er, nachdem die Fußsoldaten nachgekommen waren, Peithon mit seiner Abteilung und zwei Reiterschwadronen. Bereits aus dem Anmarsch heraus gelang ihnen die Erstürmung des Platzes. Die dorthin Geflüchteten führten sie, sofern sie nicht schon beim ersten Angriff erschlagen worden waren, als Sklaven ab. Anschließend kehrten die Männer um Peithon wieder in das Lager zurück.

Alexander hingegen zog gegen eine Stadt der Brahmanen[191], da er gehört hatte, daß auch dorthin sich einige der Maller geflüchtet hatten. Dort angelangt, führte er die geschlossene Phalanx von allen Seiten gegen die Mauer. Sobald die Einwohner erkannten, daß ihre Mauer unterminiert und sie selbst mit Geschossen von ihr getrieben wurden, gaben sie ihrerseits die Mauern auf, zogen sich auf die Burg zurück und leisteten von dort aus Widerstand. Mit ihnen waren zugleich einige Makedonen in die Burg hineingelangt; gegen sie machten die Inder nun Front, warfen einige von ihnen wieder hinaus, töteten aber auch etwa 25 beim Gegenangriff. In diesem Moment befahl Alexander, von allen Seiten Sturmleitern an die Burg anzulegen und auch die Mauern zu untergraben. Nachdem ein unterminierter Turm und ein angrenzendes Mauerstück zusammengestürzt waren, so daß in diesem Abschnitt ein Sturmangriff auf die Burg eher möglich wurde, erklomm Alexander als erster die Mauer und wurde so in ihrem Besitz gesehen. Die anderen Makedonen, von seinem Anblick beschämt, stiegen nun ebenfalls allenthalben hinauf. Schon war die Burg genommen, da setzten die Inder einen Teil der Gebäude in Brand und starben, dort eingeschlossen, in den Flammen, die meisten aber fielen im Kampf. Es kamen von ihnen etwa 5000 ums Leben, nur wenige fielen bei solcher Tapferkeit lebend in die Hände der Makedonen.

Alexander blieb dort einen Tag und ließ die Truppen sich erholen. Am folgenden Tag rückte er weiter gegen die anderen Maller vor. Deren Städte fielen ihm dabei allesamt menschenleer in die Hand; sie selbst hatten sich, so hörte er, in die Wüste geflüchtet. Erneut legte er einen Tag Rast ein; am

191 Dies ist die erste militärische Konfrontation Alexanders mit Brahmanen (zu diesen oben Anm. 61), von der wir hören. Beim ersten Aufeinandertreffen in Taxila zu Beginn des Indien-Feldzuges hatte Alexander noch ein wohlwollendes Entgegenkommen erfahren.

Abb. 51: Alexander greift eine Stadt an (ital. Buchillustr.)

folgenden Tag sandte er Peithon und den Reiterführer Demetrios an den Fluß zurück, wobei sie neben ihren eigenen Einheiten von Alexander auch ausreichend Abteilungen Leichtbewaffneter unterstellt erhielten. Sie hatten den Auftrag, die Flußufer entlang zu marschieren und alle Flüchtigen, die sich in den Wäldern verborgen hielten, aufzuspüren und zu töten, es sei denn, sie würden sich ihnen freiwillig ergeben. Und tatsächlich fanden die Männer um Peithon und Demetrios viele in den Wäldern und töteten sie. Alexander selbst zog gegen die größte Stadt der Maller, in die sich, wie ihm gemeldet wurde, auch viele Menschen aus den anderen Städten geflüchtet hatten. (...)

70. Der Sturm auf die Mallerstadt

Am nächsten Tag teilte er sein Heer in zwei Gruppen. Die eine führte er selbst gegen die Mauer, mit der anderen hatte Perdikkas vorzugehen. Da vermochten die Inder dem Ansturm der Makedonen nicht standzuhalten, räumten die Stadtmauern und flüchteten sich auf die Burg. Alexander und seine

Umgebung brachen eine kleine Pforte in der Mauer auf und gelangten so weit vor den anderen in die Stadt hinein. Die Gruppe des Perdikkas kam erst später, da die Überwindung der Mauern nicht leicht gewesen war. Die meisten seiner Männer führten nämlich keine Leitern mit sich, weil die Stadt bereits genommen schien und die Mauern, soweit sie dies erkennen konnten, von Verteidigern entblößt waren. Als sich nun zeigte, daß die Burg von Feinden gehalten war und zahlreiche Krieger zu ihrer Verteidigung bereitstanden, begannen die einen, die Mauer zu unterwühlen, andere bemühten sich, wo dies möglich erschien, Sturmleitern anzulegen und sich mit Gewalt den Weg in die Festung zu bahnen.

Alexander, dem seine Makedonen die Leitern zu zögerlich heranzuschaffen schienen, riß einem der Männer die Leiter aus der Hand, legte sie eigenhändig an die Mauer und stieg, unter seinem Schild gedeckt, empor. Ihm folgte Peukestes[192], der den Heiligen Schild trug, den Alexander aus dem Heiligtum der Athene von Ilion mitgenommen hatte, stets bei sich führte und bei Kämpfen vor sich hertragen ließ[193]. Hinter ihm auf derselben Leiter stieg Leonnatos, der Leibwächter, empor, auf einer anderen Leiter Abreas, einer der einfachen Soldaten mit doppelter Besoldung. Schon war der König auf der Mauerkrone angelangt und stieß, den Schild auf diese stemmend, einige der Inder nach innen hinunter, tötete an-

---

192 Peukestes, ein vornehmer Makedone, war Offizier in der persönlichen Garde Alexanders. Aufgrund seiner hier geschilderten Tat, mit der er Alexander das Leben rettete, wurde er von diesem zum Somatophylax, Leibwächter, ernannt – zusätzlich zur feststehenden Zahl von sieben Somatophylakes, die zugleich zu den engsten Vertrauten des Königs gehörten.

193 Alexander, der Verehrer Homers und der homerischen Helden, hatte unmittelbar nach Überschreiten des Hellesponts mit seinem Invasionsheer 334 v. Chr. und der Landung auf kleinasiatischem Boden Troja (Ilium) aufgesucht, dort der trojanischen Athene geopfert und ihr seine Rüstung geweiht. Statt dieser nahm er einige der geweihten Waffen an sich, die sich dort seit dem Trojanischen Krieg als Weihgaben befunden haben sollen, und ließ sie in den kommenden Auseinandersetzungen vor sich in die Schlacht tragen (Arrian, 1, 11, 7f.).

dere mit Schwerthieben und säuberte so unversehens das Mauerstück von Feinden. Die Hypaspisten aber, in größter Angst um ihren König, drängten nun aufgeregt auf dieser selben Leiter voran und brachten sie damit zum Bersten, so daß die einen, die bereits oben angelangt waren, herabstürzten, den anderen aber der Aufstieg unmöglich gemacht wurde.

71. Alexander in Todesgefahr

Alexander, der nun auf der Mauer stand, wurde von den Türmen in der Nähe rings umher beschossen – keiner der Inder wagte sich in seine Nähe – und ebenso von den Feinden in der Burg, die aus nicht allzu großer Entfernung ihre Speere schleuderten: Zufällig war nämlich die Mauer gerade hier mit Erde hoch angeschüttet worden. Alexander, unübersehbar im Glanz seiner Waffen und wie er da in seiner unfaßbaren Tollkühnheit dastand, war sich bewußt, daß er, wenn er an diesem Platz verbliebe, sich äußerster Gefahr aussetzte, ohne deshalb aber etwas wirklich Rühmenswertes zu leisten, daß aber bei einem Sprung von der Mauer herab in die Burg er die Inder vielleicht in Schrecken versetzen könnte. Wenn dies aber nicht gelingen sollte und er Gefahren auf sich zu nehmen habe, könnte er doch große Taten vollbringen, die der Nachwelt überliefert zu werden verdienten, und nicht ohne heldenhaften Kampf sein Leben lassen[194].

Mit solchen Gedanken sprang er von der Mauer in die Burg hinab. Dort streckte er, mit dem Rücken zur Mauer, einige Feinde, die in seine Reichweite kamen, und unter ihnen auch den Führer der Inder, der zu ungestüm gegen ihn vorging, mit dem Schwert nieder und tötete sie. Einen anderen,

---

194 Hier liegen offene literarische Anspielungen auf die Ilias Homers vor, die bekanntermaßen die Lieblingslektüre Alexanders darstellte. In Ilias 22, 304f. stellt sich Hektor mit ähnlichen Überlegungen dem aussichtslos erscheinenden Zweikampf mit Achilleus.

der sich zu nähern versuchte, hielt er sich mit einem Steinwurf vom Leibe, ebenso einen zweiten, einen weiteren wiederum, der ihm zu nahe kam, machte er mit einem einzigen Schwertstreich kampfunfähig. Die Barbaren sahen nun davon ab, sich ihm weiter zu nähern, umstellten ihn jedoch und deckten ihn von allen Seiten mit Geschossen ein, gerade wie sie sie bei sich trugen oder sie ihnen in die Hände kamen.

In diesem Augenblick sprangen Peukestes, der Doppelsöldner Abreas und nach ihnen Leonnatos herab, die zufällig als einzige die Mauer hatten erklimmen können, bevor die Sturmleiter brach, und stellten sich kämpfend vor den König. Abreas, der Doppelsöldner, fiel sofort, von einem Pfeil in die Stirn getroffen. Alexander wurde ebenfalls von einem Pfeil durch den Brustpanzer in die Brust oberhalb der Brustwarze getroffen, so daß, wie Ptolemaios berichtet, aus der Wunde zusammen mit dem Blut auch Atem strömte. Solange aber das Blut noch warm war, wehrte er sich weiter, obschon er nahezu ohnmächtig war. Als aber unversehens, zugleich mit dem Ausatmen, aufgrund des Druckes auch eine größere Menge Blut herausquoll, erfaßte ihn Schwindel, er verlor das Bewußtsein und brach dort, wo er stand, auf seinem Schild zusammen[195]. Über den Gestürzten trat nun Peukestes und hielt den Heiligen Schild von Ilion über ihn, Leonnatos deckte die andere Seite, doch wurden beide ihrerseits durch Geschosse getroffen. Alexander hingegen war nahe daran zu verbluten.

In dieser Situation geriet jedoch der Angriff der Makedonen ins Stocken. Diejenigen, die Alexander auf der Mauer unter Beschuß und hernach in die Burg springen gesehen hatten, hatten in ihrem Bemühen und in ihrer Angst, daß ihrem König, der so unüberlegt sich in Gefahr begab, etwas zustoßen könnte, ihre Leitern zerbrochen, und jeder suchte nun Mittel und Wege, auf die Mauer zu gelangen. Die einen

195 Die Verletzung Alexanders wird in den antiken Quellen unterschiedlich beschrieben; ob tatsächlich eine Verletzung der Lunge vorlag, ist unklar.

Abb. 52: Eiserner Brustpanzer aus Vergina, möglicherweise von Alexanders Vater Philipp II.

schlugen Haken in die Mauer, die nur aus Lehm bestand, und mühten sich, sich daran hochzuhangeln, andere wiederum stiegen sich gegenseitig auf die Schultern. Der erste, der oben anlangte, stürzte sich von der Mauer in die Festung hinunter, wo er den König liegen sah, alle mit Wehgeschrei und Gebrüll. Schon war um den Gefallenen ein heißer Kampf entbrannt; einer um den anderen von den Makedonen hielt seinen Schild über ihn, während im selben Moment andere den Balken, der das Tor zwischen beiden Türmen verriegelt hielt, zerhieben, so daß nun einzelne eindringen konnten. Die anderen stemmten dort, wo das Tor die Öffnung ließ, mit den Schultern gegen die Balkenkonstruktion, brachen sie in das Innere der Befestigung und bahnten sich so einen Zugang zum Burgbereich.

Nun brach ein Gemetzel unter den Indern los. Die Makedonen töteten alle; weder Frauen noch Kinder wurden verschont. Andere trugen den König in seinem schlimmen Zustand auf seinem Schild heraus, ohne zu wissen, ob er würde überleben können. Den Pfeil entfernte nach den einen Kritodemos aus der Wunde, ein Arzt von Kos aus dem Geschlecht der Asklepiaden[196], wobei er zuvor die Wunde durch Schnitte erweitert hatte. Anderen zufolge war es der Leibwächter Perdikkas, da in diesem kritischen Moment kein Arzt zur Verfügung stand. Alexander selbst habe ihn dazu aufgefordert, mit dem Schwert die Einschußstelle zu erweitern und den Pfeil herauszuziehen. Bei dieser Operation brach ein Strom von Blut hervor, so daß Alexander neuerlich das Bewußtsein verlor. Gerade aufgrund der Bewußtlosigkeit kam der Blutfluß allerdings zum Stillstand. (...)

72. Angst und Aufruhr im Heer

Während Alexander an dem Ort blieb und seine Verletzung gepflegt wurde, gelangte in das Heerlager, von dem er gegen die Maller aufgebrochen war, das Gerücht, er sei an der Verletzung gestorben. Von einem zum anderen wanderte die

---

196 Die Ärzte aus der Medizinerschule von Kos, die ihre Entstehung auf den Heilgott Asklepios zurückführte und als ihren bedeutendsten Vertreter Hippokrates hervorbrachte, galten als die besten der Zeit. Das wissenschaftlich-heilkundliche Wissen wurde hier in Familientradition bewahrt und vermehrt.

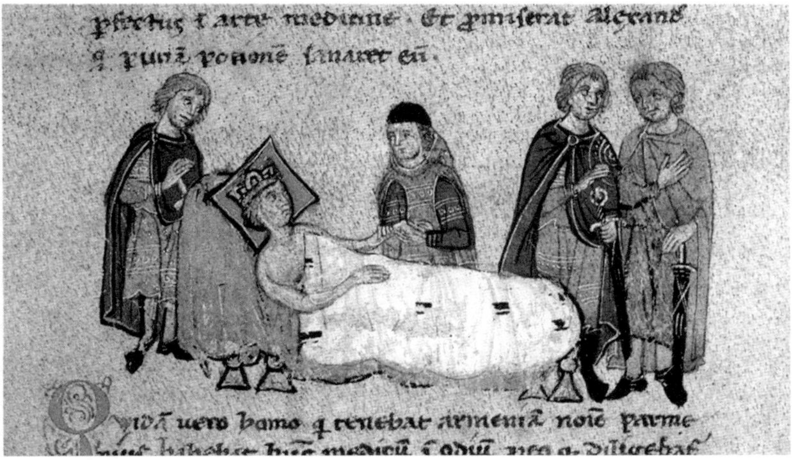

Abb. 53: Alexander auf dem Krankenbett (ital. Buchillustr.)

Neuigkeit, und das Wehklagen war zunächst allgemein. Als dann auf einmal aber die Nachricht eintraf, Alexander lebe noch, wollten sie dies kaum glauben; und man hielt es kaum für möglich, daß er überleben könnte. Dann traf ein Schreiben von Alexander ein, das sein baldiges Eintreffen im Lager ankündigte; die meisten mochten es in ihrer Sorge nicht für echt halten, sondern vermuteten, daß es von den Leibwächtern Alexanders und den Befehlshabern gefertigt worden war.

In Anbetracht dieser Lage ließ sich Alexander, um Unruhen im Heer zu verhindern, und sobald er dazu imstande war, an das Ufer des Hydraotes bringen. Er fuhr den Strom hinunter – das Lager war nämlich am Zusammenfluß von Hydraotes und Akesines gelegen, wo Hephaistion das Heer und Nearch die Flotte unter ihrem Kommando hatten –, und als sich schließlich das Schiff mit dem König an Bord dem Lager näherte, befahl er, das Sonnensegel vom Achterdeck zu entfernen, so daß ihn alle erblicken konnten. Die Soldaten aber mochten es dennoch nicht glauben; sie meinten, daß man ihnen offenbar den Leichnam Alexanders bringe. Noch bevor das Schiff am Ufer anlegte, hob dieser dann die Hand zur wartenden Menge. Da schrien die Männer laut auf, hoben die Hände zum Himmel oder streckten sie Alexander entgegen. Und vielen rannen die Tränen angesichts des gänzlich unverhofften Glückes über das Gesicht.

Einige Hypaspisten brachten nun eine Liege herbei, als man ihn vom Schiff trug – er aber befahl, ihm sein Pferd zu bringen. Als man ihn so wieder hoch zu Pferd sitzen sah, brach das ganze Heer in unendlichen Jubel aus, und es widerhallten die Ufer und die Wälder nahebei. Er ritt zum Zelt und stieg dort vom Pferd, so daß man ihn auch auf festen Beinen sehen konnte. Da drängten sich die Männer von allen Seiten hinzu, die einen suchten seine Hände zu fassen, andere seine Knie oder seine Kleidung, wieder andere nahten, nur um ihn gesehen zu haben, und entfernten sich wieder, nachdem sie ihm Glückwünsche zugerufen hatten. Manche warfen Bänder auf ihn, andere Blumen, soweit sie damals die indische Erde bot.

Nearch allerdings erzählt, daß manche der Freunde Alexanders zornig auf ihn waren und ihn kritisierten, daß er sich an der Spitze des Heeres so in Gefahr begebe: Dieses sei nicht Aufgabe des Heerführers, sondern Sache der Soldaten. Auch glaube ich, daß Alexander diese Vorwürfe aufbrachten, weil ihm ihre Berechtigung nur zu bewußt war und er sich dies vorzuwerfen hatte. Und dennoch vermochte er aufgrund seiner Kampfeslust und seines Strebens nach Ruhm, so wie andere einer Leidenschaft nachgeben, sich nicht so weit zu beherrschen, daß er Gefahren aus dem Weg ging. Nearch erzählt auch von einem älteren Mann, einem Boiotier (nennt aber seinen Namen nicht), daß dieser, als er den Zorn Alexanders angesichts der Vorhaltungen seiner Freunde und seine finstere Miene wahrnahm, zu ihm hingegangen sei und ihn in seinem schweren boiotischen Dialekt angesprochen habe: »Oh Alexander, Taten sind eine Sache für Männer« – und dann habe er einen iambischen Vers etwa des Sinnes hinzugefügt, daß, wer austeile, auch einstecken können müsse. Damit habe sich dieser Soldat unmittelbar die Hochschätzung Alexanders gewonnen, und später sei diese Zuneigung Alexanders immer noch größer geworden.

Abb. 54: Indische Delegation mit Geschenken (Persepolis, 6./5. Jh. v. Chr.)

73. Kapitulationen und Verhandlungen

In dieser Zeit langten Gesandte von den überlebenden Mallern bei Alexander an, um ihm ihr Volk zu übergeben. Auch die Führer der Städte bei den Oxydrakern und die Oberhäupter der Landesteile persönlich und weitere 150 hochangesehene Männer mit ihnen, die im Besitz von Verhandlungsvollmachten für den Abschluß von Verträgen waren und Geschenke mitbrachten, die den Indern als außerordentlich beeindruckend gelten, und nun das Volk wie sich selbst in seine Macht überantworten wollten. Sie erklärten, man müsse ihnen für ihre Verfehlung Verzeihung gewähren, daß sie nicht schon früher bei ihm mit einer Gesandtschaft vorgesprochen hätten. Denn sie selbst liebten, wie manche andere auch, ihre Freiheit und Unabhängigkeit außerordentlich, und dies um so mehr, da sie ihre Freiheit seit den Zeiten, da Dionysos zu den Indern gekommen war, sich immer bewahrt hätten, bis zu Alexander. Wenn es Alexander angemessen erscheine, der ja, wie es heiße, gleichfalls von einem Gott abstamme, wären sie willens, einen Satrapen anzunehmen, wen auch immer Alexander hierzu bestimme, sowie Abgaben zu entrichten, wie Alexander sie festsetzen möge. Zudem wollten sie ihm Geiseln stellen, so viele auch immer

Alexander fordere. Der aber verlangte 1000 der einflußreichsten Persönlichkeiten des Volkes, die er nach eigenem Gutdünken entweder als Geiseln behalten wolle oder aber als Feldzugsteilnehmer, bis er den Krieg gegen die übrigen Inder beendet habe. Sie schickten ihm daraufhin die 1000 Mann, wobei sie die Mächtigsten und Bedeutendsten aus ihren Reihen ausgewählt hatten, sowie 500 Streitwagen, obwohl diese nicht gefordert worden waren, mitsamt Besatzung. Alexander setzte als Satrapen über sie und die überlebenden Maller Philipp ein. Die Geiseln aber schickte er ihnen zurück, während er die Streitwagen behielt.

74. Die Fortsetzung der Stromfahrt

Nachdem er diese Angelegenheiten geregelt hatte und während der durch seine Verwundung bedingten Verzögerung zahlreiche Schiffe zusätzlich gebaut worden waren, ließ er 1700 Mann der Gefährten zu Pferde, ebensoviele Leichtbewaffnete wie zuvor, dazu 1000 Fußsoldaten an Bord gehen und fuhr mit diesen ein Stück den Hydraotes flußabwärts. Als er dann an die Stelle gekommen war, wo sich Hydraotes und Akesines vereinigen, wobei der Akesines seinen Namen gegenüber dem Hydraotes durchsetzt, fuhr er weiter den Akesines abwärts, bis er zum Zusammenfluß von Akesines und Indus gelangte.

Es handelt sich also um vier große und schiffbare Ströme, die ihr Wasser in den Indus ergießen, wobei keiner seinen Namen behält. Vielmehr fließt der Hydaspes in den Akesines und heißt nun, nachdem er sein gesamtes Wasser in ihn ergossen hat, Akesines. Und dieser Akesines vereinigt sich nun mit dem Hydraotes und heißt auch nach dessen Aufnahme weiter Akesines. Und später nimmt der Akesines den Hyphasis auf und behält seinen Namen bis zu seiner Einmündung in den Indus. Sobald er in diesen einfließt, verliert er seinen Namen an den Indus. Von da an hat der Indus, bevor er sich in das Delta aufteilt, wie es mir nicht unglaubwürdig erscheint, noch eine

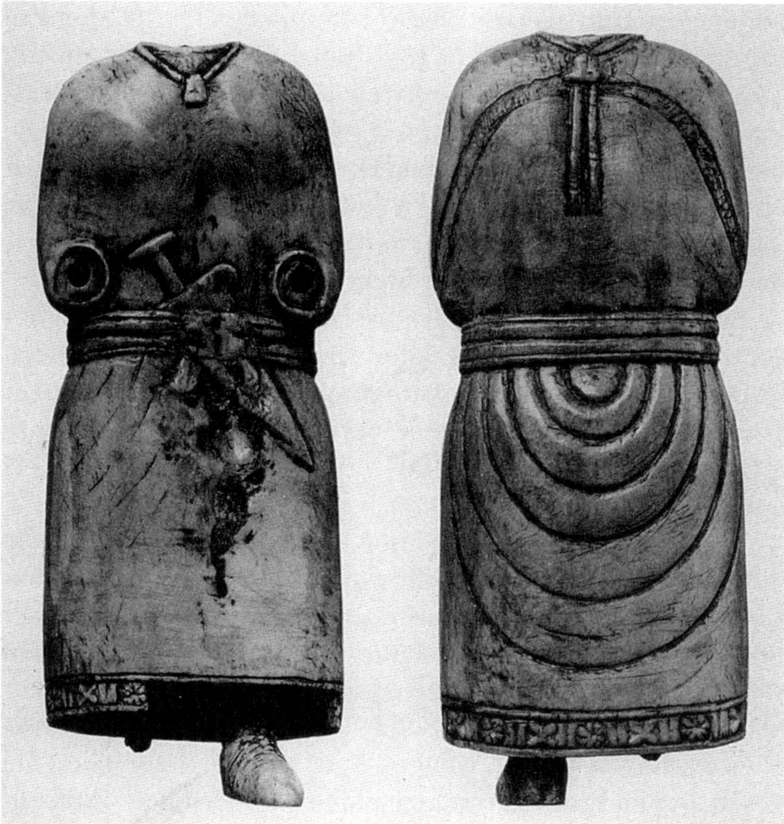

Abb. 55: Persischer Beamter, Nilpferdzahn-Schnitzerei

Breite von 100 Stadien, während er dann mehr und mehr sich zu einem regelrechten Gewässer erweitert.

Dort, bei der Vereinigung von Akesines und Indus, wartete Alexander, bis Perdikkas mit seiner Heeresgruppe zu ihm gelangt war, der beim Marsch unterwegs das unabhängige Volk der Abastanen unterworfen hatte. Währenddessen trafen für Alexander noch andere Dreißigruderer und weitere rundgebaute Flußfahrzeuge ein, die man bei den Xathrern auf seinen Befehl hin gebaut hatte. Auch erkannten die Sogder, ein anderes Volk der freien Inder, seine Oberhoheit an. Ebenso kamen Gesandte von den Ossadiern, gleichfalls einer der Stämme der freien Inder, um sich ihm zu unterstellen. Alexander legte nun als Grenze der Satrapie des Philipp den Zusammenfluß von Akesines und Indus fest und ließ ihn mit sämtlichen Thrakern und so vielen Männern aus den Abteilungen der Phalanx zurück, wie es für die Kontrolle der Gebiete geboten erschien. Dazu erteilte er Befehl, unmittelbar am Zusammenfluß der beiden Ströme eine Stadt zu gründen; dabei hegte er die Hoffnung, daß diese groß und weithin bedeutend würde. Auch ließ er hier Schiffswerften errichten.

Zu dieser Zeit kam der Baktrer Oxyartes, der Vater seiner Gattin Rhoxane[197], zu Alexander. Diesem gab er zu seiner Satrapie noch das Gebiet der Parapamisaden hinzu, während er den bisherigen Satrapen Tyriespis absetzte, weil ihm berichtet worden war, daß er seine Verwaltung schlecht geführt hatte[198].

Dann ließ er Krateros und den Hauptteil des Heeres sowie die Elefanten auf das linke Indusufer übersetzen, da dort das Gelände entlang des Stromes für ein schwer bepacktes Heer besser gangbar schien und die anliegenden Völker nicht sämtlich freundlich gesonnen waren. Alexander selbst fuhr bis zur Königsresidenz der Sogder. Dort ließ er ebenfalls eine Stadt ausbauen, befahl, weitere Werften zu errichten und die beschädigten Einheiten seiner Flotte zu überholen. Zum Satrapen des Landes vom Zusammenfluß des Indus und des Akesines bis zum Meer ernannte er Peithon, wie auch über das gesamte indische Küstenland.

---

197 Rhoxane war bei der Eroberung der Burg ihres Vaters Oxyartes in Sogdien 327 v. Chr. in die Hände Alexanders geraten. Der König, der sich auf den ersten Blick in sie verliebt haben soll, heiratete sie nach makedonischem Ritus, nahm sie also in dynastischem Sinne als rechtmäßige Ehefrau. Später gebar sie ihm posthum einen Sohn und war wie dieses Kind in die Auseinandersetzungen um seine Nachfolge verwickelt.

198 Tyriespis, ein Iraner, vielleicht Perser, war zu Beginn des Indienfeldzuges zum Satrapen der nordwestlich des Indus gelegenen Gebiete ernannt worden.

75. Gegen Mousikanos

Krateros und seine Heeresgruppe schickte er wieder los. Er selbst fuhr flußabwärts zum Reich des Mousikanos, das ihm als das gesegneteste auf indischem Boden geschildert worden war. Denn Mousikanos war ihm bisher noch nicht entgegengezogen, um sich und sein Land ihm zu unterstellen, und hatte auch keine Gesandte zum Abschluß eines Freundschaftsvertrages kommen lassen. Weder hatte er ihm etwas geschickt, was eines großen Königs würdig gewesen wäre, noch seinerseits von Alexander etwas erbeten. Alexander ließ den Fluß so schnell hinabfahren, daß er an der Grenze zum Land des Mousikanos ankam, bevor diesem gemeldet worden war, daß Alexander überhaupt gegen ihn aufgebrochen war. Mousikanos erschrak hierüber so sehr, daß er nun dem Makedonenkönig in höchster Eile entgegenkam. Mit sich brachte er all das als Geschenk, was den Indern als außerordentlich wertvoll gilt[199], und außerdem alle Elefanten; sich und sein Volk unterwarf er dem Alexander. Daß er offen sein Unrecht bekannte, war bei Alexander der beste Weg, die Erfüllung seiner Wünsche durchzusetzen. Mousikanos wurde unter diesen Voraussetzungen von Alexander so tatsächlich auch Vergebung gewährt. Auch bewunderte Alexander seine Hauptstadt und sein Land und gab Mousikanos sein Reich zurück[200].

---

199 Eine Zusammenstellung der Geschenke einer indischen Gesandtschaft an Alexander bietet Curtius Rufus 9, 8, 2: Neben 300 Reitern und (angeblich) 1030 vierspännigen Streitwagen, die als Hilfstruppen dienen sollten, erhielt der König eine nicht näher bestimmte Menge von Leinenkleidung, 1000 indische Schilde, 100 Talente (gut 2,5 Tonnen) ›weißes‹ Eisen (die Bedeutung ist unklar), gezähmte Löwen und Tiger von außerordentlicher Größe, einige Häute von riesigen Echsen und Panzer von (wohl Riesen-) Schildkröten.

200 Die Hauptstadt des Mousikanos wird meist beim heutigen Alor nahe Sukkur lokalisiert; dort befinden sich antike Ruinen. Allerdings bleibt diese Identifikation ebenso hypothetisch wie die der anderen Völker und Herrscher im südlichen Industal, gegen die Alexander zu Felde zog.

76. Das Reich des Mousikanos

Onesikritos schildert auch das Reich des Mousikanos, wobei er es ausführlich in leuchtenden Farben preist und Dinge hervorhebt, die teils auch für andere Inder gemeinsam berichtet werden, so etwa ihre Langlebigkeit, daß sie 30 Jahre über die 100 hinaus erreichten (und dabei berichten manche, daß die Serer noch langlebiger seien)[201], ihr Maßhalten und ihre gesunde Lebensart, obwohl ihr Land doch von allem im Überfluß hat. Eigentümlich seien ihnen auch eine Art spartanischer Syssitien[202], bei denen sie gemeinsam in der Öffentlichkeit tafelten und das Fleisch von Wild, das sie erlegt hatten, zu sich nähmen. Sie würden kein Gold oder Silber verwenden, obwohl sie über Metalle verfügten. Anstatt von Sklaven würden sie sich junger, in ihrer Blüte stehender Männer bedienen, ganz so wie es die Kreter mit den Aphamioten und die Lakonier mit den Heloten tun[203].

Den Wissenschaften – von der Heilkunst abgesehen – widmeten sie sich nicht mit Nachdruck; zuviel ernsthafte Beschäftigung in einigen Disziplinen, etwa der Kriegskunst oder ähnlichem, erachteten sie sogar als Schlechtigkeit. Ein Prozeßwesen existierte bei ihnen nicht, außer für Mord und Verleumdung: Denn daß jemand solches erleide, hänge nicht von ihm selbst ab – dagegen der Schaden aus geschäftlichen Angelegenheiten doch von jedem einzelnen; daher müsse man hinnehmen, wenn einer gegen Treu und Glauben verstoße, aber auch sich vorsehen, wem man Vertrauen schenke, und die Stadt nicht mit Streitsachen füllen.

---

201 Vgl. oben S. 150 mit Anm. 141.

202 Die Syssitien, die Mahlgemeinschaft der spartanischen Vollbürger, der ›Gleichen‹ *(homoioi)*, waren ein wichtiges Merkmal der Gesellschaftsordnung Spartas. Sie unterstrichen das egalitäre Selbstverständnis der spartanischen Herrenschicht.

203 Aphamioten wie Heloten waren halbfreie Bevölkerungsgruppen auf Kreta bzw. in Lakonien (Sparta), welche die unterworfene indigene Bevölkerung darstellten und das Land bebauen mußten.

77. Gegen Sambos

Krateros erhielt den Auftrag, in der Hauptstadt des Mousikanos eine Festung zu errichten. Noch in Gegenwart Alexanders wurden deren Mauern errichtet und eine Besatzung hineingelegt, da ihm der Ort günstig gelegen schien, um die Völker rings umher unter Kontrolle zu halten. (...)

Dann zog Alexander erneut gegen Sambos, der von ihm als Satrap der Berginder eingesetzt worden war[204]. Es war ihm nämlich berichtet worden, daß dieser geflohen war, als er gehört hatte, daß Mousikanos bei Alexander Verzeihung erreicht und die Herrschaft über sein Reich wieder erhalten hatte. Mit diesem pflegte er nämlich eine alte Feindschaft. Als sich Alexander bereits der Stadt näherte, die als Hauptstadt des Reiches des Sambos diente – ihr Name war Sindimana –, öffnete man ihm beim Anmarsch die Tore, die Familienangehörigen des Sambos zählten ihm die Schätze vor, und sie brachten ihm zugleich Elefanten von sich entgegen. Nicht weil er dem Alexander feindlich gesonnen sei, sei Sambos geflohen, sondern aus Angst wegen der dem Mousikanos gewährten Verzeihung. Alexander nahm noch eine andere Stadt in seine Gewalt, die zwischenzeitlich abgefallen war, und ließ die Brahmanen – welche die Weisen der Inder sind – töten, die als Anstifter zum Abfall gewirkt hatten.

---

204 Offensichtlich kontrollierte dieser lokale, dem Mousikanos benachbarte Herrscher die zwischen dem Industal und der westlichen Nachbarsatrapie Arachosien befindliche Bergregion und beherrschte damit zugleich die strategisch wichtigen Verbindungswege zwischen diesen östlichen Regionen des Alexanderreiches.

Von den Gymnosophisten, die den Sabbas vor allem zum Abfall überredet und den Makedonen schwersten Schaden zugefügt hatten, nahm Alexander zehn gefangen[205]. Diese Männer standen im Ruf, besonders fähig in ihren Antworten und bündigen Äußerungen zu sein. Er legte ihnen schwere Fragen vor und erklärte zugleich, daß er den ersten hinrichten lassen werde, der nicht zutreffend antworte, im Anschluß daran aber der Reihe nach auch die übrigen. Einen aber, den ältesten, bestimmte er dazu zu urteilen.

Der erste gab auf die Frage, ob seines Erachtens die Lebenden zahlreicher seien als die Toten, die Antwort: Die Lebenden, denn die Verstorbenen sind nicht. Die Frage an den zweiten, ob die Erde oder das Meer größere Tiere hervorbringe, erhielt die Antwort: Die Erde, denn das Meer ist nur ein Teil von ihr. Der dritte antwortete auf die Frage, welches Tier das klügste sei: Dasjenige, das der Mensch bislang noch nicht kennengelernt hat. Der vierte antwortete auf die Frage, aus welcher Erwägung heraus man den Sambos zum Abfall veranlaßt habe: Weil er den Wunsch hatte, rühmlich zu leben, sonst aber rühmlich zu sterben. Der fünfte erklärte auf die Frage, ob er glaube, daß der Tag oder die Nacht vorher entstanden sei: Der Tag – um einen einzigen Tag. Und als der König über diese Antwort seine Verwunderung äußerte, fügte er hinzu, daß es zwangsläufig auf Fangfragen auch verfängliche Antworten geben müsse.

---

205 Gymnosophisten: Brahmanen (vgl. Anm. 61); Sabbas: andere Namensform für Sambos. Seit Anfang 325 v. Chr. stößt Alexander auf heftige Opposition der Brahmanen, erstmals im Zusammenhang des Vernichtungsfeldzuges gegen die Maller (vgl. oben S. 192 mit Anm. 191). Im südlichen Indusgebiet organisierten diese offensichtlich den militärischen Widerstand, so im Reich des Sambos und später des Mousikanos (S. 207f. und unten 214f.). Das nun rücksichtslose Vorgehen Alexanders gegen diese höchste indische Kaste mag für den erbitterten Widerstand der Bevölkerung gegen die Invasoren mit verantwortlich gewesen sein.

Abb. 56: Alexander schickt Onesikritos mit einer Botschaft an den Philosophenkönig Dandamis (dt. Buchillustr.)

Alexander wechselte weiter und fragte den sechsten, wie denn einer die höchste Beliebtheit gewinnen könne. Wenn er der Stärkste ist, dadurch, daß er nicht Schrecken verbreitet, kam da zurück. Von den verbliebenen drei Weisen erklärte der eine auf die Frage, wie man von einem Menschen zu einem Gott werden könne: Indem man etwas leistet, das zu vollbringen einem Menschen nicht gegeben ist. Der andere zur Frage, ob Leben oder Tod stärker seien: Das Leben, weil es so viel Leiden erträgt. Der letzte beschied endlich die Frage, bis wann für einen Menschen das Leben sinnvoll sei, in der Weise: Solange er nicht der Auffassung ist, daß tot zu sein besser sei, als zu leben.

Da wandte Alexander sich an den Richter und befahl ihm zu urteilen. Als der nun erklärte, daß einer schlechter als der andere geantwortet habe, erwiderte er: »Dann wirst du, der du solchermaßen urteilst, als erster sterben.« »Nicht doch, König«, erwiderte der, »sofern du nicht gelogen haben willst, als du sagtest, du würdest den zuerst töten, der am schlechtesten geantwortet hat.« Diese Männer ließ Alexander, nachdem er sie reich beschenkt hatte, nun gehen. Zu den im höchstem Ansehen Stehenden, die je für sich in der Stille lebten, sandte er Onesikritos mit der Botschaft, daß sie zu ihm kommen müßten. Dandamis soll daraufhin nichts anderes gesagt haben als dieses eine: »Weshalb ist Alexander eigentlich diesen weiten Weg hierher gekommen?«[206]

79. Die Giftwaffen der Harmatelier

Die letzte Stadt der Brahmanen[207], Harmatelia genannt, war stolz auf die Tapferkeit ihrer Bewohner und ihre unzugängliche Lage[208]. Hierher sandte Alexander einige Leichtbewaffnete mit dem Auftrag, die Feinde zu binden, im Falle eines Ausbruches sich aber zurückzuziehen. Sie zählten nun 500 Mann, und während sie einen Angriff auf die Mauern vortrugen, schmähte man sie. Als dann 3000 Soldaten einen Ausfall aus der Stadt unternahmen, gaben sie vor, von Furcht gepackt zu sein und wandten sich zur Flucht. Wenig später griff der König die nachsetzenden Barbaren an, attackierte sie heftig und metzelte einen Teil von ihnen nieder, die anderen nahm er gefangen[209].

---

206 Der letzte Abschnitt paßt schlecht zu der Ausgangssituation der Episode. Tatsächlich wird hier von Plutarch auch die freundliche erste Begegnung Alexanders mit Brahmanen in Taxila (Dandamis = Mandanis; vgl. oben S. 92ff.) um der inhaltlichen Verbindung willen, aber anachronistisch, in die Schlußphase des Feldzuges versetzt.

207 Die folgende Episode zeigt sehr deutlich, daß die Brahmanen, die von manchen der Feldzugsteilnehmer und Autoren (so Nearch) offenbar allein als Weise und Ratgeber indischer Herrscher wahrgenommen wurden, tatsächlich eine eigene Bevölkerungsschicht darstellten und auch als Krieger tätig sein konnten.

208 Die Lage dieser Stadt, deren Namen auch als Harmata überliefert wird, ist unbekannt. Zuweilen wurde sie hypothetisch mit dem modernen Bahmanabad (Pakistan) identifiziert. Die Tapferkeit brahmanischer Truppen wird auch in alten indischen Quellen gerühmt.

209 Eine klassische Kriegslist, die später etwa auch der Makedonenkönig Philipp V. (221–179 v. Chr.) praktizierte (Polybios 8,14).

Nicht wenige der Männer des Königs hatten Verwundungen davongetragen und gerieten nun in äußerste Gefahr: Die Waffen der Barbaren waren nämlich mit einem tödlich wirkenden Gift bestrichen, auf dessen Wirkung vertrauend sie sich auf die Entscheidungsschlacht eingelassen hatten. Diese Macht des Giftes beruhte auf bestimmten Schlangen, die sie gejagt und deren Kadaver sie in der Sonne hatten liegen lassen. Die Hitze ließ die Substanz des Fleisches schmelzen, und es bildeten sich Schweißtropfen. In dieser Feuchtigkeit löste sich das Gift der Tiere.

Deshalb wurde auch der Körper eines Verwundeten sofort gefühllos, und wenig später folgten stechende Schmerzen; Zuckungen und Zittern erfaßten die ganze Masse. Die Haut wurde kalt und fahl, und im Erbrochenen befand sich Galle; zu diesen Symptomen gesellte sich schwarzer Schaum, der aus der Wunde herausfloß, und Fäulnis setzte ein. Während dies sehr schnell vor sich ging, griff es auch auf die lebenswichtigen Teile des Körpers über und bewirkte so einen schrecklichen Tod der Betroffenen. Dasselbe Schicksal ereilte dabei diejenigen, die schwere Wunden empfangen hatten, wie auch diejenigen, die nur kleine Verletzungen oder gar nur Kratzer erhalten hatten.

Durch solches Verderben kamen also die Verwundeten um; wegen der übrigen war der König dabei nicht so betrübt, wie er wegen Ptolemaios, dem späteren König, niedergeschlagen war, der damals außerordentlich von Alexander geliebt wurde. Ein merkwürdiges und wunderbares Geschehen trug sich dann um diesen Ptolemaios zu, das einige auf göttliche Vorsehung zurückführen. Er wurde von jedermann geliebt wegen seines männlichen Charakters und seiner außerordentlichen Wohltäterschaft gegenüber allen; wegen seiner Menschenfreundlichkeit wurde ihm nun Hilfe zuteil.

Der König hatte nämlich im Schlaf ein Traumgesicht: Es schien ihm, daß er eine Schlange erblickte, die eine Pflanze im Maul trug, ihm deren Natur erklärte sowie ihre Wirkkraft und den Ort, an dem sie wuchs. Als Alexander nun erwachte, ließ er sie suchen, zerrieb sie und legte sie dem Körper des

Ptolemaios auf. Auch gab er ihm einen Sud zu trinken, und dies stellte die Gesundheit des Ptolemaios wieder her.

Nachdem so der treffliche Nutzen des Mittels erkannt war, wurden auch die übrigen Verwundeten derselben Kur unterzogen und gerettet. Dann ging Alexander daran, die Stadt der Harmatelier, die stark befestigt und groß war, zu belagern. Die Einwohner kamen ihm aber mit den Zweigen von Bittflehenden entgegen und gaben sich in seine Hände; daraufhin verzichtete er, sie zu bestrafen.

80. Die Makedonen und die Schlangen Indiens

Kleitarch erklärt in seinem Werk über Indien, daß es dort Schlangen von 16 Klaftern Länge gebe. Auch erwähnt er eine andere, die nicht so aussehe wie die übrigen. Sie ist nämlich viel kürzer und ihre Haut sieht tatsächlich so vielfältig bunt aus, als ob sie mit Farben bemalt worden sei. Einige haben bronzeähnliche Streifen, die vom Kopf zu ihrem Schwanz herunterlaufen, andere wirken wie Silber, wieder andere seien purpurfarben und manche strahlten auch wie Gold. Derselbe Autor berichtet, daß sie fürchterlich beißen und ihre Bisse sehr schnell zum Tode führen.

Nearch berichtet, daß auch bunte und schnelle Schlangen gejagt werden. Eine davon, die Peithon, der Sohn des Antigenes, fangen konnte, habe, so sagt er, eine Größe von 16 Ellen besessen[210]. Die Inder aber sagten, daß die größten Schlangen noch viel größer als diese seien. Wenn einer von einer indischen Schlange gebissen worden war, hätten die griechischen Ärzte kein Heilmittel gewußt, aber die Inder selbst hätten die Gebissenen geheilt. Nearch erzählt, daß Alexander die heilkundigsten Inder um sich geschart habe und im La-

---

210 Mit umgerechnet gut 7 m eine – im Gegensatz zur Äußerung des Kleitarch zuvor, der über 28 m (16 Klafter) bietet – durchaus zuverlässige Angabe, da die indische Python tatsächlich eine Länge von 7 m erreichen kann.

Abb. 57: Alexanders Heer kämpft gegen Schlangen (ital. Buchillustr.)

ger habe bekannt machen lassen, daß jeder, der gebissen worden sei, zum Zelt des Königs kommen möge. Jene waren aber auch Ärzte für die übrigen Krankheiten und Leiden. Es gibt aber bei den Indern nicht viele Krankheiten, weil die Jahreszeiten dort ausgewogen sind. Wenn jedoch einmal etwas Beachtlicheres sich ausbreite, pflegten sie es den Weisen mitzuteilen; und diese schienen nicht ohne göttliche Hilfe zu heilen, was auch immer heilbar war.

Nearch wundert sich über die Zahl der Kriechtiere und ihre Hinterhältigkeit. Denn sie fliehen aus den Schwemmebenen hinauf in die von den Überflutungen verschont gebliebenen Siedlungen und bevölkern dort die Häuser. Aus diesem Grund setzen die Einheimischen nicht nur ihre Betten hoch; gelegentlich kommt es auch dazu, daß sie aus ihren Häusern ausziehen, wenn sie solchermaßen von Schlangen bevölkert sind. Wenn nicht der größere Teil dieser Unzahl von Schlangen in den Fluten krepierte, so würde der Landstrich wohl veröden.

Auch sei die geringe Größe von einigen Schlangen gerade so lästig wie die enorme Größe anderer; die kleinen deshalb, weil man sich nicht vor ihnen schützen könne, die großen wegen ihrer Stärke, da man doch Vipern von 16 Klaftern Länge sehen könne. Zauberer zögen umher, von denen man glaube, daß sie sich auf die Heilung von Wunden verstünden; und dies sei auch schon fast die einzige Art der Heilkunst. Denn die Menschen dort hätten nicht viele Krankheiten, eben aufgrund der Schlichtheit ihrer Lebensführung und des Verzichtes auf Weingenuß. Wenn aber doch einmal Krankheiten aufträten, würden sie von den Weisen behandelt.

Aristobul hingegen erklärt, er habe keines der Tiere von so enormer Größe gesehen, wie immer behauptet wird, außer einer Natter von neun Ellen und einer Spanne Länge. Ich für meine Person habe eine Schlange dieser Größe in Ägypten gesehen, die von Indien dorthin gebracht worden war. Aristobul sagt, es gebe allerdings eine große Zahl viel kleinerer Schlangen und Nattern sowie große Skorpione. Keine von ihnen sei aber so schädlich wie die dünnen kleinen Schlangen, die nicht größer als eine Spanne seien. Man finde sie nämlich in Zelten, Gefäßen und Hecken versteckt. Diejenigen, die von ihnen gebissen würden, bluteten zunächst unter großen Schmerzen aus allen Poren; dann stürben sie, wenn ihnen nicht sofort Hilfe geleistet würde. Dies sei aber einfach aufgrund der indischen Wurzeln und Heilmittel.

81. Unternehmungen im südlichen Indus-Gebiet

Währenddessen war Alexander gemeldet worden, daß Mousikanos von ihm abtrünnig geworden war. Gegen ihn sandte er den Satrapen Peithon, den Sohn des Agenor, mit einer ausreichenden Streitmacht, er selbst zog gegen die Städte im Reich des Mousikanos, legte die einen in Schutt und Asche, nachdem er ihre Bewohner als Sklaven hatte verkaufen lassen, in andere legte er Besatzungen und sicherte sie durch Ummauerung der Burgen. Nach Abschluß dieser Unternehmungen kehrte er in das Heerlager und zur Flotte zurück. Dort wurde ihm von Peithon Mousikanos vorgeführt, den er hatte gefangennehmen können. Dieser, so lautete der Befehl Alexanders, sei in seinem eigenen Land öffentlich aufzuhängen und mit ihm alle diejenigen Brahmanen, die ihm zum Abfall geraten hätten.

Auch traf der Herrscher des Landes der Pataler bei ihm ein, übergab ihm sein ganzes Land, sich selbst und alles, was er besaß. Wie ich ausführte, ist das Delta, das der Indus bildet, größer als das ägyptische. Alexander schickte ihn wieder in sein Land zurück und befahl ihm, alles Nötige für die Aufnahme des Heeres vorzubereiten.

Er selbst entsandte Krateros mit besonderem Auftrag. Er unterstellte ihm die Abteilungen des Attalos, des Meleager, des Antigonos, einen Teil der Bogenschützen, der Gefährten und anderer Makedonen sowie all jene Makedonen, die dienstunfähig geworden waren, und sandte ihn durch das Gebiet der Arachosier und das der Zarangier nach Karmanien[211]. Auch die Elefanten übergab er ihm, um sie mitzunehmen. Das übrige Heer, soweit es nicht mit ihm flußabwärts zum Meer fahren sollte, teilte er in zwei Marschgruppen. Die eine befehligte Hephaistion. Peithon dagegen mit den berittenen Speerschützen und den Agrianen ließ er auf das gegenüberliegende Indusufer übersetzen, also nicht dort, wo Hephaistion seine Marschgruppe entlang führen sollte, sondern mit dem Auftrag, die bereits befestigten Städte zu besiedeln und im Falle, daß bei den dortigen Indern Aufstände ausbrechen sollten, die Ordnung wiederherzustellen. Anschließend sollte Peithon sich in Patala wieder mit ihm vereinigen.

Am dritten Tag der Fahrt auf dem Indus erhielt Alexander Nachricht, daß der Herrscher der Pataler mit der Mehrzahl seiner Landsleute die Flucht ergriffen und das Land menschenleer zurückgelassen hatte. Daraufhin beschleunigte

---

211 Der Abmarsch eines beachtlichen Teiles des für die Eroberung Indiens eingesetzten Heeres zurück nach Westen war zweifellos auch durch die zwischenzeitlich eingetretene fragile politische Situation motiviert: So war es dort aufgrund der langen Abwesenheit Alexanders zu Umsturzversuchen gekommen.

Abb. 58: Alexander mit seiner Kriegsflotte vor einer Stadt (fläm. Buchillustr.)

Alexander die Flußfahrt noch mehr als schon zuvor. Als er Patala[212] schließlich erreichte, fand er die Stadt und die Gegend leer von Bewohnern und Landleuten vor. So sandte er die leichtesten Einheiten seines Verbandes zur Verfolgung der Flüchtigen aus. Als man einige von ihnen einfangen konnte, schickte er sie zu den anderen Flüchtigen mit der Botschaft, man möge unbesorgt zurückkehren. Denn sie dürften wie früher ihre Städte bewohnen und das Land bewirtschaften.

Er selber beauftragte Hephaistion, die Burg von Patala zu befestigen, und schickte Leute in die Wüstengebiete der na-

---

212 In den Quellen bezeichnet der Name Patala sowohl die Region des Indus-Deltas insgesamt (zuweilen auch: Patalene) wie auch eine größere Insel in einem der beiden Indus-Arme und schließlich – so an dieser Stelle – die Hauptstadt der Region. Deren Lokalisierung ist ungeachtet ihrer großen Bedeutung für das Verständnis der Operationen Alexanders im Indus-Delta wohl unmöglich: Vorgeschlagen wurden u. a. das heutige Puttelipur, Haiderabad und Bahmanabad (letzteres aber auch für die Brahmanenstadt Harmatelia). Die kontinuierliche Ablagerung von Schwemmsand und Erde durch das Flußsystem des Indus hat das Delta heute weit über die antike Situation hinaus meerwärts verlagert; die Lage der (heute fünf) Deltaarme hat sich in historischer Zeit ständig verändert, die Küstenlinie wurde dadurch stetig verschoben.

hegelegenen Landstriche, um Brunnen zu graben und das Land bewohnbar zu machen. Diese wurden von einigen der in der Nachbarschaft lebenden Barbaren angegriffen, verloren auch durch den unerwarteten Überfall mehrere Mann, töteten aber auch viele der Angreifer und trieben sie in die Wüste zurück. Sie konnten die begonnenen Arbeiten zu Ende führen, nachdem Alexander, der von dem Angriff der Barbaren unterrichtet worden war, andere Truppen zu ihrer Unterstützung in Marsch gesetzt hatte, die ihnen tatkräftig zur Seite standen.

82. Die Erkundung des Indus-Deltas

Bei Patala teilen sich die Wassermassen des Indus in zwei große Ströme, die auch beide den Namen Indus behalten, bis sie das Meer erreichen. Dort ließ Alexander den Bau von Werften und Schiffshäusern aufnehmen, und da die Arbeiten gut vorankamen, faßte er den Plan, bis zur Mündung des rechten Stromarmes ins Meer hinauszufahren. Er unterstellte Leonnatos 1000 Reiter und 8000 Leichtbewaffnete und Schwerbewaffnete und schickte ihn zur Flußinsel Patala, um so die Flotte am Ufer zu begleiten. Er selbst nahm die schnellsten Schiffe, also die mit doppelter Ruderreihe, alle Dreißigruderer und einige kleinere Boote, und fuhr den rechten Stromarm hinab. Er hatte für diese Fahrt keinen Lotsen an Bord, da die dort lebenden Inder geflohen waren, so daß die Fahrt flußabwärts weit schwieriger war als erwartet.

Am zweiten Tag nach der Abfahrt kam ein Sturm auf, und der Wind, der der Strömung entgegenblies, ließ den Fluß in Dünung geraten, warf die Schiffe vollständig durcheinander, so daß die meisten beschädigt wurden. Von den Dreißigruderern wurden einige sogar völlig zertrümmert. Die anderen setzten sie schleunigst auf den Strand, ehe sie in der Strömung gänzlich auseinanderbrachen. Es wurden also neue zusammengebaut. Alexander schickte die Gewandtesten der Leichtbewaffneten in das vom Ufer entfernte Gebiet und ließ einige Inder einfangen. Diese wiesen ihm von nun an den Weg. Als man zu einer Stelle kam, wo der Fluß so sehr an Breite gewann, daß er 200 Stadien an seiner weitesten Stelle maß, bliesen heftige Böen von See her; die Ruder ließen sich in der Dünung nur mit Mühe noch bewegen, und man flüchtete sich wieder in einen Kanal, in den die Lotsen Alexander wiesen.

Während sie dort ankerten, traten an dieser Stelle die ›Wehen‹ des Großen Meeres ein, die Ebbe, so daß ihnen die Schiffe unversehens auf dem Trockenen lagen. Den Männern Alexanders, die dieses Phänomen noch nie erlebt hatten[213], jagte es einen gewaltigen Schrecken ein, und noch weit mehr, als nach Ablauf der Zeit das Wasser wieder stieg und die Fahrzeuge wieder flott wurden. So wurden nun die Schiffe, die im Schlamm festsaßen, von der Flut gepackt und ohne Schaden zu nehmen wieder angehoben; ohne irgendwelche Beeinträchtigungen waren sie fahrfähig. Diejenigen aber, die auf fester Erde und ohne sichere Verankerung zurückgeblieben waren, schleuderte die Gewalt der anbrandenden Flut entweder gegeneinander oder ans Ufer und ließ sie zerschellen. Alexander ließ sie mit den verfügbaren Mitteln wieder reparieren. Auch schickte er in zwei Kuttern Kundschafter flußabwärts, die die Insel in Augenschein nehmen sollten; dort gab es nach Angaben der Einheimischen Ankermöglichkeiten, die ihm für die Fahrt auf das Meer hinaus dienen konnten. Man erklärte ihm, daß der Name der Insel Killouta laute.

---

213 Das kann so nicht zutreffen, da selbst im Mittelmeer die Gezeiten, allerdings in schwächerer Form, zu beobachten sind: So hat schon Herodot (7, 198; 8, 12, 9) das Phänomen für den Malischen Golf eingehend beschrieben. Auch werden die Seeleute Alexanders – unter ihnen Ägypter, Babylonier und Phöniker – stärkere Gezeitenwechsel teils im Roten Meer, Persischen Golf und möglicherweise auch im Atlantik, jenseits Gibraltars (›Säulen des Herkules‹), schon erlebt haben.

83. Auf dem Großen Meer

Als ihm gemeldet wurde, daß die Insel tatsächlich Ankerplätze besitze, auch selbst ausreichend groß sei und über Trinkwasser verfüge, ließ er die übrige Flotte Kurs auf sie nehmen. Er selbst aber passierte die Insel auf dem besten Schiff, um den Mündungsbereich des Flusses im Meer zu erkunden, ob er sich für eine Ausfahrt eigne. Nach einer Fahrstrecke von etwa 200 Stadien ab der Insel erblickten sie eine andere Insel, die bereits im Meer lag. Daraufhin kehrten sie zur Insel im Fluß zurück, Alexander ging an ihren Ausläufern vor Anker und vollzog Opfer an die Götter, denen er, wie er erklärte, einer Weissagung des Ammon zufolge Opfer darbringen sollte[214].

Am nächsten Tag fuhr er erneut zu jener anderen, bereits im Meer gelegenen Insel, legte an ihr an und führte dort wieder Opferhandlungen durch, und zwar anderer Art für andere Götter. Auch diese, so erklärte er, führte er gemäß dem Gebot Ammons aus. Er selbst fuhr über die Mündung des Indus und segelte auf das offene Meer hinaus, um, wie er sagte, zu sehen, ob irgendwo in der Nähe Land auf dem Meer auftauche. Meine Auffassung aber ist, daß er dies nicht zuletzt aus dem Grunde tat, um das Große Meer außerhalb Indiens befahren zu haben. Dort opferte er dem Poseidon Stiere und ließ sie ins Meer hinab, brachte zum Opfer Trankspenden dar und warf anschließend die Schale aus Gold sowie goldene Mischkrüge als Dankopfer in das Meer. Dabei bat er den Gott um sicheres Geleit für die Flotte, die er unter dem Kommando Nearchs zum Persischen Golf und den Mündungen von Euphrat und Tigris senden wollte[215].

---

214 Zur Weissagung des Zeus-Ammon von Siwah siehe oben S. 183 mit Anm. 186.

215 Die Vorbereitung und Umstände dieser Flottenexpedition werden in dem Fahrtenbericht Nearchs detailliert geschildert, der unten S. 247ff. abgedruckt ist.

Abb. 59: Alexander erkundet in einer gläsernen Tonne die Tiefe des Meeres (fläm. Buchillustr.)

Bei der Rückkehr in Patala fand er die Burg befestigt vor, und auch Peithon mit seinen Truppen war bereits eingetroffen, nachdem er alle Aufträge ausgeführt hatte, derentwegen er ausgesandt worden war. Hephaistion wurde nun beauftragt, alles Notwendige für die Befestigung der Werft und der Schiffshäuser zu besorgen. Alexander plante nämlich, hier in der Stadt der Pataler, wo der Indusstrom sich teilte, die Flotte mit einem nicht unbeträchtlichen Teil der Schiffe zurückzulassen[216]. Er selbst fuhr den anderen Arm des Indus flußabwärts, wieder zum Großen Meer, um herauszufinden, welche Mündung des Indus in das Meer sich als einfacher zu befahren erweise. Die beiden Indusmündungen liegen etwa 1800 Stadien voneinander entfernt. Auf dieser Fahrt erreichte er eine Mündung des Flusses in einen großen See, den der sich erweiternde Indus, vielleicht auch die von allen Seiten in den See sich ergießenden Bäche, eine Ausdehnung annehmen läßt, die fast einem Meerbusen gleicht. Auch sichtete man bereits Fische aus dem Meer in ihm, die größer waren als die in unserem hiesigen Meer.

Nach der Landung an der Stelle des Sees, die ihm die Lotsen benannt hatten, ließ Alexander die meisten Soldaten unter Leonnatos zurück, auch sämtliche kleineren Fahrzeuge, und fuhr selbst mit den Dreißigruderern und größeren Schif-

216 Die aufwendigen Infrastrukturmaßnahmen Alexanders im Indusdelta – die Errichtung zahlreicher Häfen und Werften, Festungs- und Brunnenbau sowie Städtegründungen – zeigen deutlich, daß seine Bemühungen darauf zielten, seine Herrschaft langfristig zu sichern und feste Kommunikationslinien nach Westen, per Schiff über den Indischen Ozean und den Persischen Golf, vielleicht über Land durch den Makran, zu schaffen. Das unmittelbare Scheitern dieser Pläne ist im Bericht Nearchs allerdings ohne weiteres faßbar: In der Folge des Abmarsches Alexanders nach Westen gerät die zurückgebliebene Flotte unter Nearch zunehmend in Bedrängnis, und der für das Indusdelta und das Oreitenland eingesetzte makedonische Satrap verstrickt sich in militärische Auseinandersetzungen mit der einheimischen Bevölkerung.

fen über den Mündungsarm des Indus und dort auch auf das Meer hinaus. Er stellte fest, daß dieser Arm des Indus einfacher zu befahren war, ging selbst am Strand vor Anker, nahm einige Reiter mit sich und zog etwa drei Tagesmärsche an der Meeresküste entlang, um die Natur des Landes zu erkunden, an dem die Flotte entlangfahren sollte. Auch befahl er, Brunnen zu graben, so daß die Schiffsbesatzungen sich mit Wasser versorgen konnten. Dann kehrte er zu den Schiffen zurück und fuhr flußaufwärts nach Patala zurück. Dort entsandte er einen Teil des Heeres mit dem Auftrag, dieselben Arbeiten entlang der Küste auszuführen und anschließend wieder nach Patala zurückzukehren. Bei einer neuerlichen Fahrt zu dem Binnensee ließ er dort einen weiteren Hafen und zusätzliche Schiffswerften anlegen. Weiterhin ließ er an diesem Platz eine Wachmannschaft zurück und Getreide heranschaffen, das dem Heer für einen Zeitraum von vier Monaten ausreichte, sowie alles übrige vorbereiten, was für die Küstenfahrt der Flotte benötigt wurde.

85. Die Flottenexpedition

Momentan war allerdings die Jahreszeit für das Flottenunternehmen ungünstig: Denn es herrschten die Etesien; diese wehen zu jener Jahreszeit nicht wie bei uns von Norden, sondern vom Großen Meer her, hauptsächlich von Süden[217]. Wie es hieß, werde allerdings vom Einsetzen des Winters, also von dem Untergang der Plejaden ab, bis zum Zeitpunkt der Wintersonnenwende das Meer wieder für die Schiffahrt offen sein. Dann herrschten dort von Land her, das durch die vom

---

217 Im Mittelmeer wurden die ab Mitte Juli – Aufgang des Sirius – für vierzig Tage wehenden, kühlen und kräftigen Winde aus Nord und Nordost von den Griechen als Etesien oder Boréai bezeichnet: Sie behindern die Schiffahrt etwa auf dem Schwarzen Meer beträchtlich. Der Name wurde von den Teilnehmern des Alexanderzuges dann auch zur Benennung des Südwest-Monsuns verwendet, den sie mit den mittelmeerischen Etesien gleichsetzten.

Himmel herabstürzenden Wassermassen getränkt ist, milde Brisen, die für eine Fahrt längs der Küste sowohl bei Rudereinsatz wie unter Segel günstig sind[218].

Nearch, dem die Flotte unterstellt worden war, wartete deshalb die günstige Fahrtzeit für das Flottenunternehmen ab, Alexander hingegen brach von Patala auf und marschierte mit dem gesamten Heer bis zum Fluß Arabis[219]. Dort nahm er die Hälfte der Hypaspisten und der Bogenschützen, die Einheiten der sogenannten Pezhetairen und von der Reiterei der Gefährten die Königliche Garde, weiterhin je eine Schwadron aus jeder Reiterabteilung und sämtliche berittenen Bogenschützen und wandte sich nach rechts zum Meer hin, um dort Brunnen zu graben, damit die an der Küste entlangfahrende Flotte ausreichend mit Wasser versorgt wäre. Zugleich verfolgte er dabei auch die Absicht, über die Oreiten herzufallen, einen seit langem unabhängigen Stamm der dortigen Inder; diese hatten ihm und dem Heer keinerlei Zeichen freundschaftlicher Haltung zukommen lassen. Mit dem Befehl über das zurückgebliebene Heer hatte er Hephaistion betraut.

86. Der Vormarsch entlang der Küste

Die Arabiten, gleichfalls eines der unabhängigen Völker, die um den Arabis wohnen, erkannten, daß sie Alexander im Kampf nicht gewachsen waren, wollten sich aber auch nicht unterwerfen. So flohen sie, als sie von seinem Anmarsch erfuhren, in die Wüste. Alexander überquerte den Arabis, einen schmalen und wasserarmen Fluß, zog in der Nacht durch einen großen Teil der Wüste und befand sich bei Tagesanbruch wieder in bewohnter Gegend. Die Fußsoldaten hieß er in Schlachtordnung folgen, während er die Reiter in

218 Der trockene Nordost-Monsun.
219 Der Aufbruch erfolgte Ende August 325 v. Chr. Vgl. unten Anm. 259.

Abb. 60: Zusammenstoß eines makedonischen Reiters mit einem Fußsoldaten, Grabfresko (3. Jh. v. Chr.)

Schwadronen gliederte, um einen möglichst ausgedehnten Teil der Ebene zu erfassen, und so ging er gegen das Land der Oreiten vor[220]. Wer sich von diesen zur Wehr setzte, wurde von den Reitern niedergemacht, die meisten aber fielen ihm lebend in die Hände.

Darauf ließ Alexander bei einem kleinen Gewässer lagern. Als auch die Leute um Hephaistion zu ihm gestoßen waren, rückte man weiter vor. Man gelangte zu einem Dorf, das die größte Siedlung des Volkes der Oreiten darstellte – es trug den Namen Rambakia. Diese Stelle gefiel ihm, und er gelangte zum Urteil, daß eine Stadt, hier gegründet, zu Größe und Blüte gelangen müsse. Mit dieser Aufgabe wurde Hephaistion betraut und zurückgelassen[221].

---

220 Die heutige Region von Las Bela.

221 Eine der zahlreichen auf dem Marsch von Alexander gegründeten Städte. Die spätere Tradition wollte von einer Gesamtzahl von 70 Alexanderstädten wissen (Plutarch, Moralia 328 E), doch sind kaum zwei Dutzend Gründungen im Verlauf des Alexanderzuges tatsächlich bezeugt. Von der hier beschriebenen Neugründung hört man im übrigen später ebensowenig noch etwas wie von der großen Mehrzahl der anderen Gründungen.

Alexander nahm erneut die Hälfte der Hypaspisten und der Agrianen, die Gardereiterei und die berittenen Bogenschützen und rückte zur Grenze von Oreiten und Gadrosen vor. Den Zugang bildete hier ein Paß, vor dem, wie ihm gemeldet wurde, bereits die Oreiten und die mit ihnen verbündeten Gadrosen zum Kampf gerüstet lagerten, um Alexander am Durchzug zu hindern. Tatsächlich verhielt es sich so. Als aber die Kunde von seinem Anmarsch eintraf, flohen die meisten aus ihrer Stellung am Paß und gaben die Bewachung auf. Die Führer der Oreiten erschienen daraufhin bei Alexander und überantworteten ihm sich selbst und ihr Volk. Er befahl ihnen, das Volk wieder zusammenzuholen und in seine Heimatorte zurückzuschicken, da sie von ihm nichts Böses zu erleiden hätten. Als Satrapen bestimmte er für sie den Apollophanes. Und mit ihm beließ er Leonnatos, den Leibwächter, im Oreitenland, dem er alle Agrianen, einige Bogenschützen und Reiter sowie andere Fußsoldaten und berittene griechische Söldner beigab und auftrug, die Flotte auf ihrer Küstenfahrt abzuwarten, die Stadt zu besiedeln und die Verhältnisse bei den Oreiten zu ordnen, damit sie den Anordnungen des Satrapen besser Folge leisteten. Er selbst rückte mit der Masse des Heeres, zu dem auch Hephaistion mit den ihm unterstellten Truppen zwischenzeitlich gestoßen war, auf die Gadrosen zu, durch Land, das überwiegend wüst war[222].

87. Die Wunderwelt der Wüste

In dieser Wüste, so berichtet Aristobul, wachsen zahlreiche Myrrhenbäume, die größer als die der üblichen Myrrhe sind. Die Phöniker, die zu Handelszwecken dem Heereszug folgten, hätten das Harz der Myrrhe gesammelt – es sei dort nämlich reichlich vorhanden gewesen, da es von den großen Stämmen herabrann und vorher noch niemals eingesammelt

222 Das heutige Makran.

worden war – und hätten es auf ihre Tiere geladen und mitgenommen[223]. Auch gebe es in dieser Wüste die Nardenwurzel in Fülle, die einen wundersamen Duft verströme. Auch diese hätten die Phöniker gesammelt. Viel davon sei aber auch von dem marschierenden Heer niedergetrampelt worden, und von dem zertretenen Wurzelwerk habe ein angenehmer Duft weithin das Land erfüllt. So zahlreich wächst diese Pflanze dort[224].

Es gebe aber auch andere Bäume in der Wüste; bei einer Art ähnelten die Blätter denen des Lorbeerbaumes, und sie gedeihe in den vom Meer überspülten Gegenden. Bei Ebbe blieben diese Bäume auf dem Trockenen zurück; wenn aber das Wasser wieder zurückgekehrt sei, habe es den Anschein, sie wüchsen im Meer[225]. Die Wurzeln dieser Bäume würden auch ständig vom Meerwasser umspült, soweit die Bäume in Bodenvertiefungen wüchsen, aus denen das Wasser nicht ablaufen könne, und dennoch gingen die Bäume nicht vom Meerwasser zugrunde. Einige erreichten auch eine Höhe von 30 Ellen. Zufällig hätten sie zu jener Jahreszeit gerade geblüht, und ihre Blüte ähnele sehr der des weißen Veilchens, der Duft sei aber weit stärker.

---

223 Die Pflanze wird mit dem Mukul-Baum *(balsamodendron mukul Stocks)* identifiziert, dessen Harz noch heute im Makran geerntet wird.

224 Es handelte sich hierbei wahrscheinlich nicht um die echte indische Narde *(nardostachys jatamansi)* – zu dieser Pflanze siehe oben Anm. 113 –, sondern sehr wahrscheinlich um das sehr aromatische Kamelgras, *andropogon (cymbopogon) schoenanthus L.*, und das diesem nächstverwandte Iwarancusagras, *andropogon (cymbopogon) iwarancusa Roxb.*, die beide in großen Mengen im westlichen Panjab, Indien, Belutschistan und Persien wachsen. Bei diesen Gräsern befinden sich die reichen ätherischen Öle nicht nur in den Wurzeln, sondern in allen Teilen der Pflanze, auch der Ähre; das Grasöl riecht ähnlich wie das echte indische Nardenöl.

225 Die erste Beschreibung der Mangrove *(rhizophora mucronata)*, wobei ihre Vegetationsbedingungen treffend erfaßt sind. Die Blütezeit der Mangrove fällt in den Oktober und November, so daß das Heer auf dem Marsch die eigentlichen Blüten beobachten konnte.

Auf diesem Boden wachse weiterhin auch eine Art Dornstrauch mit starken Stacheln; und einige, die daran vorbeiritten und sich an ihnen mit ihrer Kleidung verfingen, seien eher vom Pferd gerissen worden, als daß ein solcher Stachel vom Strauch losgerissen worden wäre. Es wird erzählt, daß vorbeispringende Hasen sich mit ihrem Fell in den Stacheln verfingen und auf diese Weise gefangen worden seien, so wie Vögel mit der Leimrute oder Fische mit Haken gefangen werden. Mit dem Eisen falle es aber nicht schwer, sie abzuhauen, und wenn der Stachel durchhauen sei, scheide der Stengel reichlich Saft aus, mehr als Feigen im Frühjahr; auch der Geruch sei schärfer[226].

88. Der Marsch durch die Wüste Gadrosien[227]

Von hier an folgte Alexander durch das Land der Gadrosen einer schwierigen Wegstrecke ohne Versorgungsmöglichkeiten, vor allem aber fehlte es dem Heer auf vielen Abschnitten an Wasser[228]. Man war gezwungen, nachts lange Strecken

---

226 Bei der Pflanze voller Dornen handelt es sich um *euphorbia antiquorum L.*, eine aphylle Sukkulentenart, die, mit kakteenartig sich nach allen Seiten verbreitenden Stengelgliedern, eine Höhe von 2 m erreichen kann. Das innere Gewebe der Glieder ist gefüllt mit weißem Milchsaft, der scharf und brennend wirken kann, wenn er durch einen Schnitt austritt. Die Wirkung der Dornen wird in der Schilderung Aristobuls mehr als drastisch ausgemalt.

227 Das heutige Makran, eine im Küstenbereich sandige und nahezu wasserlose Region, die von schwer zu überwindenden Hügelketten durchbrochen wird, im Landesinneren eine unwirtliche Ebene mit äußerst geringem Niederschlag und Sanddünen, die jedes Fortkommen stark behindern, stellt eine erhebliche natürliche Barriere für jede Ost-West-Bewegung dar. Karawanenwege verlaufen nur weit landeinwärts.

228 Mit dem im folgenden beschriebenen Gewaltmarsch, der 60 Tage dauerte, bewältigte das Heer eine Strecke von ca. 750 km. Über die Route herrschte lange Unklarheit, doch dürfte Alexander nicht eine – kaum begehbare – Küstenroute marschiert, sondern überwiegend weit landeinwärts der Karawanenroute entlang dem Kolwa-Becken und dem Kech-Tal gefolgt sein.

Abb. 61: Basaltwüste bei Sutkakuh im antiken Gadrosien (Makran, Pakistan)

zurückzulegen und befand sich weiter vom Meer weg, obgleich Alexander bestrebt war, in die küstennahen Regionen zu gelangen, um vorhandene Häfen ausfindig zu machen, und alles Mögliche vorzubereiten versuchte, was der Flotte bei der Küstenfahrt hilfreich sein könnte, nämlich Brunnen zu graben, Plätze zur Versorgung zu schaffen oder sich um Ankermöglichkeiten zu kümmern.

Da jedoch Gadrosien in seinen Gebieten entlang der Küste völlige Wüste ist, schickte Alexander den Thoas, den Sohn des Mandrodoros[229], mit einigen Reitern zum Meer, um zu erkunden, ob dort irgendwo ein Ankerplatz sei oder Was-

229 Thoas, aus Magnesia am Mäander (im westlichen Kleinasien), zählte zu den vornehmen Griechen im Alexanderheer, die wichtige Führungsfunktionen übernahmen.

ser nicht weit vom Meer gefunden werden könne oder irgendwelche Lebensmittel. Dieser meldete ihm bei seiner Rückkehr, daß er nur einige Fischer am Meeresstrand vorgefunden habe, die in stickigen Hütten lebten; diese seien aus Muscheln zusammengefügt, das Dachgebälk aber bestehe aus Fischgräten[230]. Diese Fischer verfügten auch nur über ganz wenig Wasser, das sie mühsam aus Kieselsteinen herauskratzten, und auch dieses sei nicht wirklich trinkbar.

Als Alexander nun in eine Gegend Gadrosiens gelangte, wo Getreide etwas reichlicher vorhanden war, ließ er es beschlagnahmen und auf die Zugtiere verteilen. Er ließ es mit

---

230 Zu den Lebensumständen dieser von den Griechen als Ichthyophagen (›Fischfresser‹) bezeichneten Küstenbevölkerung siehe ausführlich den Bericht Nearchs, unten S. 247ff.

seinem eigenen Ring versiegeln und befahl, es zum Meer zu bringen. Während er sich zu dem Standort begab, der dem Meer am nächsten lag, kehrten sich die Soldaten und selbst das Wachkommando nicht um das königliche Siegel, sondern aßen von dem Getreide und gaben den übrigen davon, die am meisten Hunger litten. So weit hatte sie die Not übermannt, daß sie in ihren Überlegungen das offensichtliche und unmittelbar drohende Verderben ernster nahmen als die unsichtbare und erst noch bevorstehende Gefahr von seiten des Königs. Doch Alexander, der ihre äußerste Notlage einsah, verzieh den Tätern.

Er selbst ließ alles, was er bei seinen Streifzügen durch das Land an Lebensmitteln für den mit der Flotte fahrenden Teil des Heeres zusammenbringen konnte, durch Kretheus aus Kallatis[231] schicken. Auch den Einwohnern wurde Befehl erteilt, aus den weiter landeinwärts gelegenen Orten so viel Getreide wie möglich gemahlen zu schicken, dazu auch die Früchte der Dattelpalme und außerdem Schafe zum Verkauf an das Heer. An einen anderen Ort wiederum sandte er Telephos, einen der Gefährten[232], mit einer nicht allzu großen Menge gemahlenen Getreides.

89. Spekulationen über Alexanders Motive

Er selber marschierte weiter zur Königsstadt der Gadrosen mit Namen Pura; dort traf er insgesamt 60 Tage nach dem Aufbruch vom Land der Oreiten ein[233]. Die meisten Autoren, die über Alexander geschrieben haben, berichten, daß alle

---

231 Sonst unbekannt.

232 Sonst unbekannt; als einer der ›Gefährten‹ Alexanders dürfte er Makedone gewesen sein.

233 Pura wird in der Nähe des modernen Bampuhr (im iranischen Belutschistan) lokalisiert. Dessen Umland ist heute nahezu völlig öde, war aber zu Alexanders Zeit offenbar fruchtbar und wohlhabend genug, um dem erschöpften Heer einen längeren Aufenthalt zur Regeneration zu gestatten.

Strapazen, die sein Heer auf dem Weg durch Asien habe erleiden müssen, sich nicht messen ließen an den Entbehrungen dieses Marsches. Dabei sei Alexander nicht im unklaren über die enormen Schwierigkeiten dieses Weges gewesen, wie dies Nearch als einziger behauptet, sondern weil er gehört hatte, daß noch niemand zuvor auf diesem Weg heil mit seinem Heer durchgezogen sei, sieht man einmal von Semiramis ab, als sie aus Indien flüchtete[234]. Und auch sie sei, wie die Einheimischen erzählten, nur mit zwanzig Mann ihres Heeres durchgekommen, Kyros, der Sohn des Kambyses, sogar nur mit sieben Mann. Denn auch Kyros sei in diese Gegenden gekommen, um in das Land der Inder einzufallen, doch seien ihm die Wüste und der Mangel auf diesem Weg zuvorgekommen und hätten den Großteil seines Heeres vernichtet. Die Kunde hiervon aber habe in Alexander den Ehrgeiz geweckt, Semiramis und Kyros zu übertreffen[235]. Aus diesen Beweggründen und zudem auch, um die Flotte aus der Nähe mit allem Notwendigen zu versorgen, so erklärt Nearch, habe Alexander diesen Weg eingeschlagen.

---

234 Die historische Semiramis ist die assyrische Königin Sammuramat (811–806 v. Chr.), über die – von zahlreichen Legenden abgesehen – kaum etwas bekannt ist. Ihr wurden Feldzüge u. a. nach Medien und Persien und schließlich bis nach Indien zugeschrieben. Dort sei sie vernichtend geschlagen und zum Rückzug gezwungen worden.

235 Auch die Überlieferung vom Zug und Scheitern des Kyros (II., ca. 550–529 v. Chr.), des Begründers des persischen Weltreiches, ist Legende und läßt sich nicht anderweitig bestätigen. Doch könnte Alexander einen solchen apokryphen Bericht von Einheimischen im unteren Indus-Tal aufgenommen haben, die um die besonderen Schwierigkeiten dieser westlichen Landroute wußten. So mag er die Überlieferung als Herausforderung verstanden haben, nach Protagonisten des griechischen Mythos – Dionysos, Herakles – nun auch noch solche aus der Geschichte des Vorderen Orients – eben Semiramis und Kyros – zu übertrumpfen.

90. Entbehrungen und Leiden des Heeres in der Wüste

Die sengende Hitze und der Mangel an Wasser hätten einen Großteil des Heeres vernichtet, insbesondere die Zugtiere. Diese seien infolge des tiefen Sandes und der Hitze – alles war nämlich wie verbrannt – und durch Durst massenweise verendet. Denn man sei sogar auf hohe Hügel von tiefem Sand gestoßen, der nicht festgestampft, sondern locker und nachgiebig war, gerade wie Schlamm oder, mehr noch, wie frischer Schnee, auf den man erstmals auftritt. Und die Pferde und Maulesel hätten an den Unwegsamkeiten der Strecke, insbesondere bei Anstiegen und Abstiegen, schlimm leiden müssen, wo zudem den Hufen kein fester Halt geboten wurde.

Nicht zum wenigsten habe auch die Länge der Marschetappen dem Heer Qualen verursacht. Der außerordentliche Wassermangel zwang nämlich dazu, Wegstrecken über das Maß hinaus auszudehnen. Solange man bei Nacht marschierte, die vorgesehenen Strecken zurücklegte und bei Tagesanbruch dann auf Wasser stieß, war die Not noch nicht ganz unerträglich. Wenn sich aber aufgrund der Länge einer Etappe der Marsch auch noch in den Tag hineinzog und sie von der Hitze noch unterwegs überfallen wurden, dann litten sie, gleichermaßen durch die Hitze und unlöschbaren Durst gequält, besonders.

Unter den Zugtieren machte sich ein Massensterben breit; dem Heer war dies allerdings sogar willkommen. Denn sobald ihnen die Vorräte wieder ausgegangen waren, fanden sie sich zusammen, schlachteten die meisten Pferde und Maultiere, verzehrten das Fleisch und erklärten dann, die Tiere seien am Durst oder infolge Erschöpfung eingegangen. Es gab niemanden, der sich darum gekümmert hätte, dem wahren Sachverhalt bei einem solchen Vorfall auf den Grund zu gehen, schon deshalb nicht, weil alle gemeinsam sich schuldig machten. Auch Alexander blieben diese Vorgänge nicht verborgen, doch sah er im Moment die Lösung, damit umzugehen, eher darin, vorzugeben, nichts davon zu wissen,

Abb. 62: Sandwüste bei Pasni im antiken Gadrosien (Makran, Pakistan)

als daß er es wahrnahm und offen duldete. Aus Mangel an Lasttieren war es bald ein Problem, die Kranken im Heer oder diejenigen, die am Wegrand aus Erschöpfung liegengeblieben waren, noch weiter mitzunehmen. Auch hatte man die Wagen zerschlagen, die sich im tiefen Sand kaum noch bewegen ließen. Auf den ersten Marschetappen hatten sie das Heer dazu gezwungen, nicht die jeweils kürzesten Wege zu nehmen, sondern diejenigen, die für die Gespanne am besten zu befahren waren.

So blieben nun die Kranken entlang der Wege liegen, während andere vor Erschöpfung, Hitze oder Durst zusammenbrachen. Und es gab niemanden, der sie mitnahm oder zurückblieb, um sich um sie zu kümmern. Der Zug ging in großer Eile weiter voran, und in dem Bestreben, das Ganze zu retten, kam notgedrungen die Fürsorge für den einzelnen zu kurz. Manche wurden auch auf den Wegen vom Schlaf überwältigt – der größte Teil der Marschstrecke mußte ja nachts bewältigt werden – und suchten, wenn sie sich dann wieder aufrafften, auf den Spuren des Heeres zu folgen, sofern sie noch dazu die Kraft hatten. Doch nur wenigen von vielen gelang dies, die meisten gingen wie Menschen, die auf See über Bord gegangen sind, in dem Sandmeer zugrunde.

Noch ein weiteres Mißgeschick traf das Heer, das die Männer, die Pferde und die Lasttiere ganz besonders heimsuchte. Das Land der Gadrosier erhält nämlich von den Etesienwinden Regen, gerade so wie auch das Land der Inder, dies aber weniger in den gadrosischen Ebenen, als vielmehr in den Bergen, wo die Wolken, vom Wind an die Berghänge getrieben, sich ergießen, da sie die Gipfel der Berge nicht zu überwinden vermögen. Als nun das Heer an einem Wildbach, der kaum Wasser führte, lagerte und zwar gerade um dieses Wassers willen, stürzte um die zweite Nachtstunde dieser Bach, von Regengüssen, die das Heer nicht wahrgenommen hatte, urplötzlich angeschwollen, mit solchen Wasserfluten herab, daß Frauen, Kinder und viele Angehörige des Trosses ums Leben kamen, das königliche Zelt vollständig weggerissen wurde, und ebenso erging es den noch verbliebenen Zugtieren. Sogar die Soldaten konnten sich nur mit Mühe mit ihren Waffen retten, und selbst diese gelang es nicht vollständig in Sicherheit zu bringen.

Eine große Zahl von Leuten kam auch um, weil sie mit ungezügelter Gier Flüssigkeit zu sich nahmen, wenn man völlig erschöpft und von Durst gepeinigt auf ergiebige Wasservorkommen stieß. Aus diesem Grund bestimmte Alexander die Lagerplätze gewöhnlich nicht unmittelbar an Wasserstellen, sondern meist in einem Abstand von etwa 20 Stadien, damit sie sich nicht in Massen auf das Wasser stürzten und sich und das Vieh zugrunde richteten, indem die Haltlosesten sich in die Quellen oder die Wasserläufe hineinwarfen und so das Wasser auch für das übrige Heer ungenießbar machten.

91. Alexander als Vorbild

An dieser Stelle möchte ich eine vorbildliche Tat Alexanders, wenn überhaupt eine, nicht in Vergessenheit geraten lassen, unabhängig davon, ob sie sich in diesem Land oder bereits früher im Gebiet der Parapamisaden zugetragen hat, wie andere berichten. Das Heer marschierte durch Sand, und glühende Hitze brannte bereits herunter, doch man mußte aushalten, um zu Wasser zu gelangen. Bis dorthin war es aber noch ein Stück Wegs. Auch Alexander selbst litt an Durst und behauptete sich nur mit Mühe und Not, führte aber gleichwohl zu Fuß den Marsch an. So sollten auch die anderen Soldaten, wie es unter solchen Voraussetzungen zu gehen pflegt, leichter die Strapazen ertragen, wenn er das Leid mit ihnen teilte. In dieser Lage fanden einige Leichtbewaffnete, die sich auf ihrer Suche nach Trinkwasser etwas abseits des Heeres bewegt hatten, etwas Wasser, das sich in einem seichten Tümpel – wenig und brackig zwar – gesammelt hatte. Ohne große Mühe schöpften sie es aus und brachten es eilends zu Alexander im Glauben, ihm eine große Wohltat zu erweisen. Als sie in seine Nähe kamen, füllten sie es in einen Helm um und reichten es dem König. Der nahm es, lobte die Überbringer – und goß es dann vor aller Augen aus! Durch diese Tat hob er die Zuversicht im ganzen Heer in einer Weise, daß jener Trunk Wasser, der Alexander zugedacht war, gleichsam allen zugute kam. Wenn überhaupt etwas, dann will ich diese Handlungsweise Alexanders als Beispiel seiner standhaften Gesinnung und zugleich seiner Menschenführung hervorheben.

92. Alexander führt durch die Wüste

Auch die folgende Begebenheit widerfuhr dem Heer in diesem Land: Die zuständigen Führer erklärten zu guter Letzt, daß sie die weitere Marschroute nicht mehr wüßten, da die Wegzeichen vom Winde verweht worden seien. Und tatsächlich gab es in der ausgedehnten und gleichförmigen Sandwüste keinerlei Anhaltspunkte für den Weg. Weder waren die gewohnten Bäume am Wege zu sehen, noch ragten Hügel deutlich hervor, und die Führer waren ohne Erfahrung, sich nachts an den Sternen oder tags an der Sonne auf dem Marsch zu orientieren, so wie sich Seeleute nach den Bären – die Phöniker nach dem Kleinen, die anderen nach dem Großen Bären – richten. In dieser Situation habe Alexander gesehen, daß man nach links abbiegen müsse und sei mit wenigen Reitern vorausgeritten. Als aber die Pferde dieser Gruppe angesichts der Hitze vor Erschöpfung nicht mehr weiterkonnten, habe er die meisten von ihnen zurückgelassen, sei mit ganzen fünf Mann weitergeritten und habe schließlich das Meer gefunden. An der Küste habe er im Kieselgrund gescharrt und dabei süßes, klares Trinkwasser gefunden, und daraufhin sei das gesamte Heer nachgefolgt. Sieben Tage lang seien sie dann an der Küste entlanggezogen, wobei man sich vom Strand mit Wasser versorgte. Dann schließlich sei man – die Führer hatten nunmehr den Weg wiedergefunden – mit dem Heereszug wieder ins Landesinnere marschiert.

93. Nach dem Wüstenmarsch: Karmanien

Als die Hauptstadt der Gadrosier erreicht war, ließ Alexander das Heer dort eine Ruhepause einlegen. (...) Während er sich bereits auf dem Weitermarsch nach Karmanien[236] befand, erhielt er Nachricht, daß Philipp, der Satrap von Indien, bei einer Meuterei seiner Söldner hinterrücks ermordet worden war, daß aber die Mörder durch die makedonischen Leibwächter Philipps teils sofort bei der Mordtat, teils später, nachdem sie der übrigen habhaft geworden waren, getötet worden waren. Auf diese Nachricht hin schickte Alexander brieflich Anweisungen nach Indien, daß die Gebiete, die bislang Philipp unterstellt gewesen waren, nun von Taxiles mitzuverwalten seien, bis er selbst einen neuen Satrapen dorthin schicke.

Nach der Ankunft Alexanders in Karmanien traf Krateros mit seinem Heeresverband und seinen Elefanten sowie

236 Fruchtbare, überwiegend bergige Landschaft westlich von Gadrosien, heute im südlichen Iran gelegen.

Abb. 63: Alexander sitzt zu Gericht (pers. Buchillustr.)

Ordanes ein, der von Alexander abgefallen war und einen Umsturzversuch unternommen hatte, aber festgenommen werden konnte[237]. Auch trafen hier Stasanor, der Satrap der Landschaft Areia und des Gebietes der Zarangier, und Pha-

237 Offenbar ein vornehmer (sonst unbekannter) Iraner, vielleicht zuvor in Alexanders Diensten, der die lange Abwesenheit des Königs im Nordosten und in Indien zur Organisation eines Aufstandes genutzt hatte.

rismanes, Sohn des Satrapen von Parthien und Hyrkanien, Phrataphernes, ein[238]. (...) Stasanor und Phrataphernes brachten Alexander eine Menge Zugtiere mit; denn als bekannt wurde, daß Alexander nach Gadrosien ziehen wolle, hatten sie bereits vermutet, daß sein Heer eben jene Strapazen zu erleiden haben werde, die dann tatsächlich eintrafen. Und so kamen sie gerade zur rechten Zeit – und ebenso zur rechten Zeit kamen die Kamele und die Zugtiere. Alexander verteilte die Tiere teils auf die einzelnen Befehlshaber persönlich, teils nach Abteilungen, Schwadronen und Kompanien auf die Einheiten, soweit es ihm die Menge der Zugtiere und Kamele gestattete.

94. Ein Festzug durch Karmanien?

Einige Autoren berichten auch das Folgende – ich halte es allerdings nicht für vertrauenswürdig: Alexander habe zwei Wagen zusammengespannt, sich mit seinen Gefährten auf ihnen niedergelassen und sei unter Flötenspiel durch Karmanien gezogen; das Heer sei ihm bekränzt und in ausgelassener Stimmung nachgefolgt. Entlang der Wege seien von den Karmaniern Brote und allerlei leckere Dinge vorbereitet worden. Mit all dem habe Alexander den Festzug des Dionysos nachahmen wollen. Von diesem ging nämlich die Legende, daß er nach der Unterwerfung der Inder in eben dieser Weise ganz Asien durchzogen habe. Dionysos sei auch mit dem Namen Thriambos begrüßt worden; und Festzüge anläßlich von Siegen hätten aus diesem Grund die Bezeichnung ›Triumph‹ erhalten[239].

---

238 Die Statthalter der nördlich von Karmanien gelegenen Satrapien Areia bzw. Parthien und Hyrkanien hatten zweifellos schon früher, bei der Planung des Rückmarsches aus Indien durch Gadrosien, von Alexander den Auftrag erhalten, zur Versorgung des Heeres in dieser Etappe beizutragen.

239 Die etymologische Herleitung des lateinischen Begriffes *triumphus* vom griechischen Wort *thriambos*, die hier von Arrian, einem römi-

Abb. 64: Triumphzug des Dionysos mit Tigern als Zugtieren, Mosaik (2. Jh. n. Chr.)

Dies haben aber weder Ptolemaios, Sohn des Lagos, noch Aristobul, Sohn des Aristobul, berichtet, noch irgendein anderer, den man hinsichtlich derartiger Vorkommnisse als zuverlässigen Gewährsmann ansehen könnte. Mir soll es genügen, diese Dinge als unglaubwürdig vermerkt zu haben. Das Folgende will ich aber berichten und hierbei Aristobul folgen: In Karmanien brachte Alexander Dankopfer für den Sieg über die Inder und für die Rettung des Heeres dar, weil es glücklich aus Gadrosien gerettet worden war, und zudem veranstaltete er einen musischen und einen sportlichen Wettkampf. Auch wählte er Peukestes unter die Leibwächter[240].

---

schen Stabsoffizier, vorgelegt wird, ist umstritten, die behauptete Verbindung zum dionysischen *thriambos* als einem Triumphzug unhaltbar.

240 Peukestes hatte Alexander nach dessen tollkühnem Sprung in die Mallerburg (siehe oben S. 196) und schwerer Verletzung mit dem heiligen Schild von Ilion geschützt und ihm damit das Leben gerettet. Zum Dank wurde Peukestes, der vielleicht vorher die Hypaspistenleibwache Alexanders kommandierte, nun zu einem der sieben *somatophylakes* ernannt, allesamt hohe makedonische Offiziere.

95. Der Festzug durch Karmanien nach anderer Überlieferung[241]

Hier, in Gadrosien, ließ Alexander das Heer sich erholen und zog dann in festlichem Zuge sieben Tage durch Karmanien. Dabei zogen acht Pferde in bedächtigem Tempo ihn zusammen mit den Gefährten, während sie auf einer über einem hohen, weithin sichtbaren Gerüst errichteten Bühne ohne Unterbrechung Tag und Nacht fröhlich becherten. Es folgten eine große Anzahl Wagen, die teils mit purpurnen und buntfarbigen Tüchern, teils mit Zweigen von jeweils frisch gebrochenem grünen Reisig beschirmt waren, und trugen die anderen Freunde und Offiziere, bekränzt und gleichfalls zechend. Da war kein Schild zu sehen, kein Brustpanzer, keine Lanze – sondern mit Schalen, Trinkhörnern und kunstvoll gearbeiteten Bechern schöpften die Soldaten aus den entlang des ganzen Weges aufgestellten gewaltigen Fässern und Krügen und prosteten einander zu, die einen beim Marschieren und Weitergehen, die anderen im Liegen. Vom Klang der Flöten und Bläser, vom Gesang und Saitenspiel und von der bakchischen Ausgelassenheit der Frauen hallte das ganze Land wider. Zu dieser ohne Ordnung einherziehenden Menge gesellte sich auch das Treiben bakchischen Übermutes, als ob der Gott selbst sich eingefunden hätte und den festlichen Zug geleitete. Als Alexander in der Königsstadt Gadrosiens eingetroffen war, ließ er das Heer erneut sich erholen und Feste feiern.

---

241 Die folgende Schilderung des Karmanien-Zuges ist der Alexander-Biographie Plutarchs entnommen (67; ähnlich Diodor 17, 106, 1–3; Curtius Rufus 9, 10, 24). Es sind diese volkstümlichen Versionen, die Arrian im zuvor übersetzten Abschnitt explizit verwarf. Die Historizität der Abläufe in der geschilderten Form wird heute auch allgemein verneint. Möglicherweise liegt der populären Überlieferung aber ein längeres dionysisches Fest zur Feier der glücklichen Ankunft des Heeres in Karmanien zugrunde.

Farbtafel VIII: Die Soldaten Alexanders kämpfen gegen Fabelwesen (ital. Buchillustr.)

Farbtafel IX: Die Fruchtbarkeit und Pflanzenwelt des Industals: Gärten der Moguln in Kaschmir, Gemälde (16./17. Jh. n. Chr.)

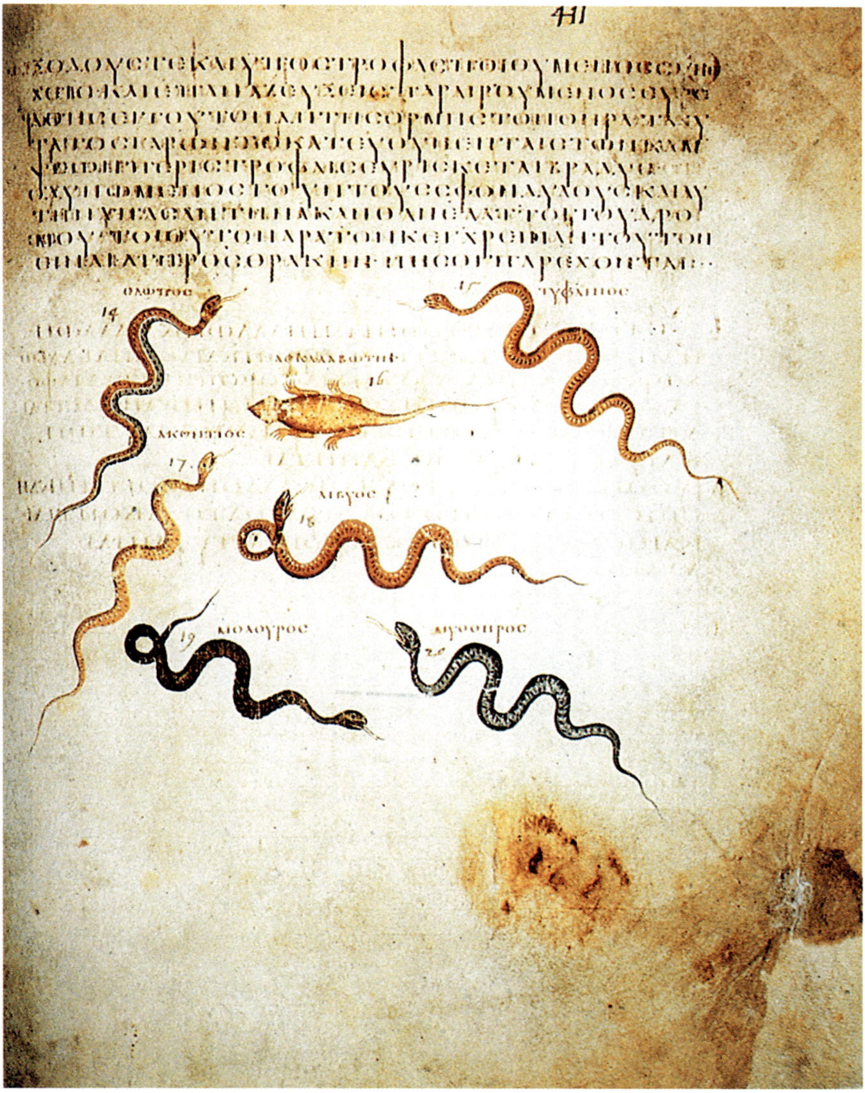

Farbtafel X: Giftschlangen, Illustration zum Giftbuch des Nikander in der Handschrift des sog. ›Wiener Dioskurides‹ (512 n. Chr.)

Farbtafel XI: Die Vogelwelt Indiens, Teppich der Mogulzeit (17. Jh. n. Chr.)

Farbtafel XII: Alexander trifft auf ein Heer bewaffneter Amazonen

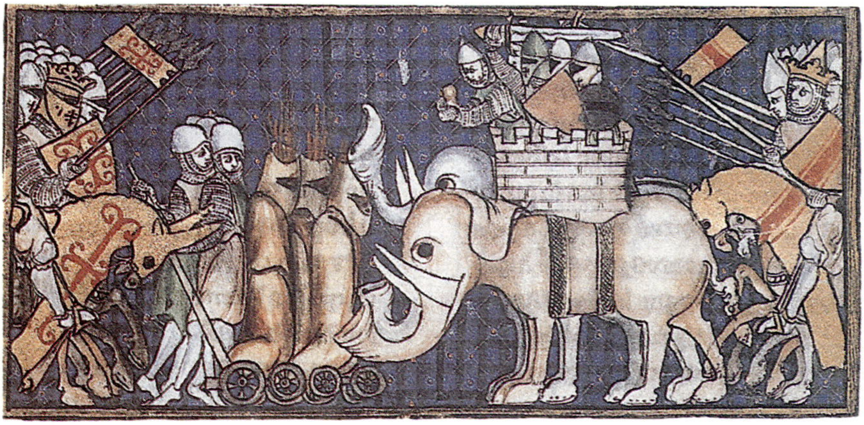

Farbtafel XIII: Alexander läßt glühende Statuen gegen Elefanten des Poros vorschieben (fläm. Buchillustr.)

Farbtafel XIV: Alexander besucht einen indischen Weisen in seiner Höhle (pers. Buchillustr.)

Farbtafel XV: Alexander segelt auf dem Okeanos (pers. Buchillustr.)

Farbtafel XVI: Alexander d. Gr. Himmelfahrt, Detail eines Diadems (russisch, 11./12. Jh. n. Chr.)

96. Erkrankung und Selbstverbrennung des Kalanos[242]

Als man sich (später) in der Persis befand, spürte Kalanos, der indische Weise, seine Körperkräfte schwinden, nachdem er noch niemals zuvor krank gewesen war. Nun habe er es aber abgelehnt, seine Lebensweise nach der eines Kranken auszurichten, vielmehr habe er Alexander erklärt, es sei gut für ihn, zu einem solchen Zeitpunkt in den Tod zu gehen, bevor es dazu komme, daß er ein Leiden erfahren müsse, das ihn zwinge, seine bisherige Lebensweise zu ändern. Alexander habe lange Zeit ihm widersprochen, als er aber einsehen mußte, daß Kalanos nicht zu überzeugen war, sondern auf eine andere Weise abtreten würde, wenn man ihm nicht seinen Willen lasse, habe er schließlich, so wie jener es anordnete, den Befehl gegeben, für ihn einen Scheiterhaufen zu errichten. Die Aufsicht hierüber habe Ptolemaios, Sohn des Lagos, sein Leibwächter, übernommen.

Einige Autoren berichten, man habe ihn in einem feierlichen Zug mit Pferden und Männern geleitet, die einen in voller Rüstung, während die anderen allerlei Räucherwerk zum Scheiterhaufen trugen. Anderen Autoren zufolge hätten sie auch goldene und silberne Trinkgefäße und königliche Kleidung herbeigebracht. Für Kalanos selbst mußte ein Pferd gesattelt werden, da er aufgrund seiner Krankheit nicht mehr zu gehen imstande war. Er sei noch nicht einmal fähig gewesen, das Pferd zu besteigen, sondern wurde auf einem Ruhebett herangetragen. Nach indischer Sitte war er bekränzt und sang in indischer Sprache. Die Inder erklären, daß es sich dabei um Hymnen auf die Götter und Lobgesänge auf sie handelte. Und das Pferd, das er eigentlich noch hatte besteigen wollen, sei eines aus königlichem Gestüt der Nysaier gewesen; bevor er den Scheiterhaufen bestieg, habe er es dem Lysimachos geschenkt, einem von denen, die ihn wegen seiner Weisheit verehrten. Auch Trinkgefäße und Teppi-

---

242 Die folgenden Geschehnisse spielen deutlich nach Ende des Indienfeldzuges, sind aber sachlich eng mit ihm verbunden.

che, die ihm Alexander zur Ausschmückung auf den Scheiterhaufen hatte legen lassen, habe er unter die ihm Nahestehenden verteilt.

So sei er schließlich auf den Scheiterhaufen geklettert und habe sich würdevoll niedergelegt; und all dies unter den Augen des gesamten Heeres. Alexander war dieses Schauspiel um den Mann, der ihm teuer geworden war, zwar nicht angemessen erschienen, die anderen Betrachter habe es aber mit Staunen erfüllt, wie er ohne jede Bewegung in den Flammen verharrte. Als die dazu bestimmten Männer nun Fackeln in den Scheiterhaufen warfen, schmetterten, so berichtet Nearch, die Trompeten ganz so, wie Alexander es befohlen hatte, und das gesamte Heer stimmte wie beim Marsch in die Schlacht Kriegsgeschrei an; die Elefanten wiederum fielen mit grellem und kriegerischem Trompeten zu Ehren des Kalanos ein. Dieses und anderes haben glaubwürdige Gewährsleute über Kalanos, den Inder, schriftlich aufgezeichnet, durchaus nicht ohne Nutzen für die Menschen: mag doch jeder, der sich bemüht, hier erkennen, wie stark und unbezwingbar menschlicher Wille zu sein vermag, wenn er sich einmal etwas zum Ziel gesetzt hat.

97. Das Wetttrinken nach dem Tod des Kalanos

Als Alexander von der Verbrennung des Kalanos zurückkehrte, versammelte er viele seiner Freunde und der Befehlshaber zum Mahl. Er schlug einen Wettbewerb im Trinken ungemischten Weines vor[243] und setzte einen Kranz als Siegespreis aus. Derjenige, der am meisten zu trinken vermochte, Promachos[244], brachte es bis zu vier Choen[245]. Er erhielt den

243 Wein wurde in der griechischen Welt mit Wasser gemischt getrunken; der Genuß ungemischten Weines galt als Barbarei.
244 Sonst unbekannter, wohl makedonischer Soldat im Alexanderheer.
245 Dies entspricht etwa 13 Litern Wein.

Siegespreis, einen Kranz im Wert von einem Talent[246], lebte dann aber nur noch drei Tage. Und von den übrigen, so berichtet Chares[247], starben 41 an dem Wetttrinken, da ein heftiger Frost einsetzte, während sie im Rausch lagen.

98. Das geographische Bild Indiens bei den Griechen nach dem Feldzug Alexanders (327/25 v. Chr.) und der Gesandtschaftsreise des Megasthenes (ca. 300/290 v. Chr.)

Indien begrenzen nach Norden, von Ariana bis zum östlichen Meer, die Ausläufer des Taurus, den die Einheimischen streckenweise Parapamisos, Emodos[248], Imaos und noch anders nennen, die Makedonen allerdings Kaukasus. Gegen Westen bildet der Fluß Indus die Grenze[249]; die südlichen und östlichen Seiten, die um einiges länger als die anderen sind, springen in das Atlantische Meer vor[250]. Die äußere Gestalt des Landes wird so rautenförmig, indem nämlich die größeren Seiten die ihnen gegenüberliegenden um jeweils 3000 Stadien übertreffen, gerade so viel, wie auch die der Ost- und Südküste gemeinsame Landzunge mißt, die auf beiden Seiten gleich weit über die sonstige Küstenlinie hinaustritt.

---

246 Gut 26 kg Silber.

247 Chares war Teilnehmer am Alexanderzug und seit 330 v. Chr. in der Funktion des Zeremonienmeisters tätig. Sein umfangreiches verlorenes Werk über Alexander stellte offenbar die Person des Königs und seinen Hof in den Mittelpunkt; so auch in der vorliegenden, von Plutarch bewahrten Episode.

248 Emodos (aus dem altind. Hamavata), auch Imaos (von Himavan, »mit Schnee versehen«) ist der Name des östlichen Teils des als Einheit verstandenen Gebirges Hindukusch – Pamir – Himalaya, wobei unterschiedliche Vorstellungen über die Lage dieser Gebirgszüge bestanden.

249 Diese Auffassung gilt noch nicht für die Zeit des Alexanderzuges. Dort betrachtete man als Westgrenze den Hindukusch (Parapamisaden): So stieg man nach dessen Überwindung, wie auf dem Feldzug geschehen, nach (Nord-)Indien hinunter.

250 Gemeint ist also der heutige Indische Ozean.

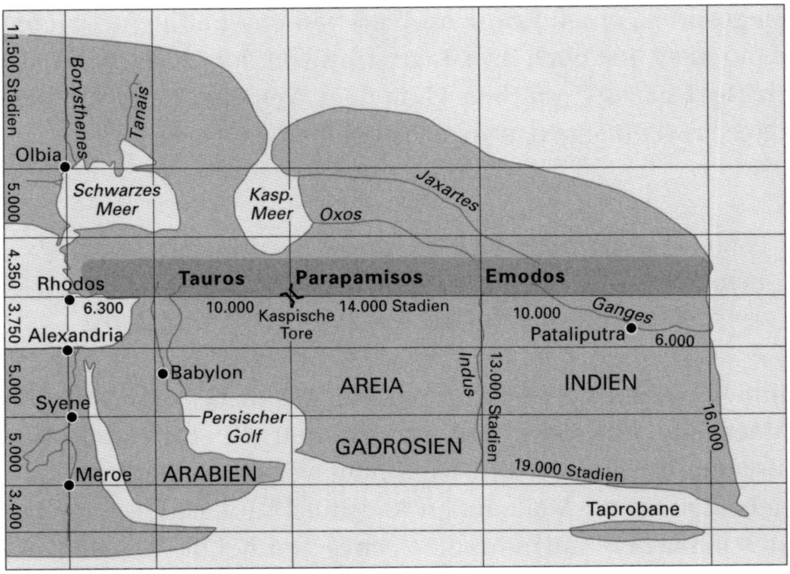

Abb. 65: Der Osten im Weltbild des Eratosthenes (Mitte 3. Jh. v. Chr.)

Die Länge der westlichen Seite vom Kaukasus-Gebirge bis zum südlichen Meer wird allgemein mit höchstens 13 000 Stadien angegeben, gemessen längs des Stromes Indus bis zu seinen Mündungen, so daß die entgegengesetzte östliche Seite, wenn man die 3000 Stadien der Landzunge hinzunimmt, 16 000 Stadien lang sein wird. Dies sind also die geringste und die größte Breite des Landes. Seine Länge bemißt sich von Westen nach Osten: Hiervon kann man den bis Palibothra sich erstreckenden Teil mit größerer Sicherheit ansetzen, da er mit Hilfe von Meßschnüren ausgemessen wurde und hier eine Königsstraße von 10 000 Stadien Länge verläuft. Die Länge des Teils, der sich jenseits von Palibothra erstreckt, muß vermutungsweise aus den Flußfahrten vom Meer hoch nach Palibothra erschlossen werden; dies würde etwa 6000 Stadien ergeben.

Das gesamte Land wird also, auf kürzester Strecke, 16 000 Stadien lang sein, wie sie Eratosthenes nach eigener Erklärung aus dem zuverlässigsten Verzeichnis der Raststationen entnommen hat. Auch Megasthenes stimmt damit überein, während Patrokles 1000 Stadien weniger nennt[251]. Zählt man nun wiederum zu dieser Entfernung diejenige hinzu, die die Landzunge in das Meer noch weiter ostwärts hinausragt, so werden diese 3000 Stadien die größte Länge ausmachen[252]. Diese erstreckt sich damit von den Mündungen des Indus entlang der anschließenden Küste bis zu der erwähnten Landzunge und deren östlichen Grenzen. Dort sind die sogenannten Koniaker wohnhaft[253].

Hieraus läßt sich ersehen, wie sehr nun die Angaben anderer Autoren abweichen. Ktesias etwa bezeichnet Indien als nicht kleiner als das übrige Asien. Onesikritos hält es für ein Drittel der bewohnten Welt, Nearch beziffert den Weg durch die flache Ebene selbst als eine Reise von vier Monaten, Megasthenes und Deimachos[254] hingegen sind maßvoller in ihren Angaben, geben aber die Distanz vom südlichen Meer zum Kaukasus mit etwa 20 000 Stadien an, auch wenn Deimachos erklärt, daß sie an einigen Stellen über 30 000 Stadien betrage.

---

251 Patrokles, hoher Militär und Amtsträger unter Seleukos I. Nikator (358–281/80 v. Chr.) sowie Geograph, der eine Erkundungsfahrt auf dem Kaspischen Meer kommandierte (ca. 284/83 v. Chr.). Sein hochgeschätztes geographisches Werk, das auch Indien behandelte, wurde von Eratosthenes verarbeitet; die bekannten Fragmente sind bei Strabon (wie hier) und dem älteren Plinius erhalten.

252 Nämlich 19 000 Stadien insgesamt.

253 Sonst nicht weiter bekannt.

254 Der Historiker Deimachos gelangte als Gesandter des Antiochos I. Soter (281–261 v. Chr.) an den Herrscherhof der Maurya in Palimbothra. Er verfaßte eine Beschreibung Indiens mit scharfer Kritik an seinem Vorgänger Megasthenes, wurde jedoch zumindest von Eratosthenes (bei Strabon 2, 1, 9 bzw. 19) als gänzlich unglaubwürdig angegriffen.

99. Die Insel Taprobane

Onesikritos erklärt über Taprobane[255], daß es eine Größe von 5000 Stadien aufweise, doch unterscheidet er nicht Länge und Breite. Es befinde sich eine Seereise von 20 Tagen vom Festland entfernt. Es sei allerdings eine üble Fahrstrecke für die Schiffe, die mit schlechtem Segelwerk konstruiert seien und auf beiden Seiten ohne Decksplanken auf den Spanten gebaut seien. Es gebe aber noch weitere Inseln zwischen Taprobane und Indien[256]; allerdings sei Taprobane die südlichste. Um die Insel herum fänden sich Seemonster, von denen einige Stieren, andere Pferden glichen, andere wiederum anderen Landtieren ähnlich seien.

---

255 Ceylon. Diese Insel, 2300 km weiter südöstlich des Indus-Deltas der Spitze des indischen Subkontinents vorgelagert, befand sich weit außerhalb der Reichweite des Alexanderzuges. Bemerkenswert ist, daß die Makedonen – zweifellos in Patala oder einem anderen Hafen im Delta-Bereich – Informationen über die Insel erhielten und bewerteten.

256 Hiermit dürften die Inselgruppe der Lakkadiven, 250–400 km vor der südwestindischen Malabarküste gelegen, vielleicht auch die weiter südlich folgenden Malediven gemeint sein.

DIE KÜSTENFAHRT NEARCHS

100. Alexander und die Flottenexpedition

Nearch hat folgenden Bericht über die Küstenfahrt gegeben: Alexander habe das unstillbare Verlangen erfaßt, auf das Meer herauszufahren und es von Indien bis Persien zu umsegeln. Doch habe er Bedenken gehabt angesichts der Länge der Fahrt und der Gefahr, daß man auf ein Land stoßen könne, das gänzlich unbesiedelt sei, keine geeigneten Häfen besitze oder nicht ausreichend Verproviantierungsmöglichkeiten bieten könne, so daß seine gesamte Flotte umkäme. Dies würde aber als dunkler Fleck seinen großen Taten anhaften und sein ganzes Glück zunichte machen. Doch habe schließlich die Begierde, wieder etwas Neues und Unerhörtes zu vollbringen, in ihm gesiegt. Er sei aber unschlüssig darüber gewesen, wen er als geeigneten Mann für die Durchführung der Pläne auswählen könne und wie er zugleich den Seeleuten, die für eine solche Expedition ausgeschickt würden, die Angst nehmen könne, sie würden ohne Überlegung absehbaren Gefahren ausgesetzt.

Nearch berichtet, Alexander habe mit ihm beratschlagt, wem man die Verantwortung zur Durchführung dieser Aufgabe übertragen könne[257]. Aber als er einen nach dem anderen in Erwägung zog, habe Alexander die einen abgelehnt, weil er der Auffassung war, daß sie nicht bereit wären, sich für ihn solchen Gefahren auszusetzen, andere, weil er sie für nur halbherzig hielt, wieder andere, weil sie von Heimweh überwältigt seien. Und als er so an allen dieses oder jenes auszusetzen fand, da habe er, Nearch, sich schließlich selber dazu erboten mit den Worten: »O König, ich übernehme es, die Flotte zu führen; und ich werde, wenn mir die Gottheit beisteht, die Schiffe und die Männer bestimmt unversehrt bis

---

257 Nearch versteht es, in seinem Bericht immer die eigene Person und Leistung ins rechte Licht zu rücken. Auch sein Verhältnis zu Alexander erscheint hier (wie auch später beim Wiedersehen in Karmanien) als ungemein vertraut. Ob dies den historischen Tatsachen entspricht – sein Bericht wurde Jahrzehnte nach dem Geschehen veröffentlicht –, ist alles andere als sicher.

auf persischen Boden führen, sofern dieses Meer schiffbar ist und das Unterfangen nicht menschliche Fassungskraft überhaupt übersteigt.«

Alexander habe zunächst ausdrücklich erklärt, er wolle keinen seiner Freunde solchen Anstrengungen und Gefahren aussetzen; doch habe er, Nearch, nun erst recht nicht abgelassen und auf seinem Vorschlag beharrt. So habe Alexander die Bereitwilligkeit Nearchs hochgeschätzt und ihn zum Befehlshaber der ganzen Flotte ernannt[258]. Der Teil des Heeres, der zu der Küstenexpedition beordert war, und die Seeleute seien nun um so besseren Mutes geworden, als Nearch niemals von Alexander in offensichtliche Gefahren geschickt worden wäre, wenn nicht zu erwarten war, daß sie das Unternehmen unversehrt überstehen würden. Die ganze Pracht der Ausrüstung, der Schmuck der Schiffe, der außerordentliche Eifer der Schiffsbefehlshaber um Mannschaften und Bemannung ließen auch die anfangs noch völlig Verzagten Kraft und Hoffnung schöpfen und mit größerer Zuversicht der bevorstehenden Unternehmung entgegensehen.

Zur hochgemuten Stimmung des Heeres habe auch in erheblichem Umfange beigetragen, daß Alexander selbst durch die beiden Mündungen des Indus hinab und auf das offene Meer hinausgefahren sei und dort dem Poseidon habe Opfertiere schlachten lassen und ebenso den anderen Meergöttern sowie dem Meer herrliche Geschenke dargebracht habe. Angesichts des sonstigen unglaublichen Glückes Alexanders seien sie der Überzeugung gewesen, daß es nichts geben könne, was er nicht zu wagen und auch zu einem guten Ende zu bringen vermöchte.

---

258 An keiner Stelle des Berichtes wird die Größe der Flotte – Zahl der Schiffe, Gesamtstärke der Bemannung – faßbar. Auch die anderen Überlieferungen (die im übrigen alle auf den Nearch-Bericht zurückzugreifen scheinen), lassen keine Schlüsse zu.

Abb. 66: Die Alexanderflotte auf dem Großen Meer (frz. Buchillustr.)

101. Der Aufbruch der Flotte vom Indus-Delta

Als nun die Monsunwinde, die den ganzen Sommer über vom Meer aufs Land wehen und so die Schiffahrt unmöglich machen, abflauten, lichtete man die Anker. Dies geschah, als in Athen Kephisodoros das Archontenamt innehatte, am 20. des Monats Boedromion nach athenischem Kalender, nach makedonischer und asianischer Zählung im Monat Hyperberetaios, im elften Jahr der Herrschaft Alexanders[259]. Nearch opferte vor dem Auslaufen Zeus dem Retter und veranstaltete auch einen Sportwettkampf. Dann brachen sie von dem Schiffslager auf und segelten am ersten Tag den Indus flußabwärts bis zu einem großen Kanal. Hier blieben sie zwei Tage. Der Name des Ortes war Stura[260]; er befand sich 100 Sta-

---

259 Die Abfahrt wird hierdurch auf den 20./21. September 325 v. Chr. datiert. Sie wurde offenbar durch den wachsenden einheimischen Widerstand erzwungen. Denn der für die Fahrt nach Westen geeignete Wind, der Nordost-Monsun, setzt erst gegen Ende Oktober/Anfang November ein, um dann ab Anfang Dezember kontinuierlich zu wehen. Tatsächlich mußte die Flotte schon nach wenigen Tagen in Bibakta einen 24tägigen Aufenthalt einlegen – zweifellos wegen widriger Winde – und sich zugleich gegen Angriffe sichern.

260 Der Ort ist ebensowenig identifizierbar wie alle im folgenden genannten (bis zum Dorf Barna, modern Gwandar). Versuche, einzelne der Örtlichkeiten aufgrund der im Text gegebenen spärlichen topographischen Hinweise zu lokalisieren, sind allesamt als hypothetisch zu bezeichnen. Insofern sind auch die auf der Karte S. 254f. gebotenen Lokalisierungen spekulativ.

dien vom Schiffslager entfernt. Am dritten Tage lichteten sie die Anker und fuhren zu einem anderen Kanal, 30 Stadien weit. Dieser führte bereits Salzwasser; denn das Meer drang, insbesondere bei Flut, in ihn ein. Aber auch bei Ebbe blieb das Seewasser mit dem Flußwasser vermischt. Der Ort hieß Kaumana. Von dort aus fuhren sie weitere 20 Stadien stromabwärts bis nach Koreestis, wo sie – noch immer im Fluß – ankerten. Von hier brachen sie auf, ohne aber allzu weit voranzukommen. Denn vor ihnen, genau an der Stelle, wo der Indus ins Meer mündete, tauchte ein Felsenriff auf, und die Wogen brandeten an das Ufer mit seinen Klippen. Jedoch gruben sie an einer weicheren Stelle des Riffes einen Kanal von 5 Stadien Länge. Hier navigierten sie, als die Flut vom Meer heraufkam, die Schiffe hindurch.

102. Der Beginn der Küstenfahrt nach Westen

Nun segelten sie 150 Stadien an der Küste entlang und ankerten bei Krokala, einer sandigen Insel, und blieben dort den folgenden Tag. Der Stamm der Inder, der hier lebt, sind die sogenannten Arabier. Sie tragen diesen Namen nach dem Fluß Arabis, der durch ihr Gebiet fließt, bevor er ins Meer mündet, und ihr Siedlungsgebiet von dem der Oreiten abgrenzt. Als sie von Krokala aus weiterfuhren, hatten sie zur Rechten einen Berg, der ihnen als Eiron bezeichnet wurde, zur Linken eine flache Insel. Die Insel erstreckte sich dem Ufer entlang und bildete so eine schmale Bucht. Sie steuerten hindurch und gingen an einem guten Hafenplatz vor Anker. Da er groß und geeignet war, hielt es Nearchos für richtig, ihn ›Alexanderhafen‹ zu benennen.

Es befindet sich dort auch eine Insel etwa 2 Stadien vor der Einfahrt des Hafens mit Namen Bibakta; die ganze Gegend aber heißt Sangada. Die Insel hat dadurch, daß sie ins Meer vorgelagert ist, den Hafen überhaupt erst geschaffen. Dort bliesen heftige und anhaltende Winde von See her. Nearch fürchtete, daß einige Barbaren sich in der Absicht zusammenrotten könnten, den Lagerplatz zu plündern, und ließ den Ort mit einem Steinwall umgeben. 24 Tage währte dieser Aufenthalt, und Nearch berichtet, daß die Soldaten Jagd auf Wasserratten gemacht hätten, sowie Austern und sogenannte Solenen[261] von einer unglaublichen Größe – gemessen an denen, die man in unserem Meer findet – gefangen hätten. Auch habe man salzhaltiges Wasser trinken müssen.

103. Der Verlauf der Fahrt entlang der Küste der Arabier und Oreiten

Sobald sich der Wind gelegt hatte, stachen sie unverzüglich wieder in See. Und nachdem sie gegen 60 Stadien zurückgelegt hatten, machten sie an einer sandigen Küste halt. Vor dieser Küste lag eine unbewohnte Insel. Diese nahmen sie sich beim Ankern als Windschutz. Der Name der Insel war Domai. Es gab allerdings kein Wasser am Strand; aber als sie etwa 20 Stadien in das Landesinnere vordrangen, stießen sie auf klares Wasser. Am folgenden Tag konnten sie bis in die Nacht hinein Fahrt machen, bis nach Saranga, 300 Stadien entfernt; und sie ankerten vor dem Strand. Auch gab es Wasser in etwa 8 Stadien Entfernung von der Küste. Von hier segelten sie dann weiter und warfen bei Sakala Anker, einem unbewohnten Platz. Und sie fuhren zwischen zwei Klippen hindurch, die einander so nahe kamen, daß die Ruderblätter der Schiffe hier wie dort mit den Felsen in Berührung kamen.

Sie ankerten in Morontobara, nachdem sie etwa 300 Stadien zurückgelegt hatten. Der Hafen war groß und wohlgerundet sowie tief und frei von Brandung, jedoch die Einfahrt in ihn eng. In der Landessprache nannten man ihn den ›Hafen der Frauen‹, weil eine Frau zuerst über diese Gegend geherrscht hatte. Als sie durch die Klippen durchgesteuert wa-

---

261 Bezeichnung für eine Gruppe röhrenförmiger Muschelarten; die genaue Spezies ist mangels näherer Angaben nicht zu bestimmen.

Abb. 67: Die Küste des Erythräischen (Roten) Meeres und des Persischen Golfes

ren, gelangten sie in große Wogen und starke Meeresbrandung. Doch schien es ein zu schwieriges Unterfangen, den Weg um die Klippen herum zu nehmen. Am nächsten Tag hatten sie während der Fahrt eine Insel linker Hand zur Meeresseite hin; diese lag so dicht vor der Küste, daß es regelrecht einen Kanal zwischen Insel und Festland zu geben schien. Insgesamt belief sich die Durchfahrt auf 70 Stadien.

Am Strand gab es zahlreiche dicht belaubte Bäume, und die Insel war aufgrund mannigfachen Bewuchses schattig. Bei Morgendämmerung verließen sie den Schutz der Insel und fuhren an einer schmalen Brandung entlang; es herrschte nämlich noch Ebbe. Nach einer Strecke von etwa 120 Sta-

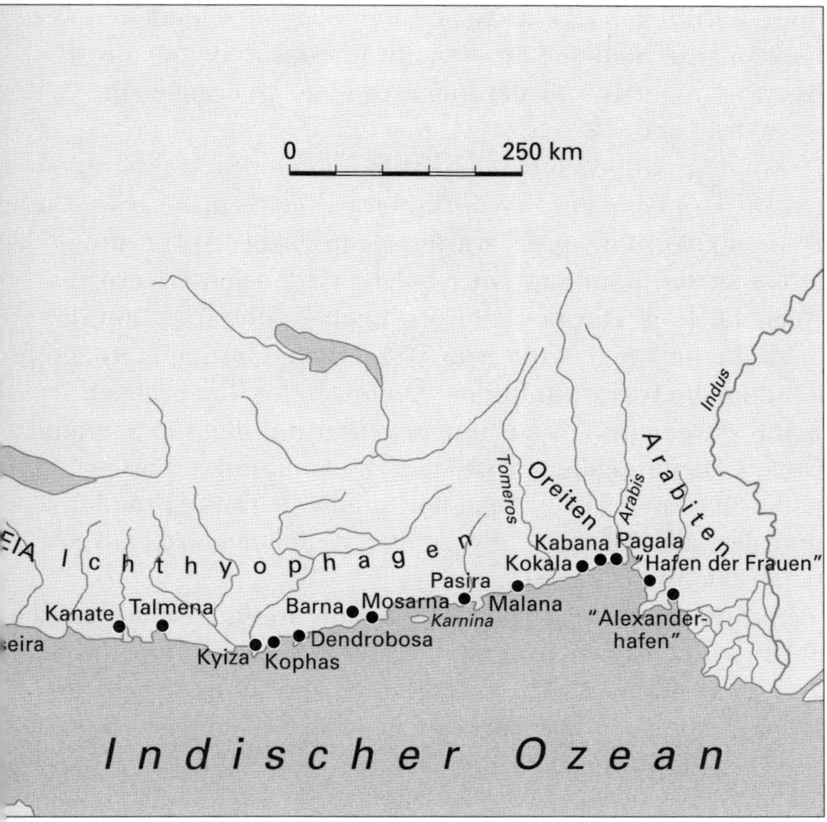

dien ankerten sie in der Mündung des Flusses Arabis; es gab einen großen und schönen Hafenplatz im Mündungsbereich[262]. Das Wasser war allerdings nicht trinkbar, denn der Strom der Mündungsarme des Arabis war mit Meerwasser durchmischt. Doch nachdem sie 40 Stadien landeinwärts vorgedrungen waren, trafen sie auf einen Tümpel, wo sie sich mit Wasser versorgten und dann zurückkehrten. In der Nähe des Hafens befand sich eine steile und öde Insel. Um

262 Der heutige Hab. Es handelt sich um eine der wenigen sicher erscheinenden Lokalisierungen von Ortsangaben Nearchs an der Küste des Makran.

diese herum gab es eine reiche Beute an verschiedenen Arten von Muscheln und Fischen. Bis hierher siedelten die Arabier, das äußerste Volk der Inder; von hier an besaßen die Oreiten das Land.

Mit dem Aufbruch von den Mündungen des Arabis segelten sie dem Land der Oreiten entlang. Nachdem sie etwa 200 Stadien gefahren waren, warfen sie in Pagala Anker, unmittelbar an der Brandung. Doch bot der Grund den Ankern ausreichend Halt. Die Besatzungen blieben allerdings auf den Schiffen; diejenigen, die zum Wasserholen an Land gingen, konnten die Vorräte auffüllen. Am folgenden Tag brachen sie beim Morgengrauen auf und segelten um die 430 Stadien. Gegen Abend gelangten sie nach Kabana und ankerten bei einer einsamen Küste. Auch dort ging eine rauhe Brandung, und deshalb ließen sie die Schiffe weiter draußen auf See neuerlich Anker werfen.

Auf dieser Fahrt gerieten die Schiffe in einen mächtigen Sturm von See her, und zwei große Schiffe und ein Kutter gingen verloren. Doch konnten sich die Männer schwimmend retten, weil die Fahrt nicht weit von Land verlaufen war. Gegen Mitternacht lichteten sie die Anker und fuhren bis Kokala, das von der Küste, von der sie aufgebrochen waren, 200 Stadien weit entfernt liegt. Die Schiffe gingen wieder vor Anker, die Besatzungen aber ließ Nearch an Land gehen und lagern, weil sie nach so vielen Strapazen auf See sich nach einer Ruhepause sehnten. Das Lager ließ er aber zum Schutz vor den Barbaren befestigen.

104. Letzte Verproviantierung durch das Heer

An diesem Ort besiegte Leonnatos, dem von Alexander die Verantwortung über das Oreitenland übertragen worden war, in einer großen Schlacht die Oreiten und diejenigen, die mit ihnen gemeinsame Sache gemacht hatten. Dabei tötete er 6000 von ihnen und alle ihre Anführer. Von den Männern des Leonnatos aber fielen 15 Reiter und einige wenige Mann zu Fuß, darunter Apollophanes, der Satrap von Gadrosien[263]. Dies habe ich in dem anderen Buch geschildert, auch, wie Leonnatos aufgrund dessen von Alexander mit einem goldenen Kranz unter den Makedonen bekränzt worden war[264].

An dieser Stelle war auf Befehl Alexanders Getreide zur Versorgung des Zuges gelagert worden, und so nahmen sie Verpflegung für 10 Tage an Bord. Die Schiffe, die auf der bisherigen Reise irgendwelchen Schaden genommen hatten, wurden wieder seetüchtig gemacht. Nearch ließ zudem von den Seeleuten diejenigen, die bei der Arbeit nachlässig zu sein schienen, dem Leonnatos zur Verwendung in der Fußtruppe überstellen. Er selbst füllte seine Schiffsmannschaft aus den Soldaten des Leonnatos auf.

105. Scharmützel mit einheimischen Küstenbewohnern

Von dort liefen sie mit günstigem Wind aus, und nachdem sie gegen 500 Stadien zurückgelegt hatten, ankerten sie bei einem Fluß, der nur im Winter Wasser führte und den Namen Tomeros trug[265]. Auch gab es eine Lagune bei den Mündungen des Flusses. Den schmalen Küstenstreifen bewohnten Menschen in stickigen Hütten. Als diese die Schiffe heranfahren sahen, erschraken sie, schwärmten aber längs des Strandes aus, um sie bei einem Landungsversuch zurückzuschlagen. Sie trugen dicke, gegen sechs Ellen lange Lanzen; es

---

263 Apollophanes war erst unmittelbar zuvor, beim Vormarsch Alexanders durch diese Region, zum Satrapen ernannt worden.

264 Dieser Absatz stammt offensichtlich nicht aus dem Bericht Nearchs, sondern wurde von Arrian (aus seiner Schilderung des Alexanderzuges) zur Erläuterung eingefügt.

265 Der Tomeros wird mit dem heutigen Hingor oder Hingol identifiziert. Sir Aurel Stein mußte hier bei seiner Erkundung des Makran auf den Spuren Nearchs und Alexanders dieselben Erfahrungen wie das Alexanderheer machen (siehe oben S. 234), als der Fluß infolge von Regengüssen im Bereich des Oberlaufes unvermutet anschwoll und den Lagerplatz wegspülte.

Abb. 68: Rekonstruktion eines Pfeilgeschützes, sog. ›Skorpion‹

waren allerdings keine Eisenspitzen angebracht, sondern die zugespitzten Enden waren nur im Feuer gehärtet, und dies tat denselben Dienst. Sie zählten etwa 600 Männer. Als nun Nearch sie so wartend und kampfbereit aufgestellt sah, ließ er die Schiffe in Schußweite haltmachen, so daß von ihnen aus Geschosse das Land erreichen konnten. Denn die schweren Lanzen der Barbaren schienen nur für den Nahkampf geeignet, aber wirkungslos als Wurfgeschosse zu sein.

Er selber ließ von seinen Soldaten diejenigen, die am behendesten und am leichtesten bewaffnet waren und zudem als die besten Schwimmer galten, auf ein Zeichen hin ins Wasser springen, um schwimmend das Land zu erreichen. Sie erhielten ausdrücklichen Befehl, daß, sobald einer von ihnen beim Schwimmen auf festem Grund stehen konnte, er auf seinen Nebenmann warten und nicht eher gegen die Barbaren losgehen sollte, als bis eine Phalanx von drei Gliedern Tiefe gebildet wäre. Dann erst sollten sie unter Kriegsgeschrei im Laufschritt vorrücken. Sogleich stürzten sich die hierzu Bestimmten von den Schiffen in die See, schwammen schnell, stellten sich in Schlachtordnung auf, bildeten eine Phalanx und gingen im Laufschritt vor, wobei sie den Kriegsgott anriefen. Auch die auf den Schiffen Verbliebenen stimmten in das Geschrei ein und schossen Pfeile und Geschosse mit den Maschinen auf die Barbaren. Diese aber schraken vor dem Glanz der Waffen und der Wucht des Angriffs zurück, und unter dem Hagel der Pfeile und anderer Geschosse, die sie – halbnackt, wie sie waren – trafen, setzten sie sich in keiner Weise zur Wehr, sondern wandten sich zur Flucht. Ein Teil von ihnen kam hierbei ums Leben, ein Teil geriet in Gefangenschaft. Einzelnen gelang es auch, in die Berge zu entkommen.

Die Gefangenen waren aber am ganzen Körper und besonders am Kopf dicht beharrt, und sie hatten Krallen wie Tiere. Ihre Krallen, so erklärte man uns, gebrauchten sie wie Eisen, schnitten damit Fische auf und bearbeiteten sie, und ebenso auch weicheres Holz. Anderes aber spalteten sie mit scharfen Steinen. Eisen besaßen sie nämlich nicht. Als Kleidung dienten ihnen aber Tierfelle oder auch die Häute großer Fische.

Hier zog man die Schiffe an Land und überholte diejenigen, welche Schäden erlitten hatten. Am sechsten Tag brachen sie auf, segelten etwa 300 Stadien und gelangten in das Gebiet, das dem Land der Oreiten am nächsten liegt: Es trägt den Namen Malana. Die Oreiten, welche landeinwärts leben, sind zwar gekleidet wie Inder und auch in gleicher Weise für den Krieg ausgerüstet. Sie haben aber eine andere Sprache und andere Bräuche. Die Länge der Fahrt entlang dem Lande der Arabier betrug vom Ausgangspunkt an etwa 1000 Stadien, am Land der Oreiten entlang aber etwa 1600 Stadien.

106. Überraschende Positionsbestimmung

Während sie am Land der Inder vorbeifuhren – denn von dort an gibt es keine Inder mehr –, hätten sich, so berichtet Nearch, ihre Schatten nicht wie sonst verhalten. Immer wenn sie weit nach Süden auf das Meer hinausgefahren seien, habe es den Anschein gehabt, daß sich auch die Schatten nach Süden drehten, sobald aber die Sonne die Mitte des Tageslaufes erreicht habe, sei alles ganz ohne Schatten zu sehen gewesen[266]. Von den Sternen, die sie zuvor hoch am Himmel gesehen hätten, seien die einen nun ganz dem Auge entschwunden gewesen; andere, die zuvor stets sichtbar waren, seien nun unmittelbar über der Erde erschienen, indem sie unter- und dann gleich wieder aufgingen.

Und das, was Nearch geschrieben hat, scheint mir[267] durchaus nicht unwahrscheinlich: Denn auch in Syene in Ägypten zeigt man zur Zeit der Sommersonnenwende einen Brunnen, in dem sich am Mittag keinerlei Schatten zeigt[268]. In Meroë ist zu dieser Zeit alles ohne Schatten[269]. Es ist daher wahrscheinlich, daß auch bei den Indern, die ja im Süden leben, dieselben Verhältnisse herrschen, um so mehr aber auf dem indischen Meer, je weiter dieses nach Süden liegt. So mag es sich damit verhalten.

Von den Oreiten aus weiter landeinwärts siedeln die Gadrosier, durch deren Land Alexander mit seinem Heer nur mit erheblichen Mühen hatte ziehen können. Und er hatte dort so viel Schlimmes zu erleiden wie nicht einmal auf dem ganzen sonstigen Feldzug zusammen. Darüber habe ich in meinem größeren Geschichtswerk berichtet[270].

---

266 Das geschilderte Phänomen kann nicht nördlich des Wendekreises des Krebses beobachtet werden, der etwa 70 km südlich der heutigen Indusmündungen verläuft. Es ist ausgeschlossen, daß Nearch hier eine eigene Beobachtung wiedergibt, da die Flotte sich niemals so weit auf offene See gewagt haben dürfte. Möglicherweise gibt er hier Berichte einheimischer Seeleute wieder.

267 Dieser und der folgende Absatz stellen eine erläuternde Hinzufügung Arrians dar, der vergleichbare Befunde neben die Angabe Nearchs stellt, um so ihre Glaubwürdigkeit – zumindest ihre Plausibilität – zu unterstreichen. Die Feststellungen zu Syene und Meroë gehen dabei nicht auf eigene Beobachtungen zurück, sondern reflektieren Bildungswissen.

268 Syene, das heutige Assuan, liegt auf dem nördlichen Wendekreis (23. nördlicher Breitengrad).

269 Meroë, Hauptstadt von Kush (Nubien), zwischen dem 5. und 6. Katarakt des Nils, liegt etwa auf dem 17. nördlichen Breitengrad, ca. 666 km südlich von Syene (heute im Sudan, ca. 150 km nördlich von Khartum). Vgl. zur Bedeutung Meroës und Syenes in diesem Zusammenhang auch die Karte des Eratosthenes S. 244.

270 Arrians große Darstellung des Alexanderzuges, die Anabasis (siehe Einleitung).

Abb. 69: Alexander stößt auf Ichthyophagen (ital. Buchillustr.)

107. Die Fahrt entlang der Küste der Fischfresser

Unterhalb der Gadrosier, unmittelbar am Meer, wohnen die sogenannten Fischfresser. An deren Land fuhren sie nun vorbei. Am ersten Tag um die Zeit der zweiten Nachtwache brachen sie auf und ankerten bei Bagisara, dies ist eine Fahrtstrecke von etwa 600 Stadien. Dort fand sich ein zum Anlegen geeigneter Hafen und das Dorf Pasira, das etwas 60 Stadien vom Meer entfernt war. Seine Anwohner sind die Pasirer. Am folgenden Tag liefen sie noch vor der Flut aus und umschifften ein weit in das Meer vorspringendes, hohes und steil abfallendes Vorgebirge. Als sie Brunnen gruben, vermochten sie nur wenig und zudem brackiges Wasser zu schöpfen. An diesem Tag blieben sie vor Anker liegen, weil am Strand ununterbrochen starke Brandung herrschte.

Am folgenden Tag gelangten sie nach Kolta, wobei sie 200 Stadien fuhren. Von dort fuhren sie in aller Frühe los und machten nach 600 Stadien halt bei Kalama. Es gab ein Dorf am Strand, um das herum einige Dattelpalmen wuchsen, an denen Datteln hingen, die noch grün waren. Etwa 100 Stadien vom Festland entfernt lag eine Insel mit Namen Karnine. Dort brachten die Dorfbewohner dem Nearch Gastgeschenke herbei, nämlich Schafe und Fische. Und er erzählt, daß das Fleisch der Schafe nach Fisch geschmeckt habe wie das von Wasservögeln, weil sie nämlich auch Fische fraßen, denn Gras gab es nicht auf diesem Eiland.

Am folgenden Tag segelten sie gegen 200 Stadien und warfen vor einer Küste und einem Dorf Anker, das etwa 30 Stadien vom Wasser entfernt lag. Das Dorf wurde Kysa genannt, die Küste aber trug den Namen Karbis. Dort stießen sie auf kleine Boote, wie sie Fischer besitzen, die wenig glückliche Fänge machen. Sie trafen aber nicht mit den Männern selbst zusammen, da diese sich eilends davonmachten, als sie die Schiffe vor Anker gehen sahen. Getreide ließ sich hier allerdings nicht finden; dabei hatte die Flotte das meiste der Vorräte schon aufgezehrt. Doch nahmen sie Ziegen an Bord und legten dann ab. Nachdem sie ein hoch aufragendes, etwa 150 Stadien weit in das Meer hineinspringendes Vorgebirge umfahren hatten, landeten sie in einem vor Seegang geschützten Hafen. Dort gab es Trinkwasser, und es lebten Fischer hier. Mosarna war der Name des Hafens.

Von dort an segelte auch, wie Nearch berichtet, ein Lotse auf der Fahrt mit, ein Gadrosier mit Namen Hydrakes. Hydrakes hatte sich erboten, sie bis nach Karmanien zu geleiten. Denn von dort sei der Weg nicht mehr schwierig, sondern besser bekannt bis hin zum Persischen Golf[271]. Von Mosarna bra-

---

271 Von Mosarna, offenbar dem ersten auf der Fahrt benutzten Hafen, der keinen reinen Naturhafen darstellte, beschleunigte sich, wie die Länge der Tagesetappen zeigt, die Fahrt erheblich; auch werden nun mehrfach einheimische Lotsen erwähnt, die der Flotte den Weg wiesen und streckenweise so selbst nächtliche Fahrt ermöglichten, die von den Griechen sonst strikt vermieden wurde. Dieser Abschnitt der Fahrt verlief also in bereits bekannten, regelmäßig befahrenen Gewässern.

chen sie nachts auf und fuhren 750 Stadien bis zur Küste von Balomos. Von dort waren es 400 Stadien zum Dorf Barna, wo es zahlreiche Dattelpalmen gab und einen Garten – und in dem Garten wuchsen Myrten und andere Blumen, von denen sich die Dorfbewohner Kränze flochten[272]. Dort sahen sie erstmals auch wieder veredelte Bäume und als Bewohner Menschen, die nicht gänzlich wie wilde Tiere erschienen. Von dort setzten sie die Küstenfahrt 200 Stadien fort und gelangten nach Dendrobosa, und die Schiffe blieben auf See unter Anker. Um Mitternacht lichteten sie die Anker und steuerten zum Hafen Kophas, nachdem sie allenfalls 400 Stadien hinter sich gebracht hatten. Dort siedelten Fischer, deren Boote klein und armselig waren und die nicht, wie es bei den Griechen üblich ist, ihre Riemen zum Rudern in Dollen befestigen, sondern wie auf einem Fluß einmal hier, einmal dort in das Wasser stechen, gerade so, als ob sie die Erde umgrüben[273]. Klares Wasser gab es in dem Hafen reichlich.

108. Der Überfall auf die Stadt der Fischfresser

Um die erste Nachtwache liefen sie aus und erreichten nach einer Fahrtstrecke von etwa 800 Stadien Kyiza, wo ein öder und brandungsreicher Strand war. So warfen sie dort auch nur Anker und nahmen ihre Verpflegung an Bord ein. Von dort legten sie 500 Stadien zurück und gelangten zu einer kleinen Stadt, die nicht weit vom Strand auf einer Anhöhe gelegen war[274]. Nearch bemerkte, daß das Land bebaut zu sein

---

272 Barna, das heutige Gwandar (Gwadel, Pakistan), das noch um die Jahrhundertwende den Haupthandelsort an der Küste des Makran darstellte.

273 Es handelt sich um Boote, die mit Stechpaddeln vorangetrieben werden (ähnlich heutigen Kanadiern). Die herablassende Sichtweise des griechischen Verfassers gegenüber dieser ihm ungeläufigen Technik ist unverkennbar.

274 Die ›kleine Stadt‹ ist nicht sicher lokalisierbar. Gleiches gilt für fast alle im folgenden genannten kleinen Orte, die sich allesamt an dem

schien und wandte sich an Archias aus Pella, den Sohn des Anaxidotos, der, einer der Vornehmen der Makedonen, sich mit auf der Expedition befand[275]. Zu diesem sagte er, daß man versuchen müsse, den Ort in Besitz zu nehmen. Er glaube nämlich nicht, daß die Einheimischen der Truppe die Lebensmittel freiwillig geben würden; mit Gewalt könne man es aber kaum bewerkstelligen, da dies eine Belagerung und einigen Zeitaufwand erfordern würde. Ihnen war nämlich der Proviant nun vollständig ausgegangen. Daß aber das Land Korn trage, lasse sich aus den Halmen schließen, die sie nicht weit vom Ufer dicht gedrängt stehen sahen. Als sie sich nun in dieser Einschätzung einig waren, befahl Nearch den Besatzungen der anderen Schiffe, sich wie zum Aufbruch fertig zu machen, und Archias ließ an seiner Stelle alles zur Abfahrt vorbereiten. Nearch selbst blieb mit einem einzigen Schiff zurück und begab sich wie zur Besichtigung in die Stadt.

Als er sich nun in freundschaftlicher Haltung der Mauer näherte, brachten ihm die Bewohner aus der Stadt als Gastgeschenke im Ofen geröstete Tintenfische – es handelte sich bei den Einwohnern nämlich um die letzten, die zu den Fischfressern zählten, und zugleich um die ersten unter ihnen, welche die Griechen ihre Nahrung nicht roh verzehren sahen –, dazu ein wenig Backwerk und noch Datteln von Palmen. Nearch erklärte daraufhin, daß er diese Geschenke gerne entgegennehme, aber auch die Stadt zu besichtigen wünsche. Sie ließen ihn daraufhin passieren. In dem Moment, wo er sich aber innerhalb der Tore befand, befahl er zwei der ihn begleitenden Bogenschützen, den Tordurchgang zu besetzen. Er

---

besonders kargen, für eine laufende Verproviantierung der Flotte ganz ungeeigneten Abschnitt der Makran-Küste befanden und nicht einmal geeignete Hafen- oder Ankerplätze aufwiesen.

275 Archias, ein vornehmer Makedone, ist zuvor nur in der Liste der Trierarchen (Führer von Kriegsschiffen) für die Indusfahrt aufgeführt. Unmittelbar nach dem Tode Alexanders ist er als Satrap von Babylonien bezeugt, muß dieses Amt aber noch von Alexander übertragen bekommen haben.

selbst stieg mit zwei anderen und dem Dolmetscher auf die Mauer und gab dort dem Archias und seinen Leuten das verabredete Zeichen. Es war nämlich abgesprochen worden, daß Nearch ein Signal geben werde und Archias darauf den Anweisungen entsprechend vorzugehen habe. Kaum hatten die Makedonen aber das Zeichen erblickt, steuerten sie die Schiffe in aller Hast auf den Strand zu und sprangen voller Ungestüm ins Wasser, während die Barbaren – entsetzt über dieses Geschehen – zu den Waffen eilten.

Der Dolmetscher an der Seite Nearchs verkündete ihnen die Botschaft, dem Heer Mehl zu liefern, wenn sie ihre Stadt retten wollten. Sie aber stritten ab, solches zu besitzen und machten sogleich Anstalten, die Mauer zu besteigen. Doch die Bogenschützen bei Nearch vertrieben sie, indem sie von oben auf die Bewohner herab schossen. Als diese gewahr wurden, daß ihre Stadt bereits besetzt war und jeden Moment in Sklaverei zu fallen drohte, da forderten sie schließlich Nearch auf, das Getreide, soweit sie solches besaßen, zu nehmen, die Stadt aber nicht zu zerstören. Nearch aber befahl dem Archias, die Kontrolle über die Tore und den benachbarten Mauerabschnitt zu übernehmen. Er selbst aber schickte Männer mit herum, die darauf zu achten hatten, daß auch sämtliches Getreide ohne Hinterlist hervorgeholt wer-

Abb. 70: Gerstenähren auf Silbermünze (um 540 v. Chr.)

de. Die Bewohner brachten zwar reichlich Mehl zutage, das aus gerösteten Fischen gemahlen war, aber nur wenig Weizen und Gerste. Denn ihre hauptsächliche Nahrung waren Fische, Brot diente ihnen dagegen nur als Zukost. Nachdem sie nun alles, was sie besaßen, vorgezeigt hatten, verproviantierten sich die Griechen aus dem, was da war, und fuhren dann ab.

109. Wachsende Not und verzweifelte Nahrungssuche

Bei einem Vorgebirge gingen sie vor Anker, das die Einheimischen als dem Sonnengott geweiht betrachteten. Der Name des Vorgebirges war Bageia. Gegen Mitternacht brachen sie von dort wieder auf und fuhren um die 100 Stadien bis nach Talmena, einem vorzüglichen Hafen. Von dort waren es 400 Stadien weiter nach Kanasis, einer verlassenen Stadt, wo sie auf einen gegrabenen Brunnen stießen und wilde Datteln wuchsen. Sie schlugen die Herzen der Palmköpfe ab und verzehrten sie; der Proviant war ihnen mittlerweile nämlich ausgegangen[276]. Obwohl sie Hunger litten, fuhren sie nun Tag und Nacht und ankerten dann bei einer einsamen Küste. Da Nearch fürchtete, daß die Soldaten, wenn ihnen Landgang gestattet würde, aus Verzweiflung die Schiffe in Stich lassen könnten, ließ er die Schiffe auf hoher See unter Anker liegen. Von dort fuhren sie nach Kanate, wobei sie 750 Stadien zurücklegten. Dort befinden sich ein Strand und seichte Priele.

Von hier fuhren sie 800 Stadien und landeten bei den Taern. Dort befanden sich nur kleine und armselige Dörfer. Die Einwohner verließen fluchtartig ihre Häuser, sie selbst aber vermochten ein wenig Getreide zu finden und Datteln von Palmen. Auch waren sieben Kamele zurückgelassen worden; diese schlachteten sie und verzehrten das Fleisch.

---

276 Der sogenannte Palmkohl ist eßbar, ebenso das Mark der Dattelpalme.

Beim Morgengrauen brachen sie auf und legten 300 Stadien zurück; in Dagaseira gingen sie vor Anker. Dort lebten einige Nomaden. Von da fuhren sie ab, die Nacht und den Tag hindurch, ohne Rast einzulegen, legten dabei 1100 Stadien zurück und ließen so endlich das Land der Fischfresser hinter sich, wo sie so viel Schlimmes aufgrund des Mangels am Notwendigsten hatten erdulden müssen. Sie gingen aber nicht an der Küste vor Anker, denn dort herrschte eine weitläufige rauhe Brandung, sondern warfen auf offener See Anker. Die Länge der Küstenfahrt längs des Fischfresserlandes betrug insgesamt etwas mehr als 10000 Stadien[277].

110. Die Lebensweise der Fischfresser[278]

Die Fischfresser nähren sich, wie ja auch der Name besagt, von Fischen. Nur wenige von ihnen betreiben aber tatsächlich Fischfang: Denn nur wenige von ihnen bauen zu diesem Zwecke Boote und haben die Kunst der Jagd auf Fische entwickelt. Das meiste bringt ihnen vielmehr die Ebbe. Einige haben hierfür Netze hergestellt, die vielfach eine Größe von bis zu 2 Stadien aufweisen. Sie flechten sie aus dem Bast der Palmen, wobei sie den Bast wie Flachs drehen. Sobald nun das Meer zurückweicht und das Land zurückläßt, ist das, was an trockenem Boden zurückbleibt, meist leer an Fischen. Wo aber tiefe Stellen sind, da bleibt etwas Wasser stehen, und

---

277 Die Addition der zuvor genannten Teilstrecken ergibt nur 9000 Stadien. Allerdings ist auch an mindestens zwei Stellen die Nennung von Tagesstrecken der Überarbeitung zum Opfer gefallen. Strabon nennt 7400 Stadien als Gesamtlänge der Küste der Fischfresser, der ältere Plinius (Naturgeschichte 6, 97) spricht von einer Strecke von dreißig Tagen Fahrtdauer.

278 Die Schilderung der Fischfresser (griech.: Ichthyophagen) und ihrer Lebensumstände enthält bemerkenswerte Beobachtungen über eine noch auf der Stufe der Jungsteinzeit befindliche Küstenbevölkerung. Es sollte aber nicht übersehen werden, daß der Verfasser offensichtlich darum bemüht ist, die Primitivität dieser Bevölkerung überzeugend zu stilisieren.

Abb. 71: Fische-Mosaik aus Pompeii (1. Jh. n. Chr.)

darin wimmelt es von zahllosen Fischen, die in der Mehrzahl zwar klein, zuweilen aber auch größer sind. Um diese werfen die Küstenbewohner ihre Netze aus und fangen sie. Sie verspeisen sie roh, so wie sie sie aus dem Wasser ziehen, jedenfalls die zartesten von ihnen. Die größeren und härteren dörren sie an der Sonne, und wenn sie ganz getrocknet sind, vermahlen sie sie zu Mehl und machen davon eine Art Brot. Einige backen aus diesem Mehl auch Fladen. Auch ihren Viehherden dienen die getrockneten Fische als Futter; das Land hat nämlich keinerlei Wiesen und bringt kein Gras hervor. Sie jagen daneben auch mancherlei Krebse, Austern und Muschelarten. Salz wächst bei ihnen quasi aus dem Boden, … (Textlücke) … von diesen machen sie Öl.

Für diejenigen nun, die diese öden Regionen bewohnen – ein Land, das baumlos ist und keinerlei der uns bekannten Früchte hervorbringt –, bedeuten die Fische nun die einzige Lebensgrundlage. Nur wenige von ihnen bebauen auch etwas das Land, und selbst diese verwenden den Ertrag nur als Zukost zu den Fischen. Denn ihr Grundnahrungsmittel sind die Fische. Die Wohlhabendsten unter ihnen bauen ihre Behausungen aus ihnen, indem sie von Walen, die das Meer ans Land wirft, die Knochen sammeln und sie an Stelle von Holz als Balken benutzen. Auch die Türen stellen sie aus diesen Knochen her, nämlich aus solchen, die platt sind. Die Menge der Ärmeren errichtet sich ihre Hütten dagegen aus Fischgräten.

111. Die Begegnung mit den Meeresungeheuern

Große Ungeheuer leben in diesem äußeren Meer und Fische, die viel größer sind als hier im inneren Meer[279]. Nearch erzählt, daß sie, als sie von Kyiza weiterfuhren, bei Tagesanbruch gesehen hätten, wie Wassermassen von der Meeresoberfläche hochgeschleudert wurden, so als ob es durch die Gewalt einer Windhose hochgerissen würde. Von diesem Anblick entsetzt, hätten sie von den Lotsen in Erfahrung zu bringen gesucht, was das sei und wie es dazu kommen könne. Diese hätten geantwortet, daß Ungeheuer, die durch das Meer wanderten, das Wasser nach oben bliesen. Den Seeleuten seien vor Entsetzen die Ruder aus den Händen gefallen; Nearch selbst aber sei herumgefahren, habe ihnen gut zugeredet und Mut gemacht. Und er habe denen, die er im Vorbeifahren anrufen konnte, den Befehl gegeben, die Schiffe wie in einer Seeschlacht zu einer Frontlinie auffahren zu lassen. Und zugleich mit dem Ruderschlag sollten sie das Kampf-

279 Mit dem äußeren Meer ist der Okeanos gemeint, hier also der indische Ozean; das innere Meer bezeichnet das Mittelmeer.

geschrei anheben und heftig und mit mächtigem Schlag rudern. So hätten sie wieder Mut gefaßt und seien auf Kommando gleichzeitig losgefahren. Als sie sich aber bereits den Tieren näherten, da hätten sie das Kampfgeschrei gebrüllt, daß ihnen schier die Köpfe barsten, die Trompeten hätten geblasen, und das Getöse des Ruderschlages habe weithin gehallt. Da seien die Ungeheuer, die bereits vor den Bugsteven der Schiffe zu sehen waren, verstört in die Tiefe abgetaucht. Und nicht viel später seien sie wieder achtern aufgetaucht und hätten eine gewaltige Menge Meerwasser ausgeblasen. Daraufhin brandete unter den Seeleuten angesichts der unerwarteten Rettung Beifall auf, und überschwengliches Lob für den Wagemut und die Klugheit des Nearch ging herum[280].

Vielerorts an der Küste werde das eine oder andere dieser Ungeheuer an Land getrieben, etwa wenn sie die Ebbe überrascht und sie in Untiefen festgehalten werden. Andere würden auch von schweren Stürmen ans Festland geworfen. Dann gingen sie zugrunde und verfaulten. Sobald das Fleisch sich von den Knochen gelöst habe, nutzten die Menschen die übriggebliebenen Knochen für Häuser. Die Rippen, soweit sie groß seien, dienten als Balken, die kleineren als Dachsparren für die Häuser. Die Knochen aus den Kinnladen würden dagegen als Türblätter verwendet, da viele der Tiere bis zu 25 Klafter Größe erreichten.

---

280 Um welche Walart es sich handelte, ist offen. Im Arabischen Meer werden im Winter Bartenwale, aber auch Furchenwale gesichtet, die über 30 m lang werden können.

112. Die geheimnisvolle Insel

Als sie am Land der Fischfresser vorbeifuhren, kam ihnen der Bericht über eine Insel zu Ohren, die vom Festland gegen 100 Stadien entfernt und nicht bewohnt sei. Die Einheimischen erklärten, daß sie dem Sonnengott heilig sei und Nosala heiße. Kein Mensch wolle dort an Land gehen, wer dies aber aus Unkenntnis doch tue, werde nicht wieder gesehen. Nearch berichtet, ein Kutter mit ägyptischer Besatzung sei nicht weit von eben dieser Insel verschollen, und hierzu hätten die Lotsen mit Nachdruck behauptet, daß die Besatzung, als sie aus Unwissenheit landete, auf der Insel verschwunden sei. Nearch schickte nun einen Dreißigruderer um die Insel herum und gab der Besatzung den Befehl, nicht auf der Insel an Land zu gehen, sondern nach diesen Leuten zu rufen und dabei so dicht wie möglich heranzufahren; sie sollten den Steuermann beim Namen rufen und jeden anderen, der ihnen von der Besatzung namentlich bekannt wäre.

Wie nun niemand den Ruf gehörte habe, sei er, wie er sagt, selbst zur Insel gefahren und habe die Seeleute gegen ihren Willen schließlich zum Anlegen gezwungen. Er sei selbst ausgestiegen und habe die Geschichte über die Insel als leere Mär erwiesen. Er habe aber auch noch eine andere Erzählung über die Insel vernommen, daß nämlich eine der Nereiden[281] eben dieses Eiland bewohnt habe; der Name der Nereide sei aber nicht erzählt worden. Wer immer nun der Insel nahegekommen sei, mit dem habe sie sich vereinigt, anschließend habe sie ihn aber von einem Menschen in einen Fisch verwandelt und ins Meer geworfen. Der Sonnengott habe sich aber über die Nereide erzürnt und ihr befoh-

281 Mit Zauberkräften begabte Meernymphen, die – 50 an der Zahl (und alle mit Namen belegt) – Töchter des Meergottes Nereus und der Doris (eine Tochter der uralten Fluß- und Meergottheit Okeanos) gewesen sein sollen. Mit diesen führten sie dem Mythos zufolge ein heiteres Leben in einer silbernen Grotte auf dem Meeresgrund. Mit Menschengestalt begabt, konnten sie aber auch Sterblichen begegnen.

len, von der Insel wegzuziehen. Sie habe eingewilligt, dies zu tun, ihn jedoch gebeten, den auf ihr liegenden Fluch zu lösen. Das habe Helios zugestanden. Der von ihr in Fische verwandelten Menschen habe er sich aber erbarmt und sie wieder aus Fischen zu Menschen gemacht; von diesen wiederum stamme das Geschlecht der Fischfresser, und das bestehe seitdem fort bis in die Zeit Alexanders[282].

Daß Nearch diese Geschichten als Lügen erwiesen hat, dafür mag ich[283] ihn nicht wegen seines Scharfsinns oder seiner Klugheit loben, denn dies war unschwer nachzuweisen. Doch ist es meines Erachtens müßig, sich der Mühe zu befleißigen, solche alten Traditionen zu sammeln, um sie als Lügen zu entlarven.

Oberhalb der Fischfresser, landeinwärts, bewohnen die Gadrosier das Land, elend und sandig, wie es ist. Dort hatte das Heer des Alexander – und auch Alexander selbst – viele Nöte zu erdulden, wie ich schon in meinem anderen Buch ausgeführt habe[284].

113. Streit um den weiteren Kurs der Flottenexpedition

Als aber das Heer von den Fischfressern nach Karmanien[285] kam, lagen die Schiffe dort, wo sie das erste Mal in Karmanien haltmachten, auf Reede vor Anker, weil eine rauhe Bran-

---

282 Der Bericht über diese Insel gibt Rätsel auf. Möglicherweise handelte es sich um einen Rückzugsort der Einheimischen, die diesen Sachverhalt (und die auf die Insel verbrachten Habseligkeiten und Vorräte) vor der griechischen Flotte zu verheimlichen suchten, vielleicht auch um einen Stützpunkt von Piraten.

283 Dieser und der folgende Absatz sind wieder Einfügungen Arrians in den Bericht Nearchs.

284 Ein Verweis auf Arrians Hauptwerk, die Alexandergeschichte, und die dortige ausführliche Darstellung des Marsches Alexanders und seines Heeres durch die gadrosische Wüste (hier S. 227ff.).

285 Karmanien, die Landschaft zwischen Gadrosien (heute weitgehend übereinstimmend mit Belutschistan) im Osten und der Persis im Westen.

Abb. 72: Alexanders Soldaten treffen auf Obstbäume und Weinreben (ital. Buchillustr.)

dung sich weit auf die See hinaus erstreckte. Von dort an fuhren sie nicht mehr gerade nach Westen, sondern hielten Kurs eher zwischen Sonnenuntergang und dem Sternbild der Bärin. Und so ist Karmanien, vergleicht man es mit dem Land der Fischfresser und dem der Oreiten, auch reicher an Bäumen und Feldfrüchten, auch besitzt es mehr Gras und Wasser. Sie machten Halt bei Badis, einem bewohnten Ort in Karmanien, wo es viele Obstbäume – außer dem Ölbaum – sowie gute Weinreben gab; auch wuchs Getreide. Nachdem sie von dort aufgebrochen waren, fuhren sie 800 Stadien und gelangten zu einer einsamen Küste.

Sie erblickten ein großes Kap, das sich weit in das Meer hinein erstreckte. Dieses Kap schien eine Tagesfahrt entfernt zu sein. Die der dortigen Landstriche Kundigen erklärten, daß das Kap zu Arabien gehöre und Maketa genannt werde[286]. Von dort würden Zimt und andere solche Waren nach

286 Heute Maskat, das Vorgebirge der Arabischen Halbinsel, das den Persischen Golf begrenzt.

Assyrien verhandelt[287]. Und von dieser Küste, vor der die Flotte auf Reede lag, und dem Kap, das sie gegenüber ins Meer ragen sahen, weitete sich der Golf – so scheint es mir, und so schien es auch dem Nearch zu sein – nach innen aus und bildet offensichtlich das Erythräische Meer[288].

Als sie das Kap erblickten, forderte Onesikritos, darauf zuzuhalten, damit sie sich nicht erst mühen müßten, den Golf entlangzufahren. Nearch jedoch erwiderte, daß Onesikritos ein Tor sei, wenn er nicht erkenne, zu welchem Zweck die Flottenexpedition von Alexander ausgesandt worden sei. Denn nicht deshalb sei dies geschehen, weil es unmöglich gewesen wäre, auf dem Landweg sein gesamtes Heer unversehrt zurückzuführen: Alexander habe die Schiffe vielmehr darum ausgeschickt, weil er die Küste entlang der Seeroute inspizieren lassen wollte mitsamt den Ankerplätzen und Inseln und, wenn eine Bucht ins Binnenland hineinragt, diese abgefahren werden sollte. Und ebenso seien sämtliche am Meer gelegenen Städte in Erfahrung zu bringen, und auch, ob ein Landstrich fruchtbar oder öde sei. Sie dürften nun das Werk nicht zunichtemachen, da sie schon kurz vor dem Ziel aller Entbehrungen seien, zumal sie für die Küstenfahrt keinen Mangel zu fürchten hatten, da sie nun mit allem Notwendigen ausgestattet seien. Zudem fürchte er, da sich das Kap nach Süden hin erstrecke, daß das Land, in das sie dort

---

287 Zimt (vgl. auch oben S. 135 mit Anm. 112) galt wie manche anderen exotischen Gewürze und Produkte in der antiken Mittelmeerwelt als Erzeugnis Arabiens (›felix Arabia‹), war außerordentlich begehrt und wurde entweder über das Rote Meer und die ›Weihrauchstraße‹ oder, wie hier angedeutet, über das Zweistromland (Assyrien, Babylonien) an die Mittelmeerküste transportiert. Tatsächlich stammte er aber aus Ceylon bzw. Ostasien (teils auch von der afrikanischen Ostküste), doch verstanden es die arabischen Zwischenhändler bis in die römische Kaiserzeit, die Herkunft ihrer Waren zu verschleiern und so den gewinnträchtigen Handel zu monopolisieren.

288 Gemeint ist der Persische Golf, der ebenso wie das Rote Meer als ein Teil des Erythräischen Meeres galt, das also dem heutigen Arabischen Meer entspricht.

gerieten, wüst, wasserlos und heiß sein werde. Diese Auffassung siegte.

Und mir scheint[289], daß Nearch mit diesem Ratschlag ganz offenkundig das Heer gerettet hat. Daß jenes Kap und das daran anschließende Land nämlich öde ist und überall Mangel an Wasser herrscht, ist allgemeine Meinung.

114. Das Ende der Entbehrungen und die erste Begegnung mit einem Griechen

Sie brachen denn von dieser Küste auf und hielten sich dicht am Land. Nachdem sie etwa 700 Stadien zurückgelegt hatten, ankerten sie an einer anderen Küste. Sie trug den Namen Neoptana. Und wieder brachen sie um die Morgenröte auf, fuhren 100 Stadien und ankerten bei dem Fluß Anamis. Die Gegend wurde Harmozeia genannt. Hier befand sich schon freundliches und fruchtbares Land; nur Ölbäume wuchsen nicht. Da verließen sie die Schiffe und erholten sich von den zahlreichen Anstrengungen: Sie erinnerten sich an die Entbehrungen, die sie auf See und im Land der Fischfresser ertragen hatten, riefen sich auch die Ödnis des Landes und die Menschen, die so sehr Tieren geglichen hatten, ins Gedächtnis und gedachten der von ihnen erduldeten Mühsal. Einige von ihnen drangen vom Meer ins Landesinnere vor und zerstreuten sich auf der Suche nach diesem oder jenem vom Heer.

Dabei erblickten sie einen Mann, der einen griechischen Mantel trug und auch sonst wie ein Grieche ausgestattet war – und er sprach die griechische Sprache! Diejenigen, die ihn als erste sahen, sagten später, sie seien in Tränen ausgebrochen, so unfaßbar sei es ihnen erschienen, nach all dieser Drangsal einen Griechen sehen und eine griechische Stimme vernehmen zu dürfen. Sofort befragten sie ihn, woher er

---

289 Der letzte kommentierende Zusatz Arrians in seiner Wiedergabe des Fahrtenbuches Nearchs.

Abb. 73: Makedone mit Chiton, Himation, Stiefeln und Waffen, Grabfresko (Ende 4. Jh. v. Chr.)

komme und wer er sei. Der Mann aber erklärte, daß er sich vom Heer Alexanders wegbegeben habe und dieses nicht weit entfernt sei, und ebenso Alexander selbst. Da führten sie den Mann unter Zurufen und Frohlocken zu Nearch. Er berichtete Nearch alles, auch, daß fünf Tagesmärsche vom Meer entfernt sich das Heerlager und der König befänden. Und er versprach, Nearch den Statthalter dieser Gegend zu zeigen. So wies er ihn tatsächlich zu diesem. Mit ihm beriet sich Nearch, wie er zum König gelangen könne. Dann begaben sie sich wieder auf die Schiffe.

Um die Zeit des Morgenrots ließ Nearch die Schiffe an Land ziehen, um die während der Fahrt beschädigten überholen zu lassen, außerdem entschied er sich, die Masse des Heeres an dieser Stelle zurückzulassen. Das Schiffslager ließ er mit einem doppelten Palisadenzaun, einem Erdwall und einem tiefen Graben umgeben, die am Ufer des Flusses begannen und sich bis hin zum Strand erstreckten, wo die Schiffe an Land gezogen waren.

115. Die Suche nach Nearch

Während Nearch all dieses veranlaßte, kam der Statthalter des Landes, der von Alexanders großer Sorge um die Flotte wußte, auf den Einfall, daß er von Alexander eine große Belohnung erhalten könne, wenn er als erster ihm die Rettung des Heeres kundtäte und ankündigte, daß Nearch nicht viel später selbst dem König unter die Augen treten werde. So begab er sich auf kürzestem Wege zu Alexander und meldete, daß Nearch sich auf dem Weg von den Schiffen zu ihm befinde.

Wiewohl Alexander damals dem Bericht nicht glauben wollte, freute er sich natürlich über die Nachricht. Als dann aber ein Tag um den anderen verstrich, erschien ihm der Bericht in Anbetracht der seit Eingang der Meldung vergangenen Zeit nicht länger vertrauenswürdig. Und als zudem die Leute, die er nacheinander ausgesandt hatte, um Nearch das

Geleit zu geben, teils nach einem kurzen Stück Weges schon unverrichteter Dinge umgekehrt waren, ohne jemanden gefunden zu haben, teils zwar weiter ausgerückt waren, Nearch und seine Begleitung aber verfehlt hatten und so auch selbst nicht zurückgekommen waren, da nun ließ Alexander jenen Menschen in Fesseln legen, da er eine Falschmeldung überbracht hatte und ihm durch unbegründete Fröhlichkeit die ganze Angelegenheit nur noch trauriger hatte werden lassen. Ihm selbst aber war an Gesichtsausdruck und Stimmung deutlich anzumerken, daß ihm großes Leid widerfahren war.

Unterdessen trafen aber einige von denen, die mit Pferden und Wagen auf die Suche nach Nearch geschickt worden waren, unterwegs tatsächlich auf ihn und auf Archias und fünf oder sechs Mann, die mit ihnen waren. Dies war nämlich die ganze Begleitung. Bei der Begegnung erkannten die Männer aber weder ihn noch Archias, so sehr verändert erschienen sie nämlich: mit langen Haaren, von Schmutz starrend und voller Salzkruste, und am Leib voller Runzeln und bleich aufgrund des Schlafmangels und all der Strapazen. Als die Kundschafter jedoch gefragt wurden, wo Alexander sei, gaben sie Auskunft und zogen weiter. Archias, dem dieses Zusammentreffen weiter durch den Kopf ging, sagte daraufhin zu Nearch: »Nearch, diese Menschen da, die durch die Wüste laufen auf eben unserem Weg, können keinen anderen Grund haben als den, daß sie ausgeschickt wurden, uns zu finden. Daß sie uns allerdings nicht erkennen, darf uns nicht wundern. Denn wir sind in einer so schlimmen Verfassung, daß wir unkenntlich sind. Wir wollen ihnen sagen, wer wir sind, und sie fragen, weshalb sie diesen Weg entlangkommen.« Dies fand Nearch ein vernünftiges Wort, und so fragten sie, wohin jene reisten. Die aber erwiderten, daß sie auf der Suche nach Nearch und der Kriegsflotte seien. Darauf antwortete er: »Ich hier bin Nearch und dies ist Archias. Aber führt uns; wir werden nämlich Alexander alles über das Heer berichten.«

So ließ man sie die Wagen besteigen und machte sich auf den Rückweg. Einige aus der Gruppe wollten die Nachricht vorab überbringen, eilten voraus und berichteten Alexander: »Dieser Nearch und mit ihm Archias und fünf andere werden soeben zu dir gebracht.« Über das Schicksal der Flotte insgesamt vermochten sie allerdings keine Auskunft zu geben. Daraus schloß Alexander, daß diese Männer zwar wider alles Erwarten gerettet seien, das Heer in seiner Gesamtheit aber vernichtet worden sein müsse. Da freute er sich nicht so sehr über die Rettung des Nearch und des Archias, als es ihn traurig machte, daß das ganze Heer verloren sei. Gerade hatte der Bericht geendet, als auch schon Nearch und Archias anlangten.

Kaum und nur unter Mühen vermochte Alexander die beiden zu erkennen; in solchem Aufzug, mit langen Haaren und abgerissener Kleidung, erblickte er sie. Der Schmerz um die Kriegsflotte wurde ihm so um so mehr zur Gewißheit. Er ergriff die Rechte Nearchs, führte ihn allein beiseite, abseits seiner Vertrauten und auch der Leibwache, und weinte zunächst längere Zeit. Endlich faßte er sich und sprach: »Daß du wenigstens sicher zu uns zurückgekehrt bist und auch Archias, mag mir in dem ganzen Unglück ein gewisser Trost sein. Auf welche Weise sind aber die Schiffe und das Heer zugrunde gegangen?« Nearch aber fiel ihm ins Wort und sagte: »O König, auch die Schiffe sind erhalten geblieben und ebenso das Heer. Wir sind ja gerade als Boten ihrer Errettung gekommen.« Da weinte Alexander noch mehr, weil ihm die Rettung des Heeres so unverhofft erschien, und er fragte, wo die Schiffe denn ankerten. Nearch aber sagte: »Sie sind in der Mündung des Flusses Anamis an Land gezogen und werden überholt.« Alexander aber schwor beim Zeus der Griechen und beim Ammon der Libyer, daß ihm diese Nachricht wahrlich eine größere Freude bedeute als der Besitz ganz Asiens. Denn der Schmerz über den Verlust des Zuges habe all sein sonstiges Glück aufgewogen.

117. Das glückliche Ende

Der Statthalter des Landes, den Alexander wegen der falschen Nachricht hatte gefangensetzen lassen, fiel, als er sah, daß Nearch anwesend war, vor diesem auf die Knie und sagte: »Ich bin derjenige, der dem Alexander meldete, daß ihr wohlbehalten und im Kommen seid. Du siehst, wie es mir geht.« So bat also Nearch den Alexander, den Mann freizulassen, und er kam frei. Alexander brachte Zeus dem Retter, Herakles, Apollon dem Unheilabwehrer, Poseidon und allen anderen Gottheiten des Meeres Dankopfer für die Rettung des Heeres dar. Und er ließ einen sportlichen und einen musischen Wettkampf veranstalten und einen Festzug ausrichten. Mit an dessen Spitze zog Nearch und wurde vom Heer mit Kränzen und Blumen beworfen.

Abb. 74: Goldener Eichenkranz, Grabbeigabe (4. Jh. v. Chr.)

ANHANG

Quellen- und Literaturverzeichnis

1. Ausgaben und Übersetzungen

Claudius Aelianus, De natura animalium, ed. R. HERCHER. Leipzig 1864/70

C. Aelianus, Werke IV–IX: Thiergeschichten I–VI, übers. von F. JACOBS. Stuttgart 1839/42

Claudius Aelianus I–III, transl. by A. F. SCHOLFIELD. Loeb Classical Library 446, 448, 449. Cambridge (Mass.)/London 1958/59

Flavius Arrianus I: Alexandri Anabasis, ed. A. G. ROOS, corr. G. WIRTH. Leipzig 1967

Flavius Arrianus II: Scripta Minora et Fragmenta, ed. A. G. ROOS, corr. G. WIRTH. Leipzig 1967

Arrian: Der Alexanderzug – Indische Geschichte (gr.-dt.), hg. und übers. von G. WIRTH und O. VON HINÜBER. München/Zürich 1985

Arrian: Alexander des Großen Siegeszug durch Asien. Eingel. und übers. von W. CAPELLE. Zürich 1950

Arrian. History of Alexander and Indica I–II. Transl. by P. A. BRUNT. Loeb Classical Library 236, 263. Cambridge (Mass.)/London 1976

Arrians von Nikomedien Werke, übers. von C. H. DÖRNER. Stuttgart 1829/63

Arrians Werke, übers. und erl. von C. CLESS. Berlin 1862/65

Arrien: L'Inde. Texte établi et traduit par P. CHANTRAINE. Paris 1927

Q. Curtius Rufus, ed. E. HEDICKE. Leipzig 1908

Q. Curtius Rufus, Geschichte Alexanders des Großen (lat.-dt.), übers. von K. MÜLLER/H. SCHÖNFELD. München 1954

Diodori bibliotheca historica IV, ed. C. Th. Fischer. Leipzig ^{3}1906 (ND 1985)

Diodorus Siculus VIII: Books XVI.66–XVII. Transl. by C. B. Welles. Loeb Classical Library 422. Cambridge (Mass.)/London 1963

Diodore de Sicile, Bibliothèque historique, livre XVII, texte établi et traduit par P. Goukowsky. Paris 1976

M. Iuniani Iustini Epitoma Historiarum Philippicarum Pompeii Trogi, ed. O. Seel. Stuttgart 1972

Justin's Epitome of the Philippic History of Pompeius Trogus I: Books 11–12, Alexander the Great, transl. by J. Yardley, comm. by W. Heckel. Oxford 1996

Pompeius Trogus: Weltgeschichte im Auszug des Justin, eingel., übers. und erl. von O. Seel. Zürich/München 1972

Plutarch [Alexander], Vitae Parallelae II 2, ed. K. Ziegler. Leipzig 1968

Plutarch, Große Griechen und Römer V, eingel. und übers. von K. Ziegler. München/Zürich 1980

Strabonis Geographica I–II, ed. W. Aly [Leipzig], hg. von E. Kirsten/F. Lapp. Antiquitas Bd. 9. Bonn 1968

Strabo, Geography VII, transl. by H. L. Jones. Loeb Classical Library 241. Cambridge (Mass.)/London 1930 (ND 1983)

Theophrastus: Recherches sur les plantes I–III, texte établi et traduit par S. Amigues. Paris 1988/93

Theophrastus: Enquiry into Plants [historia plantarum] I–II, transl. by Sir A. Hort. Loeb Classical Library 70, 79. Cambridge (Mass.)/London 1916/26 (ND 1990)

Jacoby, F. (ed.): Die Fragmente der griechischen Historiker. 2. Teil. B (Text und Kommentar). Berlin 1929/30; 3. Teil. C. Leiden 1958

McCrindle, J. W.: Ancient India as described by Megasthenes and Arrian. Calcutta/Bombay/London 1877 (ND Delhi 1972)

Historia Alexandri Magni (Pseudo-Callisthenes) I, ed. W. Kroll. Berlin 1926 (ND 1958)

Leben und Taten Alexanders von Makedonien: Der griechische Alexanderroman nach der Handschrift L, hg. u.

übers. von H. van Thiel. Texte zur Forschung 13. Darmstadt [2]1983
Der Alexanderroman mit einer Auswahl aus verwandten Texten übers. von F. Pfister. Beiträge zur Klassischen Philologie 92. Meisenheim am Glan 1978

2. Sekundärliteratur

Allchin, F. R.: The Archaeology of Early Historic South Asia. The Emergence of Cities and States. Cambridge 1995
Altheim, F.: Alexander und Asien. Tübingen 1955
Anspach, A. E.: De Alexandri Magni expeditione Indica. Leipzig 1903
Arora, U. P. (ed.): Graeco-Indica. India's Cultural Contacts with the Greek World. New Delhi 1991
Ashley, J. R.: The Macedonian Empire. The Era of Warfare under Philip II and Alexander the Great, 359–323 B. C. Jefferson (N. C.)/London 1998
Atkinson, J. E.: A Commentary on Q. Curtius Rufus' Historiae Alexandri Magni: Books 5 to 7. Amsterdam 1994
Badian, E.: Nearchus the Cretan. Yale Classical Studies 25, 1975, S. 147–170
Baynham, E.: Alexander the Great: The Unique History of Quintus Curtius. Michigan 1998
Berve, H.: Das Alexanderreich auf prosopographischer Grundlage I–II. München 1926
Bieber, M.: Alexander the Great in Greek and Roman Art. Chicago 1964
Bosworth, A. B.: The Indian Satrapies under Alexander the Great. Antichthon 17, 1983, S. 37–46
– Conquest and Empire. The Reign of Alexander the Great. Cambridge 1988
– From Arrian to Alexander: Studies in Historical Interpretation. Oxford 1988
– Aristotle, India and the Alexander Historians. Topoi 3, 1993, S. 407–424

– A Historical Commentary on Arrian's History of Alexander IV–V. Oxford 1995
– Alexander and the East. The Tragedy of Triumph. Oxford 1996
– The Historical Setting of Megasthenes' Indica. Classical Philology 91, 1996, S. 113–127
Breloer, B.: Megasthenes über die indische Gesellschaft. Zeitschrift der Deutschen Morgenländischen Gesellschaft 88, 1934, S. 130–163
– Alexanders Bund mit Poros. Indien von Dareios zu Sandrokottos. Leipzig 1941
Bretzl, H.: Botanische Forschungen des Alexanderzuges. Leipzig 1903
Briant, P.: Histoire de l'Empire Perse. De Cyrus à Alexandre. Achaemenid History 10. Leiden/Paris 1996
Brown, T. S.: Onesicritus: A Study in Hellenistic Historiography. Berkeley 1949
– The Reliability of Megasthenes. American Journal of Philology 76, 1955, S. 18–33
– The Merits and Weaknesses of Megasthenes. Phoenix 11, 1957, S. 12–24
Brunt, P.: Appendices. In: Arrian. History of Alexander and Indica I–II. Transl. by P. A. Brunt. Loeb Classical Library 236, 263. Cambridge (Mass.)/London 1976, I S. 449–547; II S. 435–572
Burr, V.: Das geographische Weltbild Alexanders des Großen. Würzburger Jahrbücher des Altertums 2, 1947, S. 91–99
Carrière, J.-C. u. a. (eds.), Inde, Grèce ancienne. Regards croisés en anthropologie de l'espace. Paris 1995
Cary, G.: The Medieval Alexander. London 1956
Cunningham, A.: The Ancient Geography of India. London 1871 (ND Benares 1963, Delhi 1977)
Dahlquist, A.: Megasthenes and Indian Religion. Uppsala 1962
Dihle, A.: Dionysos in Indien. In: G. Pollet (ed.), India and the Ancient World. History, Trade and Culture before

A. D. 650. Orientalia Lovaniensia Analecta. Leuven 1987, S. 47–57
– Indien und die hellenistisch-römische Welt in der neueren Forschung. Geographia Antiqua 1, 1992, S. 151–159
– s. v. Indien. Reallexikon für Antike und Christentum 18, 1996, S. 1–56
– Die Griechen und die Fremden. München 1996
DODGE, T. A.: Alexander. Boston 1890 (ND 1993)
EGGERMONT, P. H. L.: Alexander's Campaigns in Sind and Baluchistan and the Siege of the Brahmin Town of Harmatelia. Leuven 1975
– Indien und die hellenistischen Königreiche. Zusammenschau einer west-östlichen Gesellschaft zwischen 550 und 150 v. Chr. In: OZOLS, J./THEWALT, V. (eds.), Aus dem Osten des Alexanderreiches. Festschrift K. Fischer. Köln 1984, S. 74–83
– Alexander's Campaign in Southern Punjab. Leuven 1993
ENGELS, D. W.: Alexander the Great and the Logistics of the Macedonian Army. Berkeley 1978
FELDBUSCH, M.: Der Brief Alexanders an Aristoteles über die Wunder Indiens. Beiträge zur Klassischen Philologie 78. Meisenheim am Glan 1976
Fondazione Memmo (ed.): Alessandro Magno. Storia e mito. Roma 1995
FRANKE, P. R.: Dolmetschen in hellenistischer Zeit. In: C. W. MÜLLER u. a. (eds.), Zum Umgang mit fremden Sprachen in der griechisch-römischen Antike. Stuttgart 1992, S. 85–96
FRANZ, H. G. (ed.): Das alte Indien. München 1990
GEHRKE, H.-J.: Alexander der Große. München 1996
GOUKOWSKY, P.: Essai sur les origines du mythe d'Alexandre (336–270 av. J.-C.). I: Les origines politiques. II: Alexandre et Dionysos. Nancy 1978/81
GUNDERSON, L. L.: Alexander's Letter to Aristotle about India. Beiträge zur Klassischen Philologie 110. Meisenheim am Glan 1980
GRZIMEK, B.: Grzimeks Tierleben XII 3: Säugetiere. Zürich 1972

HAMILTON, J. R.: Plutarch, Alexander: A Commentary. Oxford 1969
HAMMOND, N. G. L.: Three Historians of Alexander the Great: The so-called Vulgate Authors, Diodorus, Justin and Curtius. London 1983
– Sources for Alexander the Great: An Analysis of Plutarch's Life and Arrian's Anabasis Alexandrou. Cambridge 1993
HANSEN, G. C.: Alexander und die Brahmanen. Klio 43, 1965, S. 351–380
HECKEL, W.: The Marshals of Alexander's Empire. London 1992
HÖGEMANN, P.: Alexander der Große und Arabien. Zetemata 82. München 1985
HÜBNER, A.: Alexander der Große in der Dichtung des Mittelalters. Die Antike 9, 1933, S. 32–48
JACOBY, F.: s. v. Ktesias. RE XI 2 (1922), Sp. 2032–2073
KARTTUNEN, K.: India in Early Greek Literature. Studia Orientalia 65. Helsinki 1989
– Taxila. Indian City and a Stronghold of Hellenism. Arctos 24, 1990, S. 85–96
– India and the Hellenistic World. Studia Orientalia 83. Helsinki 1997
KELLER, O.: Die antike Tierwelt I–II. Leipzig 1909/13
KIENAST, D.: Alexander und der Ganges. Historia 14, 1965, S. 180–188
KRAFT, K.: Der ›rationale‹ Alexander. Frankfurter althistorische Studien 5. Kallmünz 1971
KRATZ, D. M.: Alexander the Great in Literature and Legend. A Handbook. 1994
LANE FOX, R.: Alexander the Great. London 1973
LASSEN, C.: Indische Altertumskunde I–IV. Leipzig u. a. [2]1861/74
LINDEGGER, P.: Griechische und römische Quellen zum peripheren Tibet I–III. Opuscula Tibetana 10, 14, 22. Rikon/Schweiz 1979/93
MEDERER, E.: Die Alexanderlegenden bei den ältesten Historikern. Stuttgart 1936

MERKELBACH, R.: Die Quellen des griechischen Alexanderromans. München 1954
MEYER, E.: Alexander und der Ganges. Klio 21, 1927, S. 183–191
O'BRIAN, J. M.: Alexander the Great: The Invisible Enemy. London 1992
PEARSON, L.: The Lost Histories of Alexander the Great. New York/Oxford 1960
PÉDECH, P.: Historiens compagnons d'Alexandre. Paris 1984
PFISTER, F.: Kleine Schriften zum Alexanderroman. Beiträge zur Klassischen Philologie 61. Meisenheim am Glan 1976
PRICE, M. J.: The ›Porus‹ Coinage of Alexander the Great: A Symbol of Concord and Community. In: Studia Paulo Naster oblata. S. SCHEERS/J. QUAEGEBEUR (eds.), I. Louvain 1982, S. 75–85.
– The Coinage in the Name of Alexander the Great and Philip Arrhidaeus. British Museum Catalogues I–II. Zürich/London 1991
REESE, W.: Die griechischen Nachrichten über Indien. Leipzig 1914
ROMM, J. S.: Aristotle's Elephant and the Myth of Alexander's Scientific Patronage. American Journal of Philology 110, 1990, S. 566–575
– The Edges of the Earth in Ancient Thought. Geography, Exploration and Fiction. Princeton 1992
ROSS, D. J. A.: Illustrated Medieval Alexander-Books in Germany and the Netherlands. A Study in Comparative Iconography. Publications of the Modern Humanities Research Assocation 3. London 1972
SCHACHERMEYR, F.: Alexander der Große. Das Problem seiner Persönlichkeit und seines Wirkens. Wien 1973
SCHIWEK, H.: Der Persische Golf als Schiffahrts- und Seehandelsroute in Achämenidischer Zeit und in der Zeit Alexanders des Großen. Bonner Jahrbücher 162, 1962, S. 4–97
SCULLARD, H. H.: The Elefant in the Greek and Roman World. London 1974
SEIBERT, J.: Alexander der Große. Darmstadt 1972

SEIBERT, J.: Die Eroberung des Perserreiches durch Alexander den Großen auf karthographischer Grundlage. Beih. Tübinger Atlas des Vorderen Orients, B Nr. 68. Wiesbaden 1985

SHERWIN-WHITE, S./KUHRT, A.: From Samarkhand to Sardis. A New Approach to the Seleucid Empire. London 1993

STADTER, P. A.: Arrian of Nicomedia. Chapel Hill (N.C.) 1980

STEIN, A.: On Alexander's Track to the Indus. Personal Narrative of Explorations on the North-West Frontier of India. London 1929

– An Archaeological Tour in Upper Swat and Adjacent Hill Tracts. Memoirs of the Archaeological Survey of India 42. Kalkutta 1930

– The Site of Alexander's Passage of the Hydaspes and the Battle with Porus. The Geographical Journal 80, 1932, S. 31–46

– On Alexander's Route into Gedrosia. An Archaeological Tour in Las Bela. The Geographical Journal 102, 1943, S. 193–227

STONEMAN, R.: Naked Philosophers: The Brahmans in the Alexander Historians and the Alexander Romance. Journal of Hellenic Studies 115, 1995, S. 99–114

STRASBURGER, H.: Alexanders Zug durch die Gedrosische Wüste. Hermes 80, 1952, S. 456–493

TARN, W. W.: Alexander the Great I–II. Cambridge 1948

– The Greeks in Bactria & India. Revised 3rd Edition by F. L. Holt [1985], with additional Bibliography by M. C. J. Miller [1997]. Chicago (Ill.) 1997

TOMASCHEK, W.: Topographische Erläuterung der Küstenfahrt Nearchs vom Indus bis zum Euphrat. Sitz.berichte d. kaiserl. Akad. d. Wiss. Wien, phil.-hist. Kl., Bd. 121, Abh. VIII. Wien 1890

TOYNBEE, J. M. C.: Tierwelt der Antike. Mainz 1983 (engl. London 1973)

WITTKOWER, R.: Marvels of the East. Journal of the Warburg and Courtauld Institutes 5, 1942, S. 159–197

WOODCOCK, G.: The Greeks in India. London 1966

WIESEHÖFER, J.: Geschenke, Gewürze und Gedanken. Überlegungen zu den Beziehungen zwischen Seleukiden und Mauryas. Elektron 2, 1998, S. 225–236.

ZAMBRINI, A.: Gli Indiká di Megastene. Annali della Scuola Superiore di Pisa, Cl. di Lettere e Filosofia ser. 3, 12, 1982, S. 71–149; 15, 1985, S. 781–853

Wiedergegebene antike Texte
(nach Kapiteln geordnet)

1: Arr., Anab. 4,22,3–6
2: Arr., Ind. 16,1–5
Arr., Ind. 17,1–6
3: Strab. 15,1,62
4: Strab. 15,1,67
5: Strab. 15,1,69
6: Arr., Anab. 4,22,7–23,3
7: Arr., Ind. 16,6–12
8: Arr., Anab. 4,23,3–5
Arr., Anab. 4,24,6–7
9: Arr., Anab. 4,24,8–25,7
10–14: Arr., Anab. 4,27,5–30,9
15–16: Arr., Ind. 13f.
17: Strab. 15,1,43
18–20: Arr., Anab. 5,1–5,4,2
21: Arr., Anab. 5,4,3–4
Arr., Anab. 5,7,1
Arr., Anab. 5,8,2
22: Strab. 15,1,61
23–24: Strab. 15,1,63–65
25: Plut., Alex. 65
26: Arr., Anab. 5,83
Strab. 15,1,28
27: Strab. 15,1,29
28: Ael., nat. anim. 17,26
Arr., Ind. 15,1–3
Strab. 15,1,45
29: Ael., nat. anim. 17,23
Ael., nat. anim. 17,22
Arr., Ind. 15,8f.
30: Arr., Ind. 15,4–7
31: Strab. 15,1,44f.
32–41: Arr., Anab. 5,8,3–5,19
42: Arr., Anab. 5,20,1–6. 8–10
43: Strab. 15,1,21–25
Strab. 15,1,20
44: Strab. 15,1,22
45: Strab. 15,1,17f.
46: Strab. 15,1,18
Strab. 15,1,13
Strab. 15,1,20
Strab. 15,1,19f.
47: Arr., Anab. 5,21
Arr., Anab. 5,24,8
48: Diod. 17,94
49–51: Strab. 15,1,35–38
52: Strab. 15,1,39–41. 46–49
53: Strab. 15,1,50–52
54: Strab. 15,1,53f.
55: Strab. 15,1,55
56: Strab. 15,1,56–57
57: Arr., Anab. 5,25,2
Diod. 17,94,1–3
58–59: Arr., Anab. 5,25,2–28,1
60: Arr., Anab. 5,28,2–29,3
Arr., Anab. 5,29,5
61: Strab. 15,1,30
62: Diod. 17,92
63–69: Arr., Anab. 6,1–6,8,3
70–71: Arr., Anab. 6,9–6,11,2
72–75: Arr., Anab. 6,12–6,15,7
76: Strab. 15,1,34
77: Arr., Anab. 6,15,7
Arr., Anab. 6,16,3–5
78: Plut., Alex. 64
79: Diod. 17,103
80: Ael., nat. anim. 17,2
Arr., Ind. 15,10–12
Strab. 15,1,45
81–92: Arr., Anab. 6,17–6,26
93: Arr., Anab. 6,27,1
Arr., Anab. 6,27,2–3
Arr., Anab. 6,27,6
94: Arr., Anab. 6,28,1–3
95: Plut., Alex. 67
96: Arr., Anab. 7,3
97: Plut., Alex. 70
98: Strab. 15,1,11f.
99: Strab. 15,1,15
100–117: Arr., Ind. 20–36,3

Längenmaße
(nach attischem Standard)

1 Stadion	177,6 m
1 Klafter	1,776 m
1 Plethron	29,6 m
1 Elle	44,4 cm

Glossar der militärischen Fachbegriffe

Agrianen: ursprünglich Bezeichnung eines thrakischen Stammes im nördlichen Makedonien am Oberlauf des Strymon, dann eine Truppe von Leichtbewaffneten, die von Alexander sehr häufig wegen ihrer Tüchtigkeit und Beweglichkeit eingesetzt wurde.

Garde: Gardetruppen, die aus den ›Gefährten‹ ausgewählt wurden. Die Garde zu Fuß, das *agêma,* umfaßte 1000 Mann, eine Abteilung der Hypaspisten. Die Garde Alexanders zu Pferd, die Königliche Schwadron (oder *agêma* der Gefährten), umfaßte 300 Gefährten.

Gefährten (hetaíroi): a) auserlesene Truppe, die aus freien Makedonen, in der Regel wohl aus dem makedonischen Adel rekrutiert wurde; b) ›Kameraden‹, hochrangige makedonische Offiziere, die den engsten Beraterstab des Königs bildeten, in den sie – zusammen mit einzelnen Griechen – eigens berufen wurden.

Hipparchie: seit Beginn des Indienfeldzuges eine Einheit der erweiterten und reorganisierten Reiterei der Gefährten. Die fünf Hipparchien umfaßten je 1000 Mann, ihre Schwadronen wohl je 200 Mann; die Königliche Schwadron von 300 Mann als berittene Garde Alexanders war nun ausgegliedert.

Hypaspisten (auch ›königliche Hypaspisten‹ bzw. ›Hypaspisten aus den Gefährten‹): eine auserlesene bewegliche Infanterietruppe, die in drei Abteilungen von je 1000 Mann gegliedert war, deren eine (das *agêma*) als Garde zu Fuß Alexanders diente.

Pezhetairen (›Gefährten zu Fuß‹): die schwerbewaffnete Infanterie zu Fuß, deren nach makedonischen Landschaften rekrutierte Abteilungen zusammengefaßt die makedonische Phalanx bildeten.

Phalanx: gegliedert in verschiedene Einheiten der Pezhetairen, die mit ihrer Bewaffnung – v. a. der überlangen Stoßlanze (Sarissa) – und der darauf basierenden Kampfweise das dicht geschlossene Zentrum der makedonischen Schlachtordnung bildeten. In Indien bestand die Phalanx des Alexanderheeres offenbar aus 10 Abteilungen von je 1000 Mann (ursprünglich 6 Abteilungen von je 1500 Mann).

Abbildungsnachweis

AKURGAL, E. (ed.): The Art and Architecture of Turkey. Istanbul 1980: Abb. 10

ANDREAE, B.: Das Alexandermosaik aus Pompeji. Recklinghausen 1977: Taf. I

BELTRÁN LLORIS, M./FATÁS CABEZA, G.: Historia de Zaragoza II. César Augusta, ciudad romana. Zaragoza 1998: Abb. 64

BIEBER, M.: Alexander the Great in Greek and Roman Art. Chicago (Ill.) 1964: Taf. IIa–c

BOARDMAN, J.: The Greek Overseas. Their Early Colonies and Trade. London 1980: Abb. 70

BRIANT, P.: Alexander der Große, Eroberer der Welt. Ravensburg 1990: Abb. 40, 66

DENOYELLE, M. (ed.): Chefs-d'Œuvre de la céramique grecque dans les collections du Louvre. Paris 1994: Abb. 21

ERRINGTON, E./CRIBB, J. (eds.): The Crossroads of Asia. Cambridge 1992: Abb. 40

FISCHER VON ERLACH, J. B.: Entwurff einer historischen Architektur in Abbildung unterschiedener berühmten Gebäude, des Althertums, und fremder Völker … Leipzig [2]1725 (ND Ridgewood [N. J.] 1964): Abb. 4

Fondazione Memmo (ed.): Alessandro Magno. Storio e Mito. Catalogo, Palazzo Ruspoli, Roma, 21 dicembre 1995 – 21 maggio 1996. Roma 1995: Abb. 1, 30, 37, 61, 62, 63; Taf. IV, XV, XVI

FRANZ, H. G. (ed.): Das alte Indien. München 1990: Abb. 11, 24, 48; Taf. XI

GIRSHMAN, R.: Iran. Protoiranier, Meder, Achämeniden. München 1964: Taf. V

GULLINI, G.: I mosaici di Palestrina. Roma 1956: Abb. 36, 71

HACKET, J. (ed.): Warfare in the Ancient World. London 1989: Abb. 19, 68

HATZOPOULOS, M./LOUKOPOLIS, L.: Philip II. of Macedon. Athen 1980: Abb. 22, 50, 52, 60, 73, 74; Taf. VII

HÜBNER, A.: Alexander der Große in der deutschen Dichtung des Mittelalters. Die Antike 9, 1933, S. 32–48: Abb. 43, 58, 59

JANSSON, J.: Atlas Maior, Bd. X, Amsterdam 1675: Vorsatzkarte hinten

JOHNSON, G.: Indien. Geschichte, Kunst, Lebensformen. München 1995: Abb. 26; Taf. IX

KIRSCH, W. (ed.): Das Buch von Alexander, dem edlen und weisen König von Makedonien, mit den Miniaturen der Leipziger Handschrift. Leipzig 1991: Abb. 18, 27, 34, 35, 41, 46, 51, 53, 57, 72; Taf. VIII

KLIMBURG-SALTER, D. E. (ed.): Buddha in Indien. Die frühindische Skulptur von König Aśoka bis zur Guptazeit. Ausstellungskatalog, Kunsthistorisches Museum Wien, 1995. Wien 1995: Abb. 12, 15, 20

KOCH, H.: »Es kündet Dareios der König ...« Vom Leben im persischen Großreich. Mainz 1992: Abb. 29, 45, 55

Makedonen, die Griechen des Nordens. Sonderausstellung 1994, Landesmuseum Hannover. Athen 1994: Abb. 33; Taf. XIV

MÜNSTER, Sebastian: Cosmographey oder Beschreibung aler Länder, Herrschaften, fürnemmsten Stetten, Geschichte, Gebreuchen, Hantierungen etc. Basel 1542 (div. ND): Abb. 2, 42

OZOLS, J./THEWALT, V. (eds.): Aus dem Osten des Alexanderreiches. Festschrift K. Fischer. Köln 1984: Abb. 8

PAGANI, L. (ed.): Ptolemaeus, Cosmographia. Bergamo 1990: Taf. VI

PRICE, M. J.: The ›Porus‹ Coinage of Alexander the Great. In: S. SCHEERS/J. QUAEGEBEUR (eds.), Studia Paulo Naster oblata I. Louvain 1982, S. 75–85: Abb. 14, 33a

PUGLIESE CARRATELLI, G. (ed.): The Western Greeks. Classical Civilization in the Western Mediterranean. London 1996: Abb. 16

ROSS, D. J. A.: Illustrated Medieval Alexander Books in Germany and the Netherlands. Cambridge 1972: Abb. 25, 47, 56, 69

ROSTOVTZEFF, M.: The Social and Economic History of the Hellenistic World I. Oxford 1941: Abb. 7

SCHMITT, O. (ed.): Reallexikon zur deutschen Kunstgeschichte I. Stuttgart 1937: Abb. 9

SEIPEL, W. (ed.): Weihrauch und Seide. Alte Kulturen an der Seidenstraße. Ausstellung Kunsthistorisches Museum Wien, 1996. Wien 1996: Taf. III

STRECKENBACH, G. (ed.): Walter von Châtillon, Das Lied von Alexander dem Großen. Heidelberg 1990: Abb. 5; Taf. XII, XIII

STÜCKELBERGER, A.: Das illustrierte Fachbuch in der antiken Naturwissenschaft, Medizin und Technik. Mainz 1994: Abb. 39; Taf. X

WALSER, G.: Die Völkerschaften auf den Reliefs von Persepolis. Berlin 1966: Abb. 54

WOOD, M.: In the Footsteps of Alexander the Great. Berkeley/Los Angeles 1997: Abb. 23

Kartographie Peh & Schefcik, Eppelheim: Vorsatzkarte vorne; Abb. 6, 13, 17, 28, 31, 32, 38, 49, 65, 67

Register

Fremde Kulturen in alten Berichten
Herausgegeben von Folker Reichert und Jürgen Osterhammel

Band 1 · Johann Christian Hüttner
Nachricht von der Britischen Gesandtschaftsreise durch China und einen Teil der Tartarei

Herausgegeben, eingeleitet und erläutert von Sabine Dabringhaus
236 Seiten, 51 Abbildungen, davon 24 in Farbe
14 x 23 cm, gebunden
DM 45,–; sFr 41,50; öS 329,–; ISBN 3-7994-0600-4

Ein Zeitgenosse Christoph Martin Wielands, der Sachse Johann Christian Hüttner, begleitete im Jahre 1793 als einziger Deutscher die von Lord Macartney geführte Gesandtschaft des britischen Königs an den Hof des Kaisers Qianlong in Peking. Von ihm stammt auch die lebendigste Beschreibung der Ereignisse, die diese Begegnung zwischen Ost und West mit sich brachte. Seine Beobachtungen zählen zu den unbefangensten und sprachlich frischesten Zeugnissen über China am Ende seiner dynastischen Blütezeit.

»Dieses Buch sollte Pflichtlektüre für die Vielen sein, die sich als Chinakenner aufspielen!«
Bayerischer Monatsspiegel

Band 2 · Ludovico de Varthema
Reisen im Orient

Eingeleitet, übersetzt und erläutert von Folker Reichert
304 Seiten, 74 Abbildungen, davon 13 in Farbe
14 x 23 cm, gebunden
DM 45,–; sFr 41,50; öS 329,–; ISBN 3-7995-0601-2

Ludovico de Varthema reiste als Mamluk verkleidet über Ägypten und Syrien durch die arabische Halbinsel und berichtete als erster Europäer von den heiligen Stätten des Islams, Medina und Mekka. Eindrucksvoll ist auch die Erzählung seiner Reise nach dem legendären Calicut, der Hauptstadt des gleichnamigen Fürstentums an der indischen Malabarküste. Nach seiner Rückkehr veröffentlichte er seine Reiseabenteuer als Buch (1510), dessen großer Publikumserfolg auf seinen anschaulichen und detaillierten Beschreibungen, nicht zuletzt aber auch auf manchen Anekdoten von geradezu komödiantischer Qualität beruhte.

Fremde Kulturen in alten Berichten
Herausgegeben von Folker Reichert und Jürgen Osterhammel

Band 3 · Johannes von Plano Carpini
Kunde von den Mongolen

Eingeleitet, übersetzt und erläutert von Felicitas Schmieder
184 Seiten, 42 Abbildungen, davon 23 in Farbe
14 x 23 cm, gebunden
DM 45,–; sFr 41,50; öS 329,–; ISBN 3-7995-0603-9

Angesichts des Ansturms der Mongolen gegen das christliche Europa entsteht das Bild menschenfressender »Tartaren« als Prototypen der »Wilden Barbaren«. Nach ihrem überraschenden Abzug schickt Papst Innozenz IV. den Franziskanermönch Johannes von Plano Carpini zu den Mongolen, um das Geheimnis ihrer militärischen Stärke zu erfahren. Johannes gelangt vermutlich als erster Europäer tief ins Innere Asiens und lernt schließlich die große Mongolenmetropole Karakorum kennen (1245–1247).

»Man liest die Kunde von den Mongolen auch heute noch mit Spannnung, noch dazu, wo sie vom Herausgeber in so hervorragender Weise aufbereitet wurde.«
Oberösterreichische Nachrichten

Band 4 · Pierre Poivre
Reisen eines Philosophen

Eingeleitet, übersetzt und erläutert von Jürgen Osterhammel
254 Seiten, 46 Abbildungen, davon 13 in Farbe
14 x 23 cm, gebunden
DM 45,–; sFr 41,50; öS 329,–; ISBN 3-7995-0602-2

Wie kein anderer Reisender des 18. Jahrhunderts nähert sich Pierre Poivre – vom Geiste der Aufklärung beseelt – unbefangen den afrikanischen und südostasiatischen Kulturen. Als stets neugieriger Universalgelehrten verschlägt es ihn auf seinen gefährlichen Seereisen in die entlegensten Winkel des Indischen Ozeans und Südchinesischen Meeres. Mit unbändigem Forschergeist widmet er sich der Entdeckung der tropischen Natur und den Sitten ihrer Bewohner.

»Ein Meisterstück eigener Art ist der Sachkommentar des Universalgeschichtlers Jürgen Osterhammel zu Poivre.« *DIE ZEIT*

Fremde Kulturen in alten Berichten

Herausgegeben von Folker Reichert und Jürgen Osterhammel

Band 5 · Johann Ernst Gründler
Bartholomäus Ziegenbalg
Die Malabarische Korrespondenz

Herausgegeben, eingeleitet und erläutert von Kurt Liebau
341 Seiten, 55 Abbildungen, davon 12 in Farbe
14 x 23 cm, gebunden
DM 45,–; sFr 41,50; öS 329,–; ISBN 3-7995-0605-5

Die Missionare Johann Ernst Gründler (1677–1720) und Bartholomäus Ziegenbalg (1628–1719) führten von 1712–1714 mittels Briefen einen Dialog mit Südindern verschiedener Kasten. Sie hatten den Bewohnern des heutigen Tamil Nadu Fragen gestellt, die diese in tamilischer Sprache beantworteten. Die Briefsammlung gibt einen einzigartigen Einblick in Glaubensvorstellungen, gesellschaftliche Ordnung und Alltagsleben der Bewohner Südindiens. Anders als in den Reiseberichten der Epoche, in denen Europäer über »die Anderen« schreiben, kommen in den malabarischen Briefen Asiaten selbst zu Wort.

Band 6 · Gottlieb Mittelberger
Reise nach Pennsylvanien

Herausgegeben, eingeleitet und erläutert von Jürgen Charnitzky
214 Seiten, 73 Abbildungen, davon 28 in Farbe
14 x 23 cm, gebunden
DM 45,–; sFr 41,50; öS 329,–; ISBN 3-7995-0604-7

Gottlieb Mittelbergers Bericht über seine 1750 unternommene Reise nach Pennsylvanien, wo er vier Jahre als Organist und Schulmeister in einer deutschen lutherischen Gemeinde wirkte, entwirft ein farbenprächtiges Bild der kolonialen Lebenswelt Nordamerikas, das durch genaue Beobachtungen des Alltags besticht. Zugleich zeichnet er ein bewegendes Bild der deutschen Amerika-Auswanderung des 18. Jahrhunderts.

»Ein lesenswertes, kenntnisreiches und kurzweilig geschriebenes Buch, das sich sowohl durch seine gelungene Aufmachung, die behutsame Edition des Quellentextes wie seinen günstigen Preis auszeichnet.«

Mitteilungen (Institut für Europäische Kulturheschichte der Univ. Augsburg)

Fremde Kulturen in alten Berichten

Herausgegeben von Folker Reichert und Jürgen Osterhammel

Band 7 · Johann Georg Gmelin

Expedition ins unbekannte Sibirien

Herausgegeben, eingeleitet und erläutert von Dittmar Dahlmann
456 Seiten, 30 Abbildungen, davon 7 in Farbe
14 x 23 cm, gebunden
DM 49,80; sFr 46,–; öS 364,–; EUR 25,46; ISBN 3-7995-0606-3

Der Gelehrte Johann Georg Gmelin nahm in den Jahren 1733–1743 an der Großen Nordischen oder Zweiten Kamčatka-Expedition unter der Leitung des Dänen Vitus Bering teil. 1751/52 veröffentlichte Gmelin die Chronik und Ergebnisse seiner zehnjährigen Erforschung jener *terra incognita* und ihrer zahlreichen Naturwunder und Jäger- und Sammlervölker. Dieser farbenprächtige Bericht seiner Entdeckungsabenteuer in der Endlosigkeit zwischen dem Polarmeer und den Steppen Innerasiens wird hier seit langem wieder in Auszügen publiziert; Reproduktionen der Originalillustrationen und Kartenwerke der Expedition runden dieses spannende Buch ab.

Band 9 · Hermann Beckler

Entdeckungen in Australien

Briefe und Aufzeichnungen eines Deutschen 1855–1862

Herausgegeben, eingeleitet und kommentiert von Johannes H. Voigt
400 Seiten, 87 Abbildungen, davon 16 in Farbe
14 x 23 cm, gebunden
DM 49,80; sFr 46,–; öS 364,–; EUR 25,46; ISBN 3-7995-0608-X

Australien in der Mitte des 19. Jahrhunderts: Der »fünfte Kontinent«, bis dahin britische Strafkolonie, durchlebt seine stürmischen Pionierjahre. In den prächtigen viktorianischen Metropolen Sydney und Melbourne blühen Wissenschaft und Kultur. Wagemutige Forscher machen sich auf, um die ungeheure, weitgehend unbekannte Landmasse mit ihren fremdartigen Tieren und Pflanzen zu erkunden. Einer von ihnen ist der 1828 in Höchstädt an der Donau geborene Hermann Beckler. Er nimmt teil an der Burke und Wills-Expedition, die den Kontinent von Süd nach Nord zu durchqueren versucht, und ist einer der ersten, der die Musik der Aborigines aufzeichnet. In seinen Briefen und Expeditionsberichten, die durch zeitgenössische Skizzen und Landschaftszeichnungen ergänzt werden, verbindet er den Blick des Naturforschers mit der Anteilnahme eines Humanisten. Er zeichnet ein facettenreiches, einprägsames Porträt vom Australien jener Zeit.

ALEXANDRI MAGNI
MACEDONIS EXPEDITIO
Schythæ Europæi.
EUROPAE PARS.
SCYT
Getæ.
PONTUS EUXINUS.
Cercetæ.
Danubius sive Ister flu.
Autariatæ.
Pæones.
Taulantij.
Triballi.
Thraci bythini.
PAPHLAGONIA.
Chalybes.
Mossini.
Chorasmeni.
Heneti.
Leucosyri.
Amazonum Campi.
ARMENIA MAIOR.
MEDI.
ASIA MINOR.
Cyri castra.
PHRYGIA.
AEOLIA.
Lesbos
Chios
Samos
Mare Græcum
Cyclades.
PELOPONNESUS.
Cythera
CRETA.
CYPRUS.
CILICIA.
SYRIA.
PHOENICIA.
PALAESTINA.
Damascus
Tyrus
MESOPOTAMIA.
BABYLONIA.
ASSYRIA.
Susy.
MARIS TERRANEI
MEDITERRANEI PARS.
LIBYAE, sive AFRICAE PARS.
AEGYPTUS.
Alexandria
Memphis
Nilus flu.
Ammonis oraculum
ARABIA.
Orcheni.
Bythemanei.
SINUS PERSICUS.
ISMAELITAE.
AGARENI.
MADIAN, et MADIANITAE.
ZABADAEI.
CEDAR.
RUBRUM MARE.
SABA.
ARABIA. FELIX PARS.
Occidens.